編

和の
アリズム

藤原帰一

岩波書店

目 次

序――なぜ、平和のリアリズムか

この本は、一九九一年の湾岸戦争と二〇〇三年のイラク戦争という二つの戦争を頂点とする、ベルリンの壁が倒されてからおよそ二〇年の間に、私が新聞や総合雑誌に書いた文章を収めたものである。本書の旧版は二〇〇四年に刊行されたが、岩波現代文庫に収録するにあたって相当数の文章を削り、時事評論ばかりでなく、学術雑誌等に発表した文章も加えた。およそ半分が新稿である。

いろいろなことが変わった二〇年だった。それは、冷戦が終わり、戦争の脅威が遠のいたと誰もが信じたときから、対テロ戦争という旗印の下で、新たな戦争が戦われる時代が始まるまでの二〇年だった。戦争を支持する人は人権などに目を向けることがなく、人権擁護を叫ぶ人は戦争に反対するという時代に始まり、理想主義者も現実主義者もいっしょになって、人権を守るためには戦争に踏み切るべきだと叫ぶような時代を迎えて終わる二〇年だった。古い戦争の時代が終わり、新しい戦争の時代が始まるまで、希望の春から絶望の冬を迎えるまでの、そんな二〇年だった。

ここに集めた文章は、目の前に何があるのかもろくに見えないまま、それぞれの状況のなかで行きつ戻りつしながら書いたものばかりだ。首尾一貫した議論などあるはずもない。だが、いつも気になっていたことはある。それを一口でいえば、原理原則の適用ではなく、具体的な状況のなかから平和の条件を探ることだった。戦争はいけない、戦争はやむを得ない、戦争は戦うべきだなど、話し手の価値判断ばかりが先走った議論の多いなかで、現実の世界における平和がどのように可能となるのかを考えてみたかった。「平和のリアリズム」という題名をつけた理由もそこにある。

平和とリアリズムを並べれば、訝《いぶか》しく思う人もいるだろう。平和主義の立場をとる人々にとって、リアリズムとは現実への追随であり、戦争の肯定であり、およそ平和とは逆の考え方だった。リアリズムを支持する人々から見れば、ことさらに「平和」を押し立てる考え方は、地に足の着いた外交政策を歪める愚行に過ぎない。平和とリアリズムは水と油だ、ということになる。

さて、そうだろうか。「序」という場を借りて、現代の国際政治における平和とリアリズムの意味について、改めて考えてみたい。

世界戦争の終わり

まず、平和を不必要に美化することを止めなければならない。この「平和」という言葉に、他者との共存とか、偏見からの自由、あるいは戦争を廃絶した「永遠平和」などの意味を読み込むなら、「平和」が実現の難しいユートピアのように見えることだろう。だが、言葉だけの読み込みや飾りをはぎ取った平和とは、要するに戦争が行われていないという状態に過ぎない。そして、世界からすべての戦争をなくしてしまうことは難しいとしても、やはり戦争は例外的な出来事であり、世界の大半の人々にとって平和こそが現実の日常なのである。実現が難しいのは戦争の廃絶であって、平和ではない。

さらにいえば、平和がいちばん大事だ、絶対的な値打ちのある価値だ、ということもできない。戦争がない状態とはいわば政治社会の出発点に過ぎないのであって、それだけでは市民的自由も豊かな生活も保障されることはないからだ。戦争がない状態としての平和とは、ごく散文的な現実である。平和の実現とは、政治的主張のなかでも最も保守的な、控えめなものに過ぎない。

もちろん問題は、どうすればその平和を実現できるのかという点にある。世界平和のためにすべての武器を廃棄すべきだと考えるなら、散文的な現実としての「平和」が、とても実現できそうにないユートピアとしての「平和」に変わるだろう。逆に、武器で脅さなければ平和を保つことができないと考えるなら、戦力放棄とは、武力攻撃に対して自衛する手段を捨て、自ら侵略に身をさらすような愚行に過ぎない。「平和」についての議論は、実は「平和」そのものではなく、それを実現する方法をめぐる争いの歴史だった。

世界平和を至上の価値として掲げる考え方は、戦争のもたらす被害が極度に拡大した時代の産物だった。平和論が勢いを得た時代は、ヨーロッパ世界では第一次大戦後、また日本であれば第二次大戦後という、いずれもこれまでにない戦禍を経験した直後に当たっている。戦争になれば世界の破滅だ、みんなおしまいだ、という終末観があればこそ、将来の戦争を阻止することが大きな政治課題となって現れたのである。

厳密にいえば、ここでいう「みんなおしまい」には、戦争は必然的に世界戦争に拡大するという、戦争の規模の拡大に伴う「みんなおしまい」と、自分たちが戦争の犠牲者になるという「みんなおしまい」という二つの意味が含まれている。そして、この二つの条件が満たされるとき、つまり戦争が起これればその戦禍が予想を超えて拡大し、敵ばかりでなく自分たちも犠牲者になってしまうという想定が成り立つとき、世界平和が至上の価値として主張されることになる。第一次大戦後のヨーロッパでは、それまでは戦争の制限など考えたこともないような政治家たちが、不戦条約とか欧州連邦などという構想を論じ始めた。日清、日露、第一次大戦ではごく一部のクリスチャンや社会主義者しか反戦を口にしなかった日本でも、第二次大戦の後になると、「平和主義」が当たり前のように語られた。

だが、戦争になったところで、「みんなおしまい」になるとは限らない。それどころか、第二次大戦後の先進工業国に住む人々にとって、戦争によって自分たちが犠牲になる可能性は限られたものに過ぎなかった。アメリカや西ヨーロッパのように、攻撃に対する抑止が比較的安定している地域はもちろん、東アジアのように地政学的に不安定性が強い地域を含め、豊かな暮らしを享受する人々が戦禍に巻き込まれる可能性は高いものではなかった。「西側世界」の持つ軍事的優位が冷戦期を通じて圧倒的であり、それらの諸国を攻撃するためには破滅的な戦争を覚悟しなければならなかったからだ。

そして冷戦が終結するとともに、先進工業国が戦争で狙われる危険はさらに低下する。ソ連がロシアに変わることで世界戦争の危険は遠のいた。アメリカのみを例外として、現在の核保有国は、どれも地域レベルの核保有国に過ぎない。第一次大戦や第二次大戦のような巨大な戦争の発生を恐れる必要は、少なくとも先進工業国に住む人々に関する限り、ごく小さなものとなった。

戦争の復権

戦争が起こったら「みんなおしまい」になってしまう世界戦争の時代が終わることによって、皮肉なことに、政策遂行の手段としての戦争の有効性は飛躍的に高まることになった。味方が「やられる」可能性が遠のいてしまえば、戦争を否定する必要も少なくなるからだ。

戦争が拡大したり、自国民に犠牲を強いる危険のあるとき、平和運動家ばかりでなく為政者にとっても、戦争は危険な、リスクの高い政策だった。そのようなリスクが減るとき、これまでは実現できなかったこと、たとえば敵対関係にある政府を戦争によって倒すような選択も魅力的に映るだろう。戦争が起こったところで「みんなおしまい」にはならないからこそ、戦争に訴える誘惑も増すことになる。

さらに、原理原則として平和を掲げるのでない限り、別に戦争に文句をつけることもないかも知れない。自分の犠牲さえ考える必要がなければ、自国の安全を確保するために考えられる政策のなかでも、戦争はたいへん有効性の高い政策として考えられる。自国に脅威を与える国家を外交交渉などで飼い馴らすのではなく、戦争によって取り除くことが可能となるからだ。

それどころか、戦争に訴えることによって初めて、理念の貫徹した秩序をつくることもできる。平和を優先するとき、他の政府と曖昧で不安定な交渉を繰り返すことは避けられない。相手が自国よりはるかに弱い場合であっても、国際関係の安定を保つためには自国の利益を犠牲とし、ひどいときは相手に褒賞を与えなければならない。国内で虐殺や人権抑圧を繰り返す独裁者の横に並び、笑顔を浮かべて写真に収まらなければならないこともあるだろう。国家間の交渉や合意によって平和を保とうとすれば、自国と価値観も文化も異なる相手との妥協を避けることはできない。

戦争に訴えることが可能になれば、そんな無原則の妥協を繰り返す必要はなくなる。戦火に犠牲がつきまとうとしても、断固とした行動をとることによって、秩序を不安定にするような相手を排除し、「外国」とか「他者」を顧慮することなく、力と理念によって裏付けられた新たな秩序を構築することもできる。国家主権や内政不干渉などの原則によって生き延びてきた独裁者たちに法の裁きを与えるためには、汚れた談合のような国際交渉ではなく、戦争こそが求められることになる。

たとえば、ユーゴスラヴィアの内戦を考えてみよう。一九九二年以後のボスニア・ヘルツェゴビナにおいて、セルビア系住民のつくった民兵組織が残虐な行動を繰り返したことも、またユーゴスラヴィア連邦のミロシェヴィッチ大統領によってそのような民兵組織に援助が繰り返され、ユーゴスラヴィア連邦軍が率先して「民族浄化」や虐殺に従事したことも、その当時から明らかだった。これほど平然と人権を無視する相手を前にして合意による平和を模索することは、人権蹂躙に手を貸すことと同じではないか。必要なのはミロシェヴィッチ政権との交渉や合意を図ることではなく、政権を排除することではないか。

ユーゴ内戦の進む過程でこのような疑問が突きつけられ、それまで戦争への反対を訴えてきた多くの人々が、「正しい戦争」の支持者へと変わっていった。そして実際、ボスニアの内戦に終止符を打ったのは、明石康氏の下で行われた国連の平和維持活動ではなく、NATO(北大西洋条約機構)軍によって行われた空爆であり、その空爆があればこそデイトン合意とそれによる停戦も初めて可能となった。またコソボ紛争についても、NATO軍がユーゴ空爆を敢行することでアルバニア系住民への蛮行を食い止め、ミロシェヴィッチ政権の崩壊も実現できた。正義を度外視した妥協ではなく、正義を掲げる果断な武力行使に訴えたからこそ、大量虐殺も人権蹂躙も辛うじて阻止できたのである。

同じような現象が、この二〇年の間に何度となく繰り返された。アフガニスタンのタリバーン政権も、イラクのフセイン政権も、戦争で倒すことが必要な政府であると考えられ、実際に倒された。そして少なくともアフガニスタンについていえば、タリバーン政権の崩壊を惜しむような声は聞こえてこなかった。

こうして、世界戦争の脅威が退くことで戦火のもたらす犠牲への警戒が薄れた冷戦後の世界では、戦争に訴えることへの疑問が後退したばかりでなく、戦争によって実現できる秩序への期待も高まることになった。軍事戦略でいえば、相手のとる行動を未然に抑止する戦略ばかりでなく、先制攻撃によって相手を倒す戦略も選択肢に加わり、またそのような選択を支持する人々も、ことに9・11同時多発テロ事件の後は増えていった。戦争の招きかねない危険に目を向ける時代から、戦争をすることで実現できる変革に期待をかける時代へ、つまり「平和に賭ける(give peace a chance)」時代から「戦争に賭ける(give war a chance)」時代への変化が起こっていた。戦争の復権である。

リアリズムの意味

私の目には、このような戦争の復権は、国際政治の冷静な分析とはずいぶんかけ離れたもののように映った。私の理解する限り、国際政治におけるリアリズムとは、国際政治における「力の現実」を冷静に見つめながらも、その力の行使については希望的な観測を排する立場であるはずだ。ところが、この二〇年に増加したのは、希望的観測の排除どころか、むしろ正義を高く掲げて戦闘行為を正当化するような政策や言動だった。そんな理念の先走った戦争を前にするとき、より現実を踏まえた慎重な政策が可能ではないかと考えざるを得なかった。戦争という現実に対して平和という理想を対置するのではなく、リアリズムを失った戦争に対して、リアリストとして平和を模索したいと考えていた。

ここで、リアリズムについて、私の考えをまとめておきたい。論じる人によって意味が異なる概念ではあるが、リアリズムの基本的な図式は、まず国内政治と国際政治を区別し、次に国際政治の主体は国家であると考え、そして各国がその存続のために権力を行使する限り、国家間の協力関係はごく限られた範囲でしか成立しないと判断する、この三つの考え方にまとめることができるだろう。

国内の社会では、強制力を持つ主体は国家のほかになく、その暴力を背後にして、政府が法を執行することも可能となる。そして、国民のつくる法によって政府の行動が縛られている限り、その政府が逆らうことのできない暴力を独占したところで、国民の利益が害されるわけではない。国民の利益に反する行動をとる政府は替えてしまえばいいからだ。

だが国際政治では、それぞれの国家に対して強制力を行使することのできる法執行の主体、たとえば世界政府のようなものは存在しない。国防を委ねることのできる主体が存在しない以上、各国は独自に武装して、その存立を保つほかには選択肢がない。こうして、それぞれに主権を主張する国家が軍を保持し、対抗を続ける世界としての「国際政治」が生まれる。

このような「国家に分断された世界」における政治とは、平等な主権を持つ世俗国家が国益を最大にすべく権力闘争を繰り返す過程であり、法の支配とか正義とかを訴えても意味はない。法や正義は国内政治の領域に属する観念であり、国際関係は善悪正邪とは無縁の領域と見なされることになる。

国際関係における戦争を避けられない現実として受け入れるだけに、世界平和を求める人々にとって、リアリズムとはとても賛成できない考え方とされてきた。国際政治という学問分野の歴史は、リアリズムと、それに対抗する議論との応酬として考えることもできる。国内政治と国際政治は本当に截然と区別されるものなのか、国家を一元的主体として捉えることは適切なのか、あるいは国家間における協調は常に実現の難しい不合理な行動なのかなど、いずれも「国際関係論」と題される講義を受けたことのある人には、ごくおなじみの論点だろう。

学問ばかりでなく現実にも、「国家に分断された世界」に代わる秩序の構想が行われてきた。第一次大戦後の世界では、国際連盟を中心とする国際機構の設立と、そのような法制度を通した平和の実現が模索された。第二次大戦後になると、国境を越えた経済取引が拡大することで、戦争の効用を引き下げることができるとか、あるいは民主制をとる国家が増加し、国民に対してより明確に責任をとる政府が増えることによって戦争の危険が減る、などという主張が行われた。国家の政策の手段として戦争を認める世界は過去のものであり、過去のものにしなければならない、と考えられたのである。

リアリズムと戦争

私は、国際政治におけるリアリズムは、いまなお、有効性の否定できない概念であると考える。国家より上位に立つ実効的支配が存在しないという国際政治の基本的な特徴は現在でも変わってはいないし、まして国家の防衛を委ねることのできるような国際組織などは存在しない。そして、国境を越えた交易や人の行き来がどれほど拡大しようとも、武力に頼らない国防を実現できる保証はない。国際政治の安定を考えるうえで、各国の間の抑止、威嚇、「力の均衡」を無視することができない限り、政策の手段としての武力の必要性を排除して考えることはできない。

このようにいえば、不用意に戦争を肯定する立場のように聞こえるかも知れない。だが、リアリズムとは、決して無限に戦争を肯定する考え方ではない。それどころか、戦争が国際政治における現実にほかならないからこそ、その現実を冷静に見つめながら、なお戦争に訴えることなく秩序を保ち、国益を増進する方法を考えるのがリアリズムの真髄だったといってよい。

三十年戦争後のヨーロッパ国際政治における政策手段としての戦争の肯定には、宗教戦争を否定し、国際政治の世界から超越的な規範を排除するという意味があった。ナポレオン戦争後のウィーン体制は、欧州協調という原則の下で、外交を司るものの協議によって平和を維持する試みであった。宗教戦争を否定し、戦争で許される行動に制約を加え、さらに外交による利益の拡大を戦争による利得に優先するなどという原則を見るとき、リアリズムの下の平和とは決してただの戦争状態ではないことがわかるだろう。もちろんそこでは国際政治の主体は国家に限られ、各国政府のとる決定を拘束するような権威も権力もない。だが、戦争の正義などにおぼれるような希望的観測もそこにはない。永遠平和にも戦争の正義にも期待せず、あくまで慎重な外交政策をつくる基礎として、リアリズムを考えることができるだろう。

どこまで戦争に慎重となるのか、その条件は戦争のもたらす被害によって揺れ動いた。三十年戦争、ナポレオン戦争、第一次・第二次大戦のように大規模な破壊を招いた戦争の後では、戦争への規制を伴う秩序の形成が行われた。

だが、オーストリア継承戦争、クリミア戦争、普仏戦争のように、相対的に少ない被害とともに戦争が終われば、それだけ戦争に訴える誘惑も増すことになる。軍事的にいえば、短期間で戦勝を得る電撃戦の可能性が増大すれば戦争の効用は高まり、戦争が長期化する可能性の高い防衛優位の状況の下では、政策手段としての戦争の効用も低下した。

このように戦争の認識を歴史的に整理すれば、現代戦争をめぐる危機がはっきりするだろう。戦争に負ける可能性も、また大きな被害を受ける可能性も遠のいてしまえば、戦争について慎重なリアリストの声よりも、戦争の効用や正義を叫ぶ声の方が説得力を持ってしまう。

第一次湾岸戦争においてイラク攻撃に最後まで慎重だったのは、パウエル統合参謀本部議長(当時)であり、またブッシュ(子)政権によるイラク攻撃に厳しい批判を加えたのは、その父親の政権で安全保障担当補佐官を務めたスコウクロフトだった。理想的な平和主義者とはほど遠いパウエルやスコウクロフトが戦争に反対し、政府当局はイラク民主化とか中東民主化などといった、およそリアリズムとはほど遠い理想を掲げて戦争準備を続ける。ここに見られる構図は、かつて冷戦期に繰り返されたような、理想主義者の唱える永遠平和と、現実主義者の求める戦争というものとはおよそ逆に、国際政治のリアリストが戦争を警戒し、民主主義や人権保障を高く掲げる人々が戦争を求めるという構図である。理想のための戦争だ。

繰り返していえば、私は国際関係において軍事力の果たす役割はなお大きいと考える。軍事力によって相手を威嚇することで侵略行為を予防する必要もあるだろう。国際関係の安定を実現するに当たって軍事力は有害無益だと言い切る自信は、私にはない。

だが同時に私は、政策の手段としての軍事力はあくまで最後の手段であり、戦争によって状況を打開するという選択に対しては常に慎重な判断が必要であるとも考える。そして現代世界の抱える課題とは、およそ軍事力の果たす役割を認めるかどうかではなく、軍事力の効用を過大視し、軍事力に頼ることなく状況を打開できる場合であっても戦争に訴えてしまう危険だろう。原理原則による戦争の否定ではなく、リアリズムに基づく平和の条件の考察が必要だと考える理由がここにある。

日本から考える

このような国際関係におけるリアリズムは、日本国内で行われる国際政治の議論とはずいぶんかけ離れたものだ。日本国憲法では戦力放棄を規定しながら、現実には日米安保条約による安全に頼ってきたために、国際政治に関する議論は、武力に頼らない平和を模索するのか、それとも武力による平和を選ぶのかという、およそ抽象的で一般的な次元に終始することになったからである。

戦後の日本政府は、ほぼ一貫して、日米同盟を基軸とする安全保障政策を追求してきた。そのなかでもし「憲法九条」に意味があったとすれば、それは「防衛力」を行使する範囲に「歯止め」をかけるというものであり、非武装による平和が現実の政治課題として議論されてきたとはとてもいえない。そもそも憲法九条は、非武装による平和を世界に掲げるなどといったユートピアを目指すものではなく、軍国主義国として海外に侵略を行った日本を武装解除し、非軍事化するという目的から生まれたものだった。それは好戦国家日本だからこそ必要な制約だったのであり、世界の先例となるような使命を負っていたわけではない。

そして、「平和」という課題が現実から離れた原則論として議論され、現実の平和が日米同盟によって供給される限り、この論争の勝ち負けはほとんど自明だった。「平和主義」は対外政策の指針ではなく、むしろ対外関係へのコミットメントを一般に制限するような、事実上の孤立主義として機能することとなる。ここで唱えられる「平和」とは現実の国際紛争の解決ではなく、非武装という理念に終始するものであったから、国際紛争をどのように解決するのか、どのような主体がどのような手段を用いることが適切なのか、などといった具体的な政策指針がそこから生まれてくるはずもなかった。

こうして、理想主義者の唱える平和と、「現実主義者」の唱える日米同盟という、すぐれて戦後日本に固有の議論の配置が生まれる。ここでいう「現実主義者」とは、日米同盟に頼れば日本の安全が確保されるという判断をとる人々という意味であって、先に述べたリアリストとはまるで異なる観念である。

米軍の威力があまりに突出していたために、秩序維持における米軍の役割を疑う必要はなくなってしまった。問題は日米関係の安定を保ち、それを不安定に追いやるような国内の急進的世論をどう抑え込むかであって、アメリカ政府のとる行動に一喜一憂する必要などはない。先の戦争ではアメリカと戦うという愚かな決定をしたが、戦後の日本はアメリカとともに行動するのだから無謀な戦争に走る心配はない。仮に無謀な戦争であったとしても、負けることはないはずだ。勝ち馬についている限り日本は安全だ、ということになる。「現実主義者」が目を向けるのはアメリカという「現実」だけであって、そのアメリカ政府のとる政策を吟味することは日米関係の安定を損なう行動に過ぎなかった。

誤解を恐れずにいえば、戦後日本の平和論も、「現実主義者」の日米同盟擁護も、自らにとってはわかりきった原則を掲げる教条的な観念であり、軍事力の有効性をその場その場で検証するようなリアリズムとはおよそ無縁のものであった。そして、平和論が信用を落としたときに生まれたのは、紛争をそのものとして検討する態度ではなく、対米関係の優位のみに頼る「現実主義」と、軍事力の有効性を過信する新たな教条主義にほかならなかった。

たとえば、二〇〇三年三月の米英軍によるイラク攻撃をめぐって日本で行われた議論を振り返るとき、イラクのフセイン政権を倒すことが現在の国際政治にとってどれほど必要なのか、どれほど意味があるのか、などという検討が驚くほど少ないことに気づく。そこにあるのは、アメリカ政府がイラクへの攻撃を準備しており、そして日本の安全を米軍に頼っている以上、アメリカに協力する以外に日本政府のとるべき選択はないという、それだけの議論に過ぎない。そして、その議論に従わない者は、反米的とか非現実的とかいったレッテルを貼られることになった。

同じころ、アメリカ国内において、ブッシュ政権の対外政策に対する詳細な批判が、外交政策評議会などを舞台にして行われていた。たとえば、イラクへの攻撃を優先した結果として、北朝鮮による核の脅威がかえって高まってしまったというグレアム・アリソンの批判(Graham Allison, "How to Stop Nuclear Terror", *Foreign Affairs*, Jan.-Feb. 2004, pp. 64–74)、あるいは単独行動主義をとることで米欧関係に修復しがたい亀裂をつくってしまったというチャールズ・カプチャンの議論(Charles Kupchan, *The End of the American Era*, 2003.『アメリカ時代の終わり』上・下巻、坪内淳訳、日本放送出版協会、二〇〇三年)などに見られる主張は、もちろん非武装を掲げるような理想主義とは無縁であるが、ワシントンの政策をそのまま常に肯定するような「現実主義」とも違うものだった。超越的な原理を掲げて現実を裁断する平和論からも、また状況のいかんを問わず日米協力という結論だけが事前に決まっている「現実主義」からも、このような分析が出てくることはないだろう。

現実無視と現実追随の両方に分裂してしまえば、政策の吟味などが生まれるはずもない。国際政治の抱える最も基本的なパラドックスは、武力以外の手段によって平和を実現することがごく困難であり、しかも武力を過信すれば平和どころか戦争ばかりが広がってしまう、ということである。平和を祈るだけでも戦争に頼るだけでも、この問題に答えることはできない。

この本に収められた文章のなかで私が試みたことは、権力闘争としての国際政治の現実を受けいれたうえで、それでもなお、武力行使への希望的観測には頼らない、より慎重な政策はあり得ないのか、という課題に取り組むことだった。「平和のリアリズム」は、たしかに矛盾した表現かも知れない。だが、憲法か安保かなどという原則論にすべてを帰着させるような教条主義ではない、それぞれの状況のなかから平和の条件を探る作業には、やはり意味があるだろう。

旧版が刊行された二〇〇四年からかなりの時を経て、ブッシュ政権の下の単独行動主義は後退し、オバマ大統領の下でアメリカは多国間協調(マルティラテラリズム)に大きく軸足を移した。アメリカの大統領が核兵器のない世界を呼びかけるという新時代を迎え、本書に収めた文章は古くなったと考える人もいるだろう。だが、プラハ、カイロ、東京における三つの演説で新時代の外交を訴えたオバマ大統領も、中東和平、アフガン紛争、そして北朝鮮危機において新たな成果を生んだとはいえない。心得違いの理想主義による戦争の時代が終わったことは歓迎すべきだろうが、慎重なリアリズムに裏付けられた平和の構築は未だ途上である。観念の美化を排した現実的な平和の探求は今なお必要ではないかと、私は考える。

Ⅰ　戦争が終わった

長い世紀末――世界戦争・民主主義・国民国家

はじめに

ある時代が終わったという感覚が、先進工業国の現在を支配している。何が終わったのか、その点に了解はない。終わったのは冷戦体制かも知れない。社会主義の世紀が終わったのかも知れない。国際政治が変わったというとき、それは、冷戦の終わりなのか、国民国家の時代の終わりなのか、それともウェストファリア条約以後の主権国家体系の終わりなのか。終わったのは西欧近代とその普遍主義であると指摘されているが、それではその普遍主義とは、普遍的自由のような人文的価値を指していっているのか、科学技術に裏付けられた進歩の概念なのか。論者によって議論の組み立ては多様であり、相互の了解はなく、要するに何が終わったのか、さっぱりわからない。ただ共有されているのは、ある時代が終わったという感覚であり、終わったものに代わる原理も展望もない、次の時代が見えないという、とまどいと、おびえである。

二〇世紀のなかには、その時代を貫くいくつかの問題群があった。その問題群に対して答える試みのいくつかもこの時期に行われた。それらの試みが挫折し、限界に直面し、あるいは信用を失った、そのような時代として現在を捉えることができるだろう。ここでいう二〇世紀とは、一九〇一年以降というような厳密な意味ではなく、それぞれの問題群に応じて始まった時期は多様であるが、現在まで引き継がれている時代という意味である。かつてウォーラーステインは、近代世界システムの開始を、「長い一六世紀」に求めた。そこでの一六世紀とは西暦における一世紀ではなく、世界資本主義経済の形成という歴史の転換期を捉える用語であった。これをもじっていえば、われわれは「長い二〇世紀」の終わりに、そして「長い世紀末」のなかにいる、ということができるかも知れない。(1)

解決を模索し、なんらかの解決が与えられ、そしてその解決の限界が露呈する、そのようなサイクルを辿った諸問題のうち、ここでは世界戦争、民主主義、国民国家という三つを取り上げて考えてみることにしたい。戦争廃絶、民主主義の確立と国民国家の樹立というように並べれば、いかにも理想主義的に響くだろう。しかし、その模索の前には、世界戦争と文明の破滅、専制支配の暴力と全体主義の脅威、そして帝国支配の暴力と民族解放の暴力という現実があった。それぞれの現実がどのように生まれ、どのような対応が行われ、その処方箋がどのように破れたのか、ごくおおまかな見取図を提供すること、これがこの小文の課題である。(2)

一　世界戦争

世界戦争の前提条件は、第一次大戦前のヨーロッパにあった。第一は、戦争における破壊力の増大である。普仏戦争と第一次大戦の間には、軍事技術が飛躍的進歩を遂げていた。第二の点には、多少込み入った説明が必要になる。第一次大戦までは、同じヨーロッパ諸国の間の国際関係でも、ヨーロッパ世界内部の国際関係と、ヨーロッパ世界の外における国際関係との間には、厳しい区別が設けられていた。ところが、植民地侵略が一九世紀末期以後、国家プロジェクトとして進められるようになると、そのような内部と外部の使い分けが難しくなり、ヨーロッパ世界の外における列強の競合が、ヨーロッパにおける戦争につながる可能性が生まれた。

とはいえ、以上の二つの条件が備わっても、なお、戦争はなかなか起こらなかった。英独間では建艦競争にもかかわらず戦争は起こらなかったし、第一次大戦では開戦直前までイギリスの中立をドイツは信じていた。一八九八年のファショダでも、一九〇五年と一一年に起こった二度のモロッコ危機でも、あるいは一九一二年のバルカン戦争においてさえ、周辺地域における権力闘争が本国の戦争を招くことはなかった。戦争になれば破滅が待っているとは知ってはいても、そのような戦乱は回避されるのではないか、今となっては希望的観測に過ぎなかったことが明らかな楽観が、第一次大戦前にはまだ残されていた。

第一次大戦は、少なくとも当事者の認識に関する限りでは、文明の破滅であった。その極度の破壊があったからこそ、大戦後の平和構想には、これまでの国際政治体系の現実を根底から改造するような、極度の理想主義が現れることになった。伝統的権力政治との妥協の産物とはいえ、国際組織の設立と軍縮構想から委任統治制度に至るまで、ベルサイユの平和は、やはり大戦前には実現が考えられなかったような「理想主義的」制度にほかならなかった。さらにその外では、社会主義運動と結合した平和運動が、かつてない規模の群衆を引き寄せていた。

人間の理性に信頼して戦争を防止する制度をつくる、そのような試みが行われた点で、両大戦間の時代は稀有な時代であった。世界戦争の経験が、恒久平和の機会をつくったかに見えた。とはいえ、第二次大戦が不可避ではないかという認識は、絶対平和を唱える側でも決して珍しいものではなかった。因習にとらわれたヨーロッパが、空襲によって一掃されることに希望をつないだジョージ・オーウェルは、時代のニヒリズムとサディズムを表現していたのである。そして、周到に計画された平和が第二次大戦を防ぎ得なかったこと、これが第二次大戦後における権力政治論の復活を生むことになった。

第二次大戦後の平和は、世界戦争の恐怖に支えられた。この平和は、伝統的権力政治とも、また当然のことながら反戦平和の構想とも異なっていた。(3)

伝統的権力政治との違いとして、さしあたり三点を指摘できる。第一に、核兵器の破壊力が極めて大きいために、戦争から政策の手段としての合理性が失われたことである。当事者の認識に関する限り、核兵器は最初の大量破壊兵器ではない。第一次大戦前は英独建艦競争におけるドレッドノート型戦艦が、また両大戦間期には都市空爆が最終兵器であると考えられ、それぞれの時期におけるハトの論理の支えとなった。しかし、核兵器の場合は、核戦争を避けながらいかにして戦争を戦うかが戦略家の関心事となる。ハトばかりでなく、軍事戦略の立案者自らが戦争の合理性を否定せざるを得なくなったのである。第二に、米ソの対抗は、米ソという二つの主権国家の対抗ばかりでなく、「自由主義圏」と「共産圏」、あるいは「資本主義陣営」と「社会主義陣営」という「陣営」ないし「圏」の対抗であり、それぞれの「陣営」のなかでは兵器の企画から指揮系統に至るまで、高度に組織化された軍事同盟がつくられた。本来ならば軍事主権は古典的国際政治の基礎となるはずであるが、その軍事主権は、米ソ以外の、つまりほとんどの諸国から奪われた。さらに、それらの軍事同盟には状況に応じて同盟関係を組み替える柔軟性が認められず、軍事力を背景とした外交を展開する余地もほとんどの国から奪われ、そして軍事主権を握るわずか二つの国家の間では、世俗的利益による妥協がイデオロギー的対抗によって阻まれていた。第三に、植民地支配の清算によって生まれた「新興独立国」は、まさに「陣営」への帰属が不明確であるがゆえに、冷戦の草刈場となった。「新興独立国」の「内戦」が東西の「軍事バランス」を揺るがすことになるから、それぞれの地域紛争に、その地域だけでは考えられないほどの軍事力が動員され、戦禍もそれだけ拡大する。内政と外交の障壁は取り払われ、内戦が国際紛争となり、大国の国際関係が周辺諸国の内政を振り回したのである。

先進工業国に関する限り、恐怖の下の平和もある種の平和には違いなかった。東西の軍事対立が優先された結果、英仏や独仏が戦う可能性が減ったことは事実である。そして、その「平和」と自由貿易体制の下で西欧の繁栄と安定が保たれたために、西欧も権力政治の受益者であるという逆説が生じる。世界戦争の経験からヨーロッパの生み出した平和構想とは、不戦の共同体であり、欧州統合であり、相互の主権制限であったが、そのような構想が実現しなかったにもかかわらず、残酷な権力政治の下で事実としての平和が続いたこと、ここに戦後平和論のねじれが生まれることになった。そして、東西冷戦が終結したあと、ヨーロッパから提起された平和構想は、ことにヨーロッパの外との関係において、極度に想像力が欠けていた。当初は不戦共同体構想の復活に見えた全欧安保構想も、その基礎となる同盟関係から制度形成のイニシアティヴ、さらに構想の理念に至るまで、湾岸戦争へと至る過程で「アメリカの平和」に切り崩された。第二次大戦後の「長い平和」は、世界戦争を恐れながらも平和構想を自ら放棄することによって成り立っていた。世界戦争によってのみ戦争の合理性を否定するのであれば、世界戦争がなくなれば戦争も合理性を回復することになる。こうして、ようやく核戦争の悪夢から解放された先進工業国では戦争に対する処方箋が見られないという世紀末が、かつて両大戦間に見られたニヒリズムとサディズムとともに、再び訪れることになった。

二　民主主義

二〇世紀は民主主義が勝利を収めた世紀であるということができるかも知れない。世紀の初めには、資本主義の下で安定した議会制民主主義を保つ国家はヨーロッパにおいてさえ少数であった。しかし、民主主義に正面から挑戦する思想はファシズムとともに終わり、第二次大戦後には議会制民主主義こそが「先進国」における「普通の」政体となった。さらに、南米・東アジア諸国における軍事政権の崩壊を受けて、またソ連・東欧圏の解体を経て、議会制民主主義は先進国ばかりでなく世界全体でも「普通の」政体となろうとしている。

ところが、見方を変えれば、二〇世紀は永久革命としての希望が民主主義から失われた世紀でもあった。世紀初めのヨーロッパでは、普通選挙が資本主義の下で実現できると考える労働者はごく稀であった。普通選挙が行われれば、持たざる者が議会に進出することになるから、既得権益を持つ者がそれを許すはずがないと考えられたのである。逆にいえば、「民主主義」とは、持たざる者が政府をつくることにほかならず、民主主義には一種の永久革命としての信用が保たれていた。実現は難しいとしても、民主主義には希望が残されていた。

そのような希望は、現在は残されていない。制度としての民主主義は社会的不平等とも恒常的エリート支配とも両立可能であるというリアリズムの方が常識となり、その民主政治の現実に対抗する思想も運動も衰微したのが先進工業国における政治の実情である。

二〇世紀における民主主義の「問題」とは、つまるところ資本主義と民主主義の関係であった(4)。市民的自由を保障する政府とは、社会に対する中立性という外観をもちながらも、実は持てる者だけのための政府ではないのか、この主張は、選挙権の制限と私有財産の保障を柱とする政府に対してはまことに有効な批判であった。そもそも、資本主義の下で安定した議会制民主主義を保つ政府自体が、世紀の初めには例外的現象であった。民主主義を徹底すれば資本主義が維持できないとすれば、社会主義の模索と民主主義の模索は重なることになる。政治的領域における民主主義を社会経済の領域にまで広げ、形式的正義や制度だけの民主主義を、実質的正義を保障する体制に変えることができるのではないか、その希望が広義の社会主義運動を支えていた。民主主義は革命的理念であった。

そのような希望の中で、もっとも残酷な結果となったのが社会革命の追求であったことは繰り返すまでもないだろう。たしかに民主主義は形式に過ぎないかも知れない。しかし、実質的正義の名の下にその形式を放棄すれば、全く制約を受けない国家権力をつくることになる。将来の理想のために現在の犠牲を要求するのは社会主義だけでなく開発主義一般に見られる背理であるが、現在の犠牲に対する抗議が制度的に保障されなければ犠牲者ばかりが続くことになる。革命のない社会の不平等と暴力に代わるものは、革命が独裁に転化する暴力であった。

とはいえ、知識人を別にすれば、社会革命の追求は、先進工業国に関する限り運動の一部に限られ、むしろ議会制民主主義の枠の中で参加を拡大し、資本主義を修正する運動の方が多数派であった。社会の多数派が政党を結成し政治権力を握れば、暴力革命なしに人民の政府を実現できるのではないか、そのように考えられたからこそ普通選挙運動が社会主義の側の運動として展開され、福祉国家の実現が模索されたのである。資本と労働の矛盾が決定的ではないことが次第に判明するとともに、社会民主主義は、単なる野合と暴力の選択にはとどまらない政策の上での革新性を持つことになった。

結果として見れば、社会民主主義は現代民主制の基礎をつくったことになる。普通選挙は社会民主主義運動の成果であったし、福祉行政の拡大も社会民主主義体制がその牽引車となった。とはいえ、それらは社会民主主義の目標だったわけではない。暴力革命に拠らずに社会主義を達成することがそれまでの社会民主主義運動の目標であったし、普通選挙も福祉も、そのための手段として位置づけられていた。そしてその意図に関する限り、共産主義運動とは異なる意味においてではあるが、社会民主主義もまた挫折の連続であった。組織労働者だけを基盤とすれば選挙で一五％を超える集票は難しく、選挙に勝つためにはその社会的基盤を広げなければならない。階級政党でありながらその階級的基盤を選挙のたびに解消するという背理が社会民主主義政党の政治参加の過程で繰り返され、そのたびに「不純な野合」を指弾する左派との党派闘争を強いられた。福祉国家実現の方法としても、たとえば国有化はより「社会主義的」に見えたとはいえ経済的合理性に乏しく、そもそも経営を労働側が握ることで何が変わるのか、少しも明らかではなかった。それが福祉政策だけの問題だとすれば、別に福祉国家は社会民主主義の専売ではないし、マクロ経済の運営は左右を問わず先進工業国ではどこでも政治的課題となっていた。私有財産制の解体と社会主義への移行という当事者の意図は意味のない目標となっていた。

とはいえ、それが制度にとどまるとしても、民主主義が「普通の」制度となり、民主主義への「挑戦」が消えたことは大きな変化には違いない。第二次大戦後の先進工業国では、議会制民主主義の勝利は磐石であった。ファシズム勢力が敗退し、社会主義革命の展望が失われるとともに、「制度としての民主主義」に取って代わる思想はすでに消えていた。一人一票を導入した結果独裁が生まれたという事例も、こと第二次大戦後には見られなかった。しかし、先進工業国における議会制民主主義の信用を支えたのは、必ずしもその政治的自由の組織化という政治的条件ばかりではなかった。そうではなく、社会的不平等を経済成長によって緩和、少なくとも慰撫し、資本主義経済と議会制民主主義が、つまり経済成長と政治的平等が両立する状況があって初めて、この構図は支えられたのである。

民主主義の制度の中に、特に経済成長を支える要素があったわけではない。むしろ行政機構の肥大は、少なくとも古典自由主義の立場からすれば執行権の優位であり、個人の自由の空洞化であった。つまり、第二次大戦後の先進国で民主主義の信用を支えたのは、実は経済成長と行政国家という、それ自身は「民主主義」とは全く別個の現象だった。

福祉国家と経済成長に支えられた資本主義と民主主義の幸福な結婚は、福祉国家が経済成長を阻害するのではないか、という疑問が生まれることで終わった。国内市場の拡充に重点を置く点で、社会民主主義と福祉国家は、いわば一国資本主義であり、それだけに海外市場と植民地主義に支えられたそれまでの資本主義よりも先進的性格を誇ることができた。しかし、労働組合に分配を約束し、経営者に利潤と成長を保証するこの経済は、恒常的財政危機とインフレーションに悩まされ、また国内市場重視が貿易における保護主義に傾くことから、自由貿易体制との間でも緊張を避けられなかった。そして、石油危機とスタグフレーションを迎えると、福祉抑制と財政再建は避けられない課題となる。一九七〇年代以降の欧州統合は、かつての不戦のための統合とはおよそ逆の、ヨーロッパ経済再建のための「一国資本主義」の解体にほかならなかった。社会民主主義内部における左派と右派の対立ではなく、保守政党の掲げる新自由主義と社会民主主義との対抗が基本的対立の図式となり、社会民主主義が政策を転換しない場合には権力から放逐されざるを得なかった。

先進工業国に関する限り、ソ連型社会主義の終わりよりもはるかに意味が大きかったのは社会民主主義の終わりであり、福祉国家の終わりであった。貧困に対する処方箋を自ら放棄することで、実質的正義と平等の問題を制度としての民主主義から追い出してしまったからである。そして、この貧困への処方箋が失われたときに、まさに貧困を特徴とする第三世界諸国の民主化が進んだ。民主主義が世界の制度となったとき、その民主主義の保障するものは限りなく矮小化されていた。

三　国民国家

二〇世紀を貫く第三の問題が、国民国家の形成であった。あるところに住んでいる人々が、自分たちの政府をつくるべきだ、この主張に反対する人は少ないだろう。それでは、住民の代表を自任する政府が住民を虐殺することは許されるのか、また住民たちが支持するのであれば帝国主義は認められるのか、民族の政府に関わる普遍的正義と自決権との間の緊張が、二〇世紀を通して繰り返し問われることになった。(5)

国民国家の形成とは、逆にいえば帝国の解体である。複数の「民族」を支配する帝国は、少なくとも主権国家体系としての国際政治においては別に問題ではなかった。そもそもの主権国家も国民国家ではなかったし、またそれぞれの国家の政体は問わないことが宗教戦争以後の国際政治の原則だったからである。ところが、人民主権という内政上の原則を国際政治の原則としてしまえば、もはや古典的な内政不干渉は意味を失う。帝国の解体過程は、同時に国際政治におけるイデオロギーの復権となったのである。

国民国家の形成が常に帝国の解体によって行われたわけではない。少なくともイギリスやフランスでは、絶対王政によって世俗的主権国家が確立し、試行錯誤を伴いながら人民主権による政府の形成が進むことになった。フランス革命はフランス人の革命というよりはヨーロッパの大革命であったし、イギリスが帝国の解体によって生まれたわけでもない。ところが、イタリア統一とドイツ統一を受けて、ナショナリズムによる奪権に正統性が認められた後、争点として残ったのはヨーロッパにおける帝国、つまりハプスブルク、ロマノフ、そしてヨーロッパ世界の外部とはいえオスマン朝の解体と、植民地帝国の解体という問題であった。このどちらの場合でも、新たな国民国家を形成するためにはそれまでの帝国の解体が必要となったし、それは戦争と無縁ではありえなかった。民族自決を認めなければ政府は安定せず、その不安定が戦争を生む危険もある。そもそもドイツ統一をイギリスが認めた理由の一つは、ドイツ諸民族の分断がヨーロッパに戦乱を生む可能性であった。このような状況では、民族自決とは権利というよりは紛争処理の技術であり、住民が政府をつくるのでなければ政府は安定しないという現実的判断であった。第一次大戦によって、民族自決は紛争処理の方法から国際政治の原則に変わることになる。戦争が総力戦に転化し、戦争を自国民に対し正当化しなければならないという状況を迎えて、ロイド・ジョージもクレマンソーも、帝国が戦争を生み、市民の政府が平和を保つというウィルソンの「原則」に飛びつかざるを得なかった。ところが、この民族自決の内容が、実は矛盾をはらんでいた。

その主張のいくつかが古典自由主義思想に起源を持つにもかかわらず、「民族自決」という観念は、特にイギリスでは猜疑心をもって迎えられてきた。それはもちろん、中では「市民の政府」を保ちながら外では植民地支配を続けるヨーロッパの大国にとってこの思想は都合が悪かったためであるが、それだけが理由ではない。民族を単位として国家を形成することは、市民が政府を形成することとは必ずしも重ならない。市民の政府が専制支配と異なるのは、その政府が市民の手になる法によって支配されるからであるが、民族の国家については別にそのような権力制限は必要ないからである。それどころか、ある民族を正当に代表すると主張することによって、民族自決思想は専制支配を正当化することさえ可能となる。ナショナリズムへの懐疑や批判が持てる者の主張であったとしても、その批判の中では持たざる者にも深刻な結果をもたらす病理も指摘されていた。同時に、「市民の政府」という自由主義的観念よりも、「民族の国家」の方がはるかに多くの民衆の想像力を捉える、つまり開明的な市民政府がエリート主義であり、民族の血を保つ国家の方が大衆的であるという背理もそこには隠されていた。

このような民族自決の背理は、ウィルソンには自覚されていなかった。というのも、ウィルソンのいう「民族自決」とは、実はエスニックな意味での民族が権力を握るということではなく、むしろ専制支配からの解放を指していたからである。その背後にはアメリカ建国の経験があった。アメリカ独立は、民族の革命ではなく、市民の革命であり、その市民には言語や習俗による境界がなかったのである。アメリカの経験を基にした民族自決の理念においては、文化相対主義よりはむしろ普遍主義の要素が強かったことになる。

オスマン・トルコ帝国とオーストリア＝ハンガリー帝国は第一次大戦とともに解体されたから、残されたヨーロッパ帝国は、社会主義革命とそれに基づいた国家権力の再構築を行うことで、本来なら解体に向かったはずのロマノフ朝の版図を維持してしまったソ連だけになった。また、自由の制度化による政治統合と世俗的価値による権力の正当化を一八世紀に、つまりナショナリズムの時代より前に果たすことで、アメリカもまたエスニックな意味での民族には立脚しない政府を保つことになった。アメリカとソ連という二つの帝国が、民族自決を原則とする国際秩序の担い手となったために、民族自決を促進する帝国が普遍主義を唱え、その掲げる公共性が個々の国民国家の内政不干渉原則と衝突するという不思議な構図が生まれる。そして、帝国の掲げる公共性は帝国の私的利益とは区別できなかったし、内政不干渉を唱える側が自国民の人権を尊重したわけでもなかった。

第二次大戦後における植民地主義の清算は、同時に「植民地なき帝国主義」の時代を開いた。一方では民族自決と国家形成を承認しながらも、各地で形成された権力が、たとえば反共主義としての自由主義、あるいは保護主義の撤廃と自由貿易の促進、そして普遍的人権など、アメリカによって普遍主義と考えられる原則を破った場合は、普遍主義の名の下に、徹底した介入が行われた。ソ連の場合はより露骨な形で、社会主義の防衛という名の下に恐怖政治による帝国の保全が行われた。さらにいえば、いったん植民地支配を解消した後は、民族自決とは「新興独立国」の国境線を、その独立国と米ソによって保全するという意味しか持たなくなっていた。古典自由主義の理念から遠く離れ、民族自決は既得権保護のシンボル以上のものではなくなっていった。

ソ連解体によって、二つの帝国のうちの一つは倒れた。同時に、東西の権力によって辛うじて保たれてきた国境線の引き直しが、各地の内戦激化という誤解のない形で争われることになった。残された帝国としてのアメリカが掲げる普遍主義も、また他の諸国が掲げる民族自決と内政不干渉原則も、湾岸戦争からボスニア内戦に至る事例を見れば明らかなように、およそ意味を失った。そして、アメリカ以外の先進工業国は、国民国家の保全に肩入れするのでも帝国の普遍主義に与《くみ》するのでもなく、ただその外の戦乱が内に及ぶことだけを避けようとしている。民族自決原則は、現在の国際政治の課題には一切といってよいほど処方箋も指針も与えていない。

むすび

二〇世紀に先進工業国が直面した課題は、解決されたということもできる。世界戦争の可能性は遠のき、民主主義は理想どころか当たり前の政体となり、国民国家は国際関係の現実となった。ところが、まさに解決が与えられたことで、その解決の信用も失われることになった。世界戦争の終わりによって、世界戦争に対抗する平和の構想も意味を失った。民主主義の制度化は、形式としての民主主義を放棄するコストが大きいことは教えても、社会経済的領域における解放は置き去りにされた。国民国家の形成は、普遍主義と自己決定との間の緊張を再認識させることになった。すべてが解決し、その解決が問題しかつくり出してはいない。

世界戦争、民主主義、国民国家という三つの課題は、本来は結びついたものとして考えられていた。民主主義が成長すれば自衛目的以外の戦闘を行う国家はなくなり、世界戦争に代わって世界平和が実現する、そして帝政の下にある諸民族が民主主義を実現する手段としては、民族自決と国民国家形成が不可欠の条件となる。つまり、それぞれの課題はそれ自身が価値であるとともに、他の課題に対して目的と手段の関係にあり、有機的連関を持つものと考えられていた。そして、世界平和も民主主義も国民国家も一応は実現した現在、そのような連関が見られないことも事実だろう。世界平和が世界戦争の脅威によって保たれ、民主主義は社会経済的平等とは無縁だからこそ安定し、国民国家の成立が普遍的正義の終末となる(念のためにいえば、普遍的正義が貫徹すれば国民国家の終末となる)、そのような世界にわれわれは生きている。

二〇世紀初めの希望の星は、いずれも落ちた偶像となった。新しい希望を探すまで、世紀末がいつまで続くのか、展望はない。

注

(1)　小生の勤める社会科学研究所では、二〇世紀を捉える視点について共同研究が始められたところであり、本稿はその議論に負うところが大きい。わけても坂野潤治氏と橋本壽朗氏に厚く感謝したい。「長い二〇世紀」という用語も、その共同研究との関係から報告されたコロンビア大学のキャロル・グラック氏によるものである。なお、ここでは二〇世紀を論じる柱として社会主義を立てていない。それは、社会主義は、二〇世紀を貫く課題であったというよりも、それらの課題に対する解答の一種、それも(他の処方箋と同じように)世紀末には有効性を失ってしまった解答の一つとして考えているためである。また、先進工業国の問題を扱うといいながら、本稿ではごく一般的に問題を論じている。いうまでもなく「先進国」は一枚岩ではないし、ヨーロッパは一つではない。本稿では問題の所在だけを示しているが、詳細な議論のために必要となる各国比較は一切省いていることをお断りしたい。

(2) 二〇世紀を捉える方法として、主役(アクター)を中心に見る方法と、制度ないし組織を焦点に置いて見る方法がとりあえず考えられる。前者の方法をとれば、イギリスからアメリカへの「覇権の交代」、あるいはドイツと日本の「挑戦」などが二〇世紀史の特徴となる。後者をとれば、たとえば金本位制の動揺、あるいは自由貿易体制の形成と動揺などが主要な論点となろう。以上二つのアプローチに対して、ここでは争点(イッシュー)を中心に時代の把握を試みた。通常の分類ではこれは規範的アプローチであるが、ここでの目的は今後の行為指針を示すことではなく、複数の行為指針が生まれ、滅びる過程を記述することにある。この方法をとる理由は、事象の記述よりも事象の意味づけの方に現在の混乱が見られると考えるからである。

(3) 冷戦期の国際政治に関する業績は数多いが、その歴史的意味を明らかにしたものは少ない。そのなかでとりわけ論争的なテーゼが、アメリカの冷戦史家ギャディスの唱えた「長い平和」論だろう。彼は、第一次大戦後に周到に準備された平和構想に対して、そのような準備の欠けていた第二次大戦後の平和がはるかに長続きしたことを指摘し、抑止の下の平和に対して懐疑的であったこれまでの議論を覆して論議を呼んだ。ここでギャディス批判を展開する紙幅も準備もないが、米ソ以外の諸国・地域における紛争を除外して米ソ間の戦略的合理性を論じることにどれだけ意味があるのか、疑問の残るところである。たとえばソ連に対して核兵器による報復をダレスが考えてはいなかった、というギャディスの指摘は、別に彼のいうようにダレスが合理的だったという結論にはつながらない。全面核戦争の可能性が存在するにもかかわらず周辺地域の紛争への介入を恐れなかった点で、依然としてダレス外交は(レトリックだけでなく実質的にも)不合理であった。さらにいえば、冷戦期の米ソ関係を揺るがしたのは米ソ二国の関係ではなく、地域紛争への両国の関わりだったということもできる。John Lewis Gaddis, "The Long Peace", in his *The Long Peace: Inquiries into the History of the Cold War*, Oxford: Oxford University Press, 1987.（五味俊樹他訳『ロング・ピース――冷戦史の証言「核・緊張・平和」』芦書房、二〇〇二年）、および藤原帰一「アジア冷戦の国際政治構造――中心・前哨・周辺」、東京大学社会科学研究所編『現代日本社会』第七巻、東京大学出版会、一九九二年、参照。

（4）資本主義と民主主義の関係から二〇世紀における民主化のジレンマを捉えてきた業績として、第一に挙げられるのが、プジェヴォルスキの諸論考である。ここではAdam Przeworski and John Sprague, *Paper Stones: A History of Electoral Socialism*, Chicago: University of Chicago Press, 1986. を挙げておきたい。また、マクファーソンの伝統を継いで民主主義の諸類型を論じたものに、David Held, *Models of Democracy*, Stanford: Stanford University Press, 1985.（中谷義和訳『民主政の諸類型』御茶の水書房、一九九八年）がある。

（5）ナショナリズムの問題については、すでにゲルナー、アンダスン、ホブスボウムなどの古典的業績があるが、いずれも、なぜナショナリズムが生まれるのかという（それ自体は正当な）問題に焦点が当てられており、ナショナリズムに正統性を認めることで国際政治がどのように変わったのか、主権国家体系と国民国家体系の違いは何か、という問題は必ずしも論じられていない。類書の少ないなかで、James Mayall, *Nationalism and International Society*, Cambridge: Cambridge University Press, 1990. は貴重な例外である。

（一九九三年七月）

冷戦の残務整理——湾岸戦争と国際政治

冷戦は、核戦争の恐怖の下の平和だった。「権力政治の現実」が唱えられ、「抑止力」という言葉が飛び交いながら、その「抑止力」が本当に確実なのか、政治指導者にも自信はなかった。権力者さえ巻き込むこの恐怖こそが、冷戦の下の「平和」を辛うじて支えてきた。

冷戦は終わった。それでは、危うい平和は確実な平和に変わるだろうか。そうとは限らない、というのが私の主張である。冷戦の終わりは、パンドラの箱を開けた。箱の底に残された希望を手にする前に平和維持の制度化を済ませておかないと、「権力政治の現実」が何を生み出してしまうのか、考えてみよう。

イラクのクウェート侵攻は、国際関係の権力政治にとっても古典的問題のおさらいになった。敗戦のリスクを考えずに、断固として戦争をする国家が登場すればどうなるか。そういう時には、こちらも断固として戦うほかはない、と権力政治の教科書には書いてあった。ブッシュ(父)大統領は、教科書の通りに行動する、いい生徒だった。

しかし、教科書にも誤解があった。第一に、圧倒的な軍事力を前にすれば、いかなる国家でも戦争を「抑止」されるはずだった。外交が軍事力に服従し、その軍事力の行使に国連まで動員すれば、それを相手に戦争をする方がおかしい。ところが、イラクとしては、「米国に勝つ」ことは不合理でも、「米国に負けない」戦略、つまり戦線の拡大と戦争の長期化によって米国を消耗させる戦略は、短期的かつ軍事的には合理的であった。権力政治の論理から見れば、イラクの戦略も教科書通りであった。

イラクのその意図は、少なくとも昨年(一九九〇年)末には米国にも明瞭であった。それでも経済制裁にとどめることはできる。だがブッシュ政権は、外交によるイラクの撤退でなく、軍事力による徹底的排除を選んだ。「米国に負けない」戦略も無意味だということを力で示そうとしたのである。世界が希望を寄せた新年に入ってからの一連の交渉は、ブッシュ政権にとっても、イラクにとっても、開戦のための儀礼に過ぎなかった。都市空爆という残虐なレベルから戦争は始まった。

この残酷なゲームはまだ終わっていない。イラクが壊滅しても冷戦後のパンドラの箱は開きっぱなしだ。

米国としては、イラクの侵略を局地紛争として事実上無視することもできた。しかし、米国は、冷戦後の秩序形成のテストケースにイラクの侵略を選んだ。西ドイツが東ドイツを吸収合併したように、米国を頂点とする秩序の下に、ワルシャワ条約機構も、国連安全保障理事会さえも吸収していこう、そう決めたに等しい。資金や兵器が足りなくなれば、信用を失った米ドルを西ドイツや日本が支えたように、同盟国の援助を求めればよい。判断を下すのは米国でも、兵器や資金は外国から獲得する。基軸通貨を米ドルとするように、「世界の警察官」は米軍をおいてほかにあるだろうかと問いかけたのである。

湾岸戦争は世界秩序を賭けた戦争、「世界大戦」として戦われている。

ところが、米軍であれ多国籍軍であれ、権力政治の教科書には世界の警察官など登場しない。教科書が書かれた時代には、ヨーロッパが無数の戦争で八つ裂きにされていた。イラクが仮に壊滅しても、そのあとの中東の秩序をどうするのか。内戦ばかりでなく文字通りの世界戦争を招きかねないソ連の解体に対しても、多国籍軍を出動させるのか。「確実に相手に勝てる」軍事力が存在しないにもかかわらず、これらの紛争も世界大戦として戦うのか。冷戦後の秩序形成を米国が指揮し、イラクの侵攻をテストケースとするということは、外交が軍事力に従い、国連安全保障理事会が米国の意図に従うことが前提になる。だが、モラルをさておいても、「世界の警察官」は現実的実効性もない。意味がない戦争と意味がない死者が続く、これが私なりの現状の分析である。

それ以外の選択はありうるのか。三点だけ簡単に指摘したい。第一に、米国と多国籍軍が全兵力を中東から撤退させ経済制裁に戻ること、第二に、国連が「大国」から自立して、総会に基づく平和維持活動のための常設機構をつくり、その資金を世界各国とともに日本政府(国民)も提供し、第三に、日本政府の管理を完全に離れ、新しい平和維持機構の、ひいては国連総会の管理の下におかれた自衛隊を軍事監視団として派遣する、というものである。フセイン政権の殺戮を前にした全兵力撤退は不条理である。しかし中東を世界戦争の対象とする不条理のなかでは、撤退こそが合理的になる。また、国連の平和維持機構は、イラクの侵攻に対する盾を保証しない。国連の政治は効率が悪く、汚い「政治」である。さらに、日本政府の指揮下を離れた軍隊、国家主権と切り離された最初の軍事力とするためには、自衛隊の完全な改組が必要となる。同時に、平和維持活動というアイデンティティを初めて「自衛隊」は獲得できる。そのように「理想主義的」な「大改革」を直ちに、文字通り直ちに行うことが「現実的」である、そういう世界にわれわれは生きている。

冷戦の終わりはパンドラの箱を開けることであるとヨーロッパの政治家たちは自覚していた。だからこそ全欧安保の整備が急がれた。しかし全欧安保が網羅するのは、たかだかヨーロッパだけに過ぎない。冷戦の終わりは世界全体の現実である。「冷戦の終わり」を「恐怖の下の平和」から「恐怖」そのものに変えないこと、そのための選択は閉ざされようとしている。冷戦の残務整理に残された時間は少ない。

(一九九一年二月五日)

冷戦の後の平和——国際政治と日本の選択

冷戦が終わったが、不戦の世界は遠い。平和維持の制度化のために冷戦の残務整理を考えてみたい。

一　冷戦の終わり

冷戦は、どう終わったのだろうか。

冷戦の終わりの第一の意味は、米ソ間の軍事的対決が、戦後初めて収束に向かったことである。核兵器の全面撤去とはほど遠いとしても、米ソ関係は軍拡競争から軍縮競争に逆転した。一九九一年九月、ブッシュ(父)大統領が戦略核兵器の撤去に着手したことで、軍縮競争も新しい局面に入った。一九八五年以後の米ソ軍縮は、ソ連側の一方的なイニシアティヴに、アメリカ側が慎重に従うという構図で占められてきたが、ブッシュのこのたびの宣言は、アメリカ側が軍縮のイニシアティヴをとりはじめたことを示したからである。

ここでいう一方的イニシアティヴとは、相手を度外視した善意の表明では、もちろんない。国際政治の中で、自国の私的利益を放棄する行動を期待することは難しい。このたびのアメリカの方針を見ても、兵器体系の中で陳腐化した部分の軍縮に焦点がおかれているし、B2爆撃機や核兵器の生産も認めている。このようにアメリカに有利な条件の下での軍縮を求めていることは明らかではあるが、しかし、自国に有利な条件の軍縮が実現し、相手がさらに譲歩すれば、こちらも軍縮を進めるという、将来の軍縮に開かれた構想には違いない。相手に対して優位を保つために軍拡を進める政策(軍拡ゲーム)ではなく、軍縮の先手を打つことで次の軍縮の過程で外交的優位を得ようとする政策(軍縮ゲーム)への変化、平たくいえば兵器を増やし合う競争から減らし合う競争への転換が見られるのである。国益、つまり国家の私的利益を中心とする伝統的国際関係においてさえ、「抑止による平和」よりは「軍縮による平和」の方が安定していることが確認されたのである。核戦争の悪夢が遠のいた意味は、やはり大きい。

ところが冷戦の終わりには、ソ連・東欧における「全体主義」の支配が崩壊したという、第二の意味がある。なぜ壊れたのか。第一の解釈は、ソ連・東欧圏内部の状況に崩壊の原因を見る。一党支配の残虐から計画経済の非効率まで、この点を説明する議論は、少なくとも日本では事欠かないから省略したい。問題は第二の解釈、つまり「西側」陣営の軍事的封じ込め政策が成功したのだ、という解釈である。「全体主義陣営」に対して世界戦争をも辞さない軍事的対決を続けた成果として、「全体主義」に勝った、冷戦に勝ったという解釈である。国際政治には、立証も反証も難しい議論が多いが、これはその典型的な例である。レーガン政権の反共戦略がソ連のペレストロイカの原因になったという議論は成り立たない。しかし、冷戦体制で対ソ封じ込め戦略が続けられ、ソ連・東欧圏が解体したという二つの事実をつなぎ合わせるなら、封じ込め戦略の結果としてソ連が冷戦に負けたという解釈もできないわけではない。そして、これも国際政治の議論の多くのように、現実をどのように解釈するかが政策を左右する。

さきに、「軍縮による平和」が「抑止による平和」よりも安定していると述べた。ところが、冷戦の終わりを封じ込め戦略の勝利として解釈するなら、ソ連の軍縮は軍縮ではなく瓦解であり、抑止戦略の成果にほかならない。そうだとすれば、ソ連・東欧圏が解体したからといって、アメリカ側が軍縮を進める必要はないし、むしろアメリカ側の軍拡によってソ連・東欧圏の解体をさらに進めるべきだ、という議論さえありうる。冷戦の終わりを軍縮ゲームへの転換として考えるなら、既存の軍事同盟網の刷新が冷戦の後の平和をつくるために欠かせない。しかし、冷戦の終わりをアメリカ側の勝利として見る場合には、ソ連側の軍縮は避けられない結果だがアメリカ側の軍縮は選択肢の一つに過ぎないのであり、これまでの軍事同盟網を変える必然性はない。冷戦が終わったと考えるか、冷戦に勝ったと考えるか、この解釈によって、とるべき政策が全く変わってしまう。

冷戦という一つの時代が終わったから新しい平和秩序をつくる機会が生まれたという解釈は、ＥＣ(欧州共同体)とヨーロッパ大陸部の諸国を中心とした、全欧安保の構想の基礎となった。他方、冷戦に勝ったという解釈も、イギリス・アメリカを中心に行われている。ここで重要なのは、どちらの解釈が「正しい」か、ということではない。冷戦の後の国際秩序は、一つに決まっているわけではない。その国際秩序の選択が、冷戦終焉の解釈で大きく変わる。

二　湾岸戦争の意味

湾岸戦争は、冷戦後の秩序が争われるなかで戦われ、冷戦後の秩序の一つの、それも望ましくない展望を示している。この戦争の意味について考えてみよう。

湾岸戦争は、ベトナムの失敗に学んだ戦争であるといわれる。何をどう学んだのか、次の三点を指摘できるだろう。

第一に、ベトナムでは相手の攻撃レベルに対応して戦略のレベルを決定したのに対し、湾岸戦争では相手の攻撃をはるかに上回る軍事行動を最初から展開した。ベトナムでは、敵が一〇万の兵力なら、それを倒すのに必要な兵力を送るというように、介入のレベルを相手の兵力との関係からアメリカは決定した。この場合、戦争がエスカレートする事態は避けられる。しかしその結果、アメリカは戦争に負けはしないものの勝つことはできず、ベトナムでは勝たなければアメリカの敗北だったのである。ベトナム側は「アメリカに勝つ」のではなく、「アメリカに負けない」戦略に徹するだけで十分だった。この戦略が誤りだった、という「教訓」は、湾岸戦争では、当初からイラクのクウェート侵攻をはるかに上回る兵力を投入する、という形で活かされた。相手の軍事行動の規模にかかわらず、最大限の攻撃を加え、「アメリカに負けない」戦略をも叩き潰したのである。

第二の教訓は、軍事行動に当たって、軍部に作戦と指揮をほとんど委ねた点に見られる。ベトナム戦争では、ジョンソン大統領などの文民政治家が軍部の決定に対して介入を繰返した。文民統制の原則をとる以上当然だが、その結果として、大規模な作戦で敵を倒す一歩手前で政治家からブレーキをかけられた、勝てる戦争に勝てなかった、という教訓も生まれた。今回の作戦では、地上軍の投入に至るまで、軍人にフリーハンドが与えられた。さらに、ブッシュは、軍部の中から出た慎重論は抑え、戦闘規模を拡大する議論は支持したと伝えられている。軍部を統制するのではなく、統制を積極的に放棄することがベトナムの教訓だった。

第三に、徹底した世論操作が戦争の前も戦争の過程でも行われた。当初はベトナム介入を支持した世論も、特に一九六八年以後は厳しい批判に転じた。ベトナム戦争はアメリカの世論に負けたといわれるゆえんである(国際世論は一般にアメリカに批判的であったが、国際世論のためにベトナムで負けたという議論は少ない。米軍の行動は国際世論には左右されないらしい）。開戦時には僅差で議会に認められたに過ぎなかった戦争を、疑うことの許されない正戦に変えた最大の原因は周到な世論工作にある。開戦前から、米軍派兵や多国籍軍の結成は軍事的にも政治的にも愚かな選択であるという議論が、国際政治学者の間では広くアメリカでも見られた。そのような議論は、戦勝の栄光の前で孤立し、アメリカの名誉に泥を塗るものとさえ批判されるようになった。

ベトナム戦争の後はじめて、アメリカは戦争に勝った。そもそもレーガン以来の共和党政権は、アメリカが勝てる戦争を探し、勝つことを戦略目的としていた、とさえいうことができる。ニカラグア介入、グレナダ介入、レバノン介入、さらにパナマ介入に至るまで、ベトナムの傷を癒し、アメリカの軍事的プレゼンスには意味があることを対外的にも対内的にも確認しようとしてきた、その最大の成果が湾岸戦争だったのである。

ベトナム戦争末期のキッシンジャー外交は、アメリカがその政治的影響力を維持しながらどのようにベトナムから撤退するか、ここにポイントが置かれていた。アメリカから中国に接近し、アメリカからソ連に接近する、この二重のイニシアティヴによってアメリカ主導の緊張緩和をつくり出すのがキッシンジャー外交の目的だった。ベトナムでの屈辱がアメリカの国際政治における影響力の低下につながらないよう手を打つ必要があったからだ。ここには、アフガニスタン介入の失敗を受けて新思考外交をとったソ連と似た状況がある。キッシンジャー外交の下のアメリカも、新思考外交の下のソ連も、事実上の敗北の後でありながら、外交上の影響力はむしろ強めている。このような干渉戦争の失敗を受けた緊張緩和の構図を、戦勝による影響力の拡大をめざすことで、レーガン＝ブッシュ政権は、ひっくり返してしまった。

湾岸戦争は、ベトナム戦争に学んだばかりではない。第二次大戦の教訓も、次の二点で見ることができる。なによりも、「フセイン」が「ヒトラー」になぞらえられたように、イラクの侵略はナチス・ドイツのポーランド侵略に匹敵する国際秩序に対する破壊であると考えられた。第二次大戦前、領土拡張を続けるナチに対して、ミュンヘン会談で宥和政策をとったのは間違いだった、という「教訓」がある。この「ミュンヘンの教訓」は、第二次大戦後、対ソ政策にもちこされた。領土拡張を続けるソ連に対しては、世界戦争で脅して対抗するほかはない、これが封じ込め政策の骨子である。ソ連が本当にナチのような冒険主義的戦略をとっていたのか、封じ込め政策は必要だったのか、争う余地はあるし、ましてソ連・東欧圏の解体が始まった以上、このような政策を続ける意味はない。この時に、ソ連よりも明確に、自国民の生命を度外視して好戦行動を起こしたのがフセイン政権だった。当初は局地紛争として考えていたブッシュにミュンヘンの比喩を示唆したのはサッチャー女史であったというが、一九九〇年八月後半から、イラクの軍事行動を世界秩序の問題として捉えるブッシュ政権の姿勢が明確になる。安全保障理事会まで動員した世界戦争の態勢がとられたのは、クウェート侵略が中東の脅威だけでなく、世界全体の平和に対する脅威として捉えられたからである。

湾岸戦争は、冷戦の終わった後の世界でもアメリカの軍事的役割が必要であることを示すモデルケースとして戦われた。冷戦がアメリカの勝利、自由経済と民主主義の勝利であるという確信をも深めることになった。そして、北朝鮮(朝鮮民主主義人民共和国)に対する軍事的譲歩の強制など、軍事的優位に基づいた平和を冷戦の後の秩序とするような一連の政策が採用されて今日に至っている。

三　平和維持活動をめぐる選択

ところが、以上のような「アメリカの平和」には、現実の根拠が乏しい。

まず、湾岸戦争がまだ終わっていないことを確認しておきたい。イラク軍をクウェートから撤退させるという、その限られた目的の範囲ではたしかに戦闘は終わったが、それだけのためにこれほどの軍事行動が必要であったか、疑問がある。敗戦後ただちにフセイン政権が倒れるという予測は、根拠のない希望的観測だった。フセイン政権を倒すような新しい軍事行動には、湾岸の戦勝とは比較にならない犠牲が必要になるし、倒したとしても、その後の政権の構想が立たない限り、占領と膨大な行政コストが必要になる。フセイン政権が当面続けば、フセインを倒しておくべきだったという世論がアメリカに起こることは避けられないが、再度軍事行動を起こすコストは大きい。

湾岸戦争のような規模の戦争を世界各地で構えるだけの財政的余裕と軍事力は、多国籍軍であれなんであれ、どこにもない。「負けない」戦略まで叩き潰すには、小さな兵力に対しても膨大な軍事力を動員する必要があるが、たとえば朝鮮半島、中国、あるいはソ連を構成する共和国のそれぞれに対してこの戦略をとるには、先進資本主義国の軍事力をすべて動員しても足りない。さらに、各国の軍隊を集めれば集めるほど、「多国籍軍」における米軍の指揮権を確保することは難しくなる。この限界が誰の眼にも明らかである以上、「多国籍軍が攻めてくる」危険は案外に少ない。アメリカでもどこでも、冷戦期のような世界戦争を構える一極支配には現実の根拠がない。採用もできない政策を対外的に宣言することで、アメリカは外交政策の選択の幅を著しく狭めてしまった。大規模な軍事行動を起こすことで、アメリカは自分の手足を縛ってしまったのである。

冷戦の後の平和は、「冷戦に勝った」という解釈に従う限りでは、以上のボトルネックから逃れることができない。誤解を恐れずにいえば、冷戦が終わっても、現在の国際政治から戦争の可能性がゼロになるとはいえない。また、国際政治の中で軍事力が果たす役割も、やはりゼロではない。とはいえ、アメリカが冷戦に勝ったと考え、アメリカの軍事力を中心に冷戦の後の平和を考えるならば、モラルをひとまずおいても、その結果として安定した国際関係が構築しうると期待できる根拠はない。

平和維持活動をめぐる日本の選択を考えるとき、確認すべき国際政治の状況とはおよそ以上のようなものである。冷戦期の平和維持活動は、いわば米ソ冷戦の谷間にこぼれた紛争について、殺し合いの水位をできる限り下げる、地道な活動であった。現在は、米軍を中心とした軍事活動の後方支援部隊となるのか、あるいはこれまで以上に必要となってきた「殺し合いの水位を下げる」活動に徹するのか、岐路に立たされている。私見では、平和維持活動は、革新勢力が否定するどころか、むしろ保守勢力よりも積極的に進めるべき活動であると考える。同時に、平和維持活動、さらに国連の性格そのものが動揺している現在、その条件として、以下の四点を満たす必要があるだろう。

第一に、国連総会の議決に基づいて、平和維持活動のための常設機関を設けることである。従来のＰＫＯ(国連平和維持活動)は、個々の紛争に対応した決議によって構成され、その内容も場合によって大きく性格の違うものだった。平和維持活動に制度的な安定と、さらに個別国家とは異なる公共性を与えるためには、専門機関を新しく創設することが望ましい。国連に新しい組織を設けるまではＰＫＯに賛成すべきでないというのではない。国連組織の創設は決して理想主義的な抽象論ではなく、僅かな財政支出と豊かな構想力によって十分実現できるものであり、九〇億ドルのような財政支出よりはるかに「現実的」である。

第二に、新しい常設機関の下で、平和維持活動のための要員を訓練する計画をつくることである。平和維持活動にあたって軍事的技能はもちろん必要だが、伝統的戦闘準備とは異なる技術が求められる。現在の平和維持活動に参加している兵力は、各国国軍のなかで、古典的戦争に基づいた古典的軍人としての訓練を受けているが、平和維持活動の実際は、具体的な紛争解決であり、粘り強い外交交渉であって、武力の示威だけでは目的を達成できないのである。平時の軍人にとって訓練こそ生活の大半であるから、各国政府が訓練計画を変えるのは容易ではない。戦争をつくる手段と平和をつくる手段が紙一重であるからこそ、国連をベースにして訓練計画のガイドラインをつくる意味は大きい。

第三に、自衛隊に関しては、上記の常設機関の管理下でのみ行動するものとする。憲法九条の趣旨が日本を戦場としないという消極的な平和主義だけでなく、積極的に平和をつくり出すことへのコミットメントであるならば、それが平和維持活動にのみ用いられることが保証される限り、憲法に違反しないはずである。新しい「自衛隊」が単独で軍事行動をとる権利を自ら放棄すれば、疑惑の多くを解消することができるだろう。そもそも自衛隊が単独で行動したところで意味は少ないのである。

第四に、日本ばかりではなく、この平和維持機構への各国の参加を求めていく必要がある。これも机上の空論ではない。たとえば解体過程にあるソ連を見れば、特定の国籍ではなく、国連のような中立性を主張できる兵力の方がはるかに有効に機能できるような紛争が多く予想される。オブザーバーをはじめとしてさまざまな参加の形態を用意し、旧ソ連圏諸国、ＥＣ諸国から発展途上国の参加まで求めていけば、特定の国益に奉仕しないこのような組織の実践的意味を高めていくことができるだろう。

以上の政策は、反米的ではない。さきに述べたように、湾岸戦争のような介入は、アメリカの軍事的リソースから見ても決して合理的なものではないし、さらに多くの紛争に適用できるわけでもない。紛争の規模を引き下げることに特化した国際機関が、アメリカにとっても有利な政治状況をつくることができる以上、アメリカの参加も積極的に求めていくべきだろう。

むすび

ＰＫＯを批判することはたやすいが、それでは世界から戦争を減らすために何ができるのか、このような批判が平和論に対して続けられている。戦後日本の平和運動は、日本を戦場としないことを、さらに世界から戦争がなくなることを願ってきた。平和運動の成果であるか否かは別として、最初の願いはこれまでのところ叶えられた。後者については、運動の目標はなによりも核軍縮に向けられていた。それでは冷戦の後の平和に対してどのような貢献が考えられるのか、この問題に平和運動と平和論がとまどってきたことは理解できる。平和をつくることと戦争を行うことは紙一重の関係にあるからだ。しかし、現在の平和をどのようにつくるのか、という問題は残る。

冷戦は勝者のない戦いであった。冷戦の後の平和を新たな戦争の脅威としないためにも、積極的な平和の構想が求められている。

（一九九一年一一月）

戦争は終わった

第一次大戦の勃発から第二次大戦終結までの三〇年間にかけて、国際政治の最大の特徴は世界戦争であった。第二次大戦が終わった後も、冷戦が半世紀近く続く。核戦争こそ起こらなかったとはいえ、冷戦が世界戦争の脅威にさらされた時代であったことは否定できない。三つの世界戦争が二〇世紀の国際政治を形づくっていた。

世紀末を迎え、世界戦争の脅威は後退した。米ソ冷戦終結に伴う核軍縮の進展はその一例である。もちろん核兵器は残されているし、ロシア政府の対外政策が再び転換する可能性も無視できないが、米ソ対立が世界を戦場とする核戦争に発展する可能性は、ひとまず退いた。東アジアの場合は、中国、北朝鮮、あるいはベトナムなどの「残存社会主義」諸国が存在する。しかし、内政の自由化や民主化をさておくとすれば、対外的な軍事戦略に関する限り、各国ともに保守的であり、たとえばアメリカとの安全保障協議の機会を無視して戦争を始める可能性は高くない。そして、仮にこれらの諸国が戦争を起こしたところで、世界戦争という規模の戦闘に発展する可能性は小さい。

いうまでもなく、このような「世界戦争の可能性の乏しい状態」は、各国が武器を捨て、平和主義に宗旨替えした結果として起こったわけではない。それどころか、ユートピア的な平和主義は冷戦期にこそ市民の多くに受け入れられていた。また、七年前の湾岸戦争(一九九一年)、四年前まで激しく戦われたボスニア内戦、さらにコンゴ内戦に見られるように、軍事行動が世界から消えたわけでもない。内戦なのか対外戦争なのか、大国の軍事干渉を伴うのか伴わないのか、明白な侵略行為によって始まったのか否か、そんな違いを度外視すれば、軍事力の行使を伴う紛争は、現在の世界でも少なくない。

このように留保を加えたうえでも、なお、先進工業国を巻き込む大規模な戦争が発生する可能性が減ったことは否定できない。軍事行動が世界からなくなったわけではないが、戦争が、あらゆる人々を犠牲者として巻き込む世界の破滅へとエスカレートする可能性は減ったのである。先進工業国に住む人々から見れば、戦争は、自分たちが犠牲者になる可能性ではなく、ちょうど貧困と同じように、世界の周辺ではまだ残された気の毒な現象、残された課題の一つになった。世界戦争とともに始まったこの世紀は、世界戦争の終わりとともに終わろうとしている。

戦争が終わったといえば、さまざまな反撥があるだろう。国際政治における「現実主義」の立場をとる人々からは、国家を超える政治権力が構成されない限り、戦争こそが国際政治の現実であり、それが変わったという議論は空想的な平和主義に過ぎない、たとえば中国の海軍力増強をおまえはどう考えるのか、という批判があるだろう。逆に、平和主義の立場をとる人々からは、政策遂行の手段としての戦争を放棄した国も武力を放棄した国もなく、核兵器さえふんだんに残されている以上、世界戦争の脅威は終わってはいない、それどころか脅威の自覚が乏しくなった現在こそ、戦争の恐ろしさを語り伝えるべきだ、という議論があるかも知れない。

この二つの議論にはいずれも正しい面がある。なによりも、予測不可能な将来について、世界戦争の時代が終わったなどという大胆な予言をすることは、学者より易者の仕事だろう。それでも、世界戦争が起こることを予期し、その世界戦争の発生を前提として国際政治を考えることが難しくなったことは事実である。そして、この二つの批判はともに、世界戦争という脅威を失うことが国際政治をどのように変えるのか、という問題には答えていない。

戦争が終わることは結構には違いない。ところが、二〇世紀が世界戦争の時代であったという議論の裏には、二〇世紀の国際政治が世界戦争を想定し、それに対抗して形成されてきたという事情がある。世界戦争の可能性が遠のくことは、これまでの国際政治を支えた条件のいくつかが失われることも意味しているのである。それでは、世界戦争の終結によって、われわれは何を失うのだろうか。

まず、世界戦争の終わりが戦争の始まりになるかも知れない。というのも、核戦争にエスカレートする可能性が薄れることで、政策遂行の手段としての戦争の合理性が復活する可能性があるからである。冷戦期には、少なくとも論理的には、すべての戦争が核戦争に発展する可能性があり、核戦争になれば勝者は存在しないとの認識が、平和主義者ばかりでなく政策決定に当たるエリートにも共有されていた。そのため、戦争を戦う際にも、その地域の戦争をいかに大国同士の戦争にエスカレートすることなく戦うか、という不思議な課題に答えなければならなかった。近年になって公開された外交文書を見て明らかなことは、中国もソ連も、アメリカとの直接の軍事対決を極度に恐れており、対米戦争にエスカレートする危険のあるときは、北朝鮮あるいはベトナムから軍事的支援を引き揚げようとしていた、ということである。核兵器による抑止は決して自動的に生まれる状態ではないが、いったん抑止が成立すれば、個別の戦争の戦い方も変わらざるを得ない。世界戦争の終わりは、この核戦争の恐怖に支えられた「長い平和」の終わりとなる可能性がある。

もちろん、冷戦終結とともに戦乱の時代を迎えたと速断する根拠はないし、世界戦争の終わりが、より制度的な平和保障を実現する機会となる可能性も無視できない。ところが、国際政治に秩序、制度、あるいは体制などを生み出す原因として大きな役割を果たしてきたのが、まさに戦争だったのである。今日の国際政治において、何らかの形で動いている国際組織とか、非公式の国際体制のほとんどは、第一次大戦か第二次大戦をきっかけに実現した。その露骨な一例が国際連合であるが、国連ばかりでなく、世界銀行や国際通貨基金も、第二次世界大戦後構想の一環としてつくられた組織であった。

世界戦争を契機に国際組織がつくられるのは偶然ではない。どの国家も、国際協調より自国の国益を優先する限り、国際組織の設立に各国が同意することは難しい。世界戦争の終結期は、国際組織の設立と秩序形成に大国が合意する、きわめて例外的な時代である。巨大な戦争でもない限り、犠牲を払ってでも国際協調を国益遂行に優先する必要は生まれないからにほかならない。

脇道に入るが、圧倒的な権力を誇る大国、覇権国家が存在するときに限って国際組織や国際体制が形成されるという議論は、秩序形成において戦争が持つ意味を取りこぼしている。覇権が存在するとき、国際関係における正常な行動は、覇権を持たない各国が連合してその覇権に対抗することであって、覇権国家の意図に服することではない。もちろん、覇権によって秩序形成が妨げられると結論することはできないが、覇権国家の存在だけが秩序形成の誘因になるわけでもない。国益を優先する各国が協調に合意するためには、覇権ばかりでなく、世界戦争の惨禍が必要だったのである。

世界戦争の脅威が遠のくことは、大国が協調して新しい世界秩序をつくる契機を失うことでもある。そして、まさに核戦争なしに終わったために、冷戦は新しい世界をつくることなく終わってしまった。冷戦終結後の秩序構想は、全欧安保であれ西欧同盟であれ、惨めなほど尻すぼみに終わり、国連安全保障理事会の再建ひとつ実現していない。そこに見られたのは、第二次大戦後に大きく変わった国際関係の現実を踏まえて新しい秩序形成を行うという合意ではなく、できる限り既存の国際関係を維持しながら現状を切り抜けるという保守の論理であった。単なる権力関係ではない、より制度的な平和維持の機構をつくる代わりに、国際政治の現状を変えれば混乱しか生まれないという、現状変更への恐怖のみによって支えられた、戦争のない「状態」が保たれた。世界戦争の可能性は遠のきながら、その平和を支える制度的な保障は、驚くほど脆弱なのである。

戦争の脅威にさらされていた時代には、戦争の終わりが、何らかのユートピアと結びつけて考えられていた。本来の「平和」という観念は、要するに戦争がない一時の状況を指す観念であって、特に世界の破滅ともユートピアとも関係はない。ところが、一方では戦争の規模、惨禍、動員数が急増したため、政策遂行の手段として戦争を正当化することが難しくなり、他方ではナショナリズムとデモクラシーの高揚とともに、内政における戦争の捉え方が変化し、特定の権力の形態(たとえば君主政や全体主義)と戦争とを結びつける考え方が広がると、「平和」に、内政の刷新を伴う、一種の革命的な意味づけが行われるようになっていた。

君主の恣意が戦争を起こすのであり、共和政体の樹立こそが平和の条件である。あるいは、プロレタリアートが権力を樹立すれば、国家は死滅し、平和が実現する。こんな考え方は、単なる現状維持としての平和から大きく踏み出した、革命による新世界の樹立の夢であった。そのようなユートピズムは反共主義を掲げる側にも共有され、全体主義との対決は、単なるありふれた権力闘争ではなく、戦争と独裁を本質とする絶対悪に対する十字軍として意味づけられていた。世界戦争の終わりは、単なる「戦争の不在」を超えた秩序の刷新を伴うはずであり、またそれを伴うからこそ実現可能となるのであった。

別にユートピアなど実現できなくても平和の方は実現できるし、むしろユートピアなどを目指す権力の方がよほど平和の邪魔になる。そんな、砂を噛むような現実は、すでに冷戦以前から明らかだった。共和政、社会主義、あるいはデモクラシー、どのような「新しい」政体を見ても、平和的どころか、その前の政府よりも熱狂的に戦争を戦う傾向があった。

とはいえ、それまでの戦争に比べても核時代には破滅のイメージが鮮明であっただけに、冷戦期に入っても、ユートピズムと平和の結合はむしろ強められた。平和運動の活動家から見れば、市民に責任を負う政府があればこその平和であり、世界平和の実現は各国の民主化(あるいは社会主義化)と裏表の関係に立つ活動目標であった。反共十字軍の騎士から見れば、全体主義が根絶され、戦争を引き起こすような好戦国家を打倒すればこそ、世界平和が実現するのであった。そして、冷戦終結期には、それぞれの立場から冷戦終結への意味づけが行われた。ハトは、愚かな核軍拡競争の終結を喜び、民主主義国の間では戦争が起こらないという「事実」にしがみついた。タカは、封じ込め戦略の成功とソ連の滅亡を、「正しい平和」の実現として喜び、冷戦勝利を叫んだ。

冷戦終結から七年を経て次第に明らかとなったのは、ユートピアと無関係に、ただ世界戦争の時代が散文的に終わった、という事実である。ユートピアの実現のために暴力を正当化する政府や運動が見られないことは、歓迎すべき事態なのかも知れない。ところが、その平和は、核戦争の恐怖によっても、また平和維持を目的とする制度によっても、それでいえば明確な軍事同盟、抑止、あるいは威嚇によって支えられているのでもなく、ただ現状変更に対する漠然とした恐怖にのみ支えられた、「状態」として続いているものに過ぎない。それが、戦争の終わった時代の荒廃した風景である。

（一九九八年三月）

冷戦後の核問題――インド・パキスタンの核実験をめぐって

はじめに――核実験の衝撃

インド・パキスタン両国の核実験は、予想を超えた出来事ではない。両国の核保有は公然の秘密だったし、政権につく前からインド人民党は核実験を行うと宣言していた。それでも、印パ核実験は、各国の政府と世論に衝撃を与えた。アメリカでは、諜報活動によって核実験を事前に察知できなかったことが失策として取りざたされ、核拡散の脅威が各国の新聞で議論された。

なぜこの事件が衝撃を与えたのだろう。それはおそらく、冷戦後の世界秩序の落とし穴をインド政府の行動が突いていたからである。核実験から二カ月近く経った今(一九九八年七月)、印パ戦争は起こっておらず、両国国内のナショナリズムの高揚もいくぶん沈静化し、一時の緊張感は見られない。しかし、落とし穴が何だったのか、考えてみる意味はありそうである。この文章では、米ソ冷戦終結後の核兵器と平和の意味を検討してみたい。

この課題には、少なくとも二つの論点が含まれている。第一は、核兵器がどのように、国際関係の安定・不安定に関わっているのかという問題である。タカは、核兵器で脅し合うからこそ冷戦期の「長い平和」が保たれたと主張し、ハトは、核抑止戦略こそが世界を破滅の瀬戸際に追い込んできたと論じてきた。それでは冷戦終結とともに核兵器と秩序の関わりはどう変わり、どう変わらなかったのか。これを考えることが第一の論点である。第二に、軍事大国でも経済大国でもない小国は、国際関係の安定・不安定とどのように関わっているのか、という問題がある。先進工業国や軍事大国ではない諸国が国際政治のなかで果たす役割は何か、国際政治における中心と周辺の関係を考える必要があるだろう。冷戦下の国際関係をまず振り返り、そこでの条件が、冷戦終結とともにどのように変わったのかをまず考えてゆくことにしたい。

一　冷戦下の国際関係

核抑止と平和

核抑止が冷戦期の平和を支えたという議論には、神経を逆なでするサディズムがある。しかし、米ソ軍拡競争にもかかわらず、核戦争は冷戦期に起こらなかった。一般論としても、軍事的報復を恐れて軍事行動を思いとどまることが存在しないとはいえないし、冷戦期の米ソ関係には、相互抑止と呼べる状態が成立したことも事実だろう。抑止戦略のために核戦争が回避されたという因果関係を示すことは難しくても、核抑止という状況の下で核戦争が起こらなかったという事実は否定できない。

ここまでは抑止論の側に分があるように見える。しかし、抑止論の正当性もここで止まるのである。第一に、核武装によって相手の軍事行動が自動的に抑止される、という因果関係は存在しない。敵が核兵器の使用を思いとどまるだろうという希望的観測に侵された指導者が現れれば、いかに核兵器による報復によって脅してもその軍事行動を断念させることはできない。米ソ関係に限ってみても、米ソ相互の核戦争が実在する脅威であり、その可能性は避けなければならないと双方が明確に認識するのは、一九六二年のキューバ・ミサイル危機以後のことである。つまり、抑止の成立には、核戦争を恐れるという主観的な条件が必要である。核武装だけで抑止が生まれるわけではない。

第二に、二国間の抑止と異なり、第三国を含む紛争では、抑止は不安定となりやすい。A国とB国が対立する核保有国であり、C国に対する軍事介入があれば核戦争を含む軍事行動をとる準備があるとA・B両国が事前に意思表明を行っているとしよう。この場合、仮にB国がC国に軍事介入を行ったとしても、そのC国の領土保全を目的にA国が本当に介入するとは限らない。B国の侵略のためにC国でどれほど人が死のうと、C国の被害がA国にとって「耐え難い被害」と認識されるとは限らないし、いったんC国のためにB国を核攻撃すればA国本土に報復が加えられることは覚悟しなければならない。モスクワを廃墟にされないためにワシントンを叩き潰すことは合理的でも、キューバの安全のためにモスクワを核攻撃の危険にさらすことは不合理なのである。第三国に関する抑止、拡大抑止は、不安定を免れない。

そのほかにも、核抑止戦略が軍拡競争を必然的に招き、多大の経済的負担を招くばかりでなく、兵器技術の進歩によって先制攻撃を行う合理性を高め、相互抑止が不安定となること、さらに偶発的に核戦争が勃発する危険など、相互抑止の下の不安定を示すことは難しくない。核戦争が起こらなかったという結果から、冷戦期の抑止戦略が正しかったという結論を導くのは自由であるが、これは当然の結果というよりも幸運であった。そして、もし相互抑止が成立し、核保有国がお互いに核戦争を回避しようと行動しているなら、軍拡競争の継続よりも、核軍縮が合理的な選択になる。核戦争が起こらなかったからといって、核抑止による安定を過大評価することはできない。

国際政治の中心と周辺

伝統的な国際政治の議論に従えば、国際政治とは、大国相互の関係であり、大国と小国、あるいは小国と小国の間の戦争は、せいぜい副次的存在に過ぎない。国際政治という学問分野は、ごく最近まで、大国相互の戦争と平和の条件ばかりを考えてきた。

大国だけが国際政治の主体だという議論も神経を逆なでする――私の神経は逆なでになる――議論だが、積極的な意味もないとはいえない。大国と大国が戦争をすれば、大国による小国への軍事干渉や、小国相互の戦闘、あるいは内戦などよりもはるかに多くの死者を生むからである。しかし、大国の相互関係だけで国際政治全体の安定と不安定を論じることはできない。冷戦期の国際政治の安定を左右したのは、米ソ以外の、周辺部における紛争だったからである。

米ソの死活的利益に関わらない周辺地域では、相手が核兵力を投入しない可能性が大きいだけに、核戦争を恐れることなく戦争ができる。東西ドイツ国境や南北朝鮮国境など、冷戦の前線から離れるほど核戦争の心配が減るからだ。冷戦期の国際政治では、本国の防衛に不可欠とはいえない地域に対して米ソが軍事的干渉を行うという異常事態が繰り返されたが、周辺地域では核戦争を恐れずに戦えることを考えれば、この倒錯も理解できるだろう。

しかし、周辺地域を主戦場とする戦略は、二つの矛盾をはらんでいた。第一に、周辺地域への干渉も、規模が拡大すれば、本国同士の戦争に発展する可能性があり、また本国同士の戦争を避けるために軍事力の投入を手控えれば、小国との戦争にも負けてしまう。朝鮮戦争からベトナム戦争に至るまでワシントンを悩ませたのは、この問題だった。ベトナムのために米ソ戦争や米中戦争のリスクを冒すことは正気ではないが、そのリスクを恐れるなら敗戦を覚悟しなければいけなかった。

そこで、直接の兵力投入ではなく、現地の勢力に肩入れして、「代理戦争」を戦うという方法が生まれるが、これが第二の矛盾を生んでしまう。直接の軍事介入ではなく、現地勢力を使って戦うためには、その現地勢力がワシントン(あるいはモスクワ)の状況判断や戦略に常に従うことが前提となるが、その保証はない。それどころか、米ソの戦略が現地勢力の行動に依存する以上、現地勢力の行動によってワシントンやモスクワが振り回されるという倒錯も生まれるのである。北朝鮮とソ連、あるいは南ベトナムとアメリカ、最近の例でいえばイランと戦争を繰り返していた時期のイラクとアメリカの関係などは、大国と小国のイニシアティヴが逆転した事例にほかならない。

米ソ関係だけを見れば、直接の軍事行動が準備された時期はほとんどなく、キューバ危機の後は相対的安定も生まれた。それでもなお三〇年近く冷戦が続き、各地に軍事紛争が生まれた原因は、米ソ関係よりも、米ソと周辺地域との関わりにあった。冷戦の周辺に熱戦が起こっただけではない。周辺の熱戦が米ソ関係を左右したのである。

二　冷戦終結と国際政治

戦争が終わって、戦争が始まる

抑止と平和、また中心と周辺の関係は、冷戦期に限らず、国際政治の基本的なジレンマを反映している。世界戦争が起こらず、限定戦争のみが行われた時代には、軍事力は政策の合理的手段であるという信用が生まれ、現実主義が支持を集める。逆に、三十年戦争、ナポレオン戦争、さらに二度の世界大戦のような、当事者にとって文明の破滅であると考えられる戦争が発生すると、軍事力による平和は見せかけに過ぎないという議論が生まれ、軍事力に依存しない制度の構想が描かれてゆく。また、中心と周辺の関係は、本国の戦争を避けながら周辺で戦うことができるのか、という問題を投げかけている。周辺地域における国際関係を中心部での権力闘争と切り離すのがビスマルクをはじめとしたヨーロッパの伝統的国際政治の原則であったが、それでもファショダ事件のように、国防に死活的とはいえない地域をめぐる対立が、英仏戦争の危機を生み出した。本国が国民国家でありながら海外に植民地や勢力圏を保つ二重構造がある限り、周辺に軍事介入を進めれば本国同士の戦争を招きかねないという、このジレンマは避けられない。

冷戦の終結は、この二つの課題をどう変えたのだろうか。まず、米ソ核戦争の悪夢が遠のいた。たしかに米ソの核兵器はまだ残り、削減のスピードも低下している。英仏・中国のような核保有国も残されている。しかし、世界核戦争の脅威は、やはり遠のいた。先進工業国に住む人々を犠牲者とする世界戦争が起こる可能性は、ほぼなくなった。

周辺部での戦闘と中心部での対立との結びつきも切れた。世界核戦争を前提とした戦略秩序が壊れることで、周辺部における戦闘の戦略的意義が失われたからである。冷戦終結とともに非西欧世界における戦争や内戦はむしろ増えているが、非西欧世界での戦争に勝つことが本国の防衛に必要だと考える大国は、まずなくなった。ルワンダやボスニアでどれほど殺し合いが続こうとも、大国の国防に影響はない。周辺地域の紛争が大国同士の対立を招く危機も遠のいた。

こうして、世界戦争の発生に関する限り、戦争は終わった。ワシントンや東京に住む人々は、自分や家族の戦死を恐れることなく日々を暮らすことが可能となった。

ところが、この平和は、案外もろいものに過ぎない。まず、平和維持の制度化や武力の削減は限られている。冷戦終結後の核軍縮は、基本的に旧ソ連の武装解除として進められた。アメリカ側も欧州の基地から撤退し、核弾頭削減を進めたとはいえ、核保有を廃棄する選択は行っていない。包括的核実験禁止条約(CTBT)はソ連解体とともに核保有国が急増することを恐れて展開したものに過ぎず、未臨界核実験は容認された。自国の軍備は正当であり、敵国の武装解除のみが必要だという立場をアメリカがとる限り、武力なき平和の実現が難しいのは当然だろう。

平和の条件として存在するのは武力の放棄や制度的な平和の保障でなく、米軍に対する希望的観測である。旧ソ連の影響力から離脱した東欧諸国は、全欧安全保障会議の制度化ではなく、NATO(北大西洋条約機構)加盟を求めた。日本政府は、アメリカの軍事的撤退と日米安保の空洞化を恐れ、ガイドライン見直しをアメリカに先駆けて呼びかけ、台湾海峡ミサイル危機でも積極的にアメリカの要請に応えている。インドが核実験を行った直後のパキスタン政府は、アメリカが「核の傘」をさしかけてくれることを求めた。冷戦終結とは、武力による平和からの離脱ではなく、米軍による平和の確認であった。

武力放棄や平和維持の制度化のようなユートピアが実現しなくても、米軍が平和を守ればよいではないかとの議論もあるだろう。しかし、周辺地域に米軍が介入する可能性は、冷戦終結とともに後退した。自国が戦場とならないときに国外で軍事行動を行うことは、従来からアメリカの国内世論に説得の難しい政策であった。まして冷戦という中心地域と周辺地域をつなぐ戦略的環境を失った以上、海外派兵の合理性は低下せざるを得ない。アメリカ本土が侵略の危険にさらされていないときに、あえて中国と戦争を始める必要もない。望ましいかどうかは別として、米軍の派兵と介入による安定の維持は、もはや当然の現実ではない。

他方では、地域戦争と世界戦争の結合が後退することで、地域戦争がエスカレートする危険が生まれた。大国が戦場になる可能性が低ければ、地域の国際関係に関与する理由もない。周辺地域では、大国の干渉を恐れることなく、自前の戦争を戦う余地が生まれる。世界戦争の脅威が遠のくことで、地域的に限定された戦争の合理性はむしろ拡大する危険が存在するのである。今回核実験の行われた南アジアは、インド・パキスタン・中国・ロシアという、四つの核保有国が向かい合い、しかも相互抑止の安定しない地域である。これに各国国内の政治的不安定、民族対立、さらに領土紛争をあわせて考えれば、紛争がエスカレートする危険は無視できないだろう。しかし、ワシントンや北京、モスクワが戦場となる可能性は低いだけに、大国が紛争解決に積極的に関与する条件は乏しい。

冷戦の終わり方

世界の恵まれた地域では戦争が終わり、世界の底では殺し合いが始まる。そんな無惨な状況が生まれた一因は、冷戦の終わり方、正確にいえば冷戦終結に関する認識にあった。

ゴルバチョフが書記長となり、新思考外交を展開した時期、ソ連の政策転換は、国際関係における核軍拡と軍事介入の放棄が、国内の経済体制の移行と政治的民主化と一体の刷新として進められた。新思考外交に対するレーガン政権の反応が鈍かったこともあり、冷戦終結のイニシアティヴは、ソ連に加えて(西)ドイツやフランスなど、大陸部ヨーロッパの諸国が担っていた。

湾岸戦争を転機に、冷戦の終わり方が暗転する。ソ連の核軍縮は、愚かな核軍拡に代わる欧州共通の家の模索ではなく、アメリカとの軍拡競争に敗れ、軍拡から撤退した結果だ、そう考えられるようになった。経済体制の転換は、中央指令型計画経済が維持できなくなったために起こった。冷戦終結の前半には、軍事力に依存する平和からの離脱と考えられた変化は、後半には、軍事的威嚇によってこそソ連が屈服したのだという解釈に転換した。冷戦終結の主体はソ連新指導部と、そのイニシアティヴに呼応した欧州諸国ではなく、ソ連の「平和攻勢」に断固として妥協しなかったレーガン大統領になった。断固とした軍事的脅迫こそがソ連の解体と核軍縮を生み出したのであり、冷戦終結は軍事力の有効性をまさに裏書きする変化だ、そんな解釈が広がっていく。

愚かな軍拡の終わりか、封じ込め戦略の勝利か、結論を下すことは容易でない。しかし、どの解釈をとるかによって、冷戦終結後の秩序をどうつくるか、まるで異なる政策が導かれる。冷戦終結が核軍拡の終わりであり、軍事力に依存する平和の終わりであるなら、大国相互の軍事的対立を克服し、核軍縮を進めるとともに、世界的にも平和維持の機構設立を図る機会が生まれたことになる。封じ込めに勝った以上、「悪の帝国」の清算はともかく、正義の味方が軍縮を進める必然性はない。

そして、アメリカ以外の諸国は、犠牲を払って平和維持の制度化を進める意思を持たなかった。全欧安全保障会議や西欧同盟の構想は宙に浮き、ＮＡＴＯの再編成に飲み込まれた。ＣＴＢＴに参加こそすれ、英仏中三国には核兵器の廃棄を進める意思もなかった。戦争の脅威がなければ、犠牲を払って平和維持の制度化を進める理由も乏しい。周辺に波及する危険は少ないと考えられただけに、ボスニア内戦に対して、西欧各国は鈍い反応しか示さなかった。

冷戦終結から七年を経て、さしたる努力もなしに平和が保たれる、そんな状況で起こったのがインドとパキスタンの核実験であった。

三　印パ核実験の意味

インド核実験の国際政治

インド政府の主張に従えば、核実験は主権国家として核兵器を保有する権利の確認であり、攻撃的な外交政策とは関わりがない。核保有国が核不拡散を求めれば事実上の核独占を招くから、その限りではインド政府の主張は正当である。しかし、インドの核開発が、単なる主権の平等の確認として行われたとはとてもいえない。その原因は、地域の紛争と、インド国内政治の二点から考えることができる。

第一の地域対立としては、背景として印パ両国の対立、特に国境にまたがるカシミール地域をめぐる対立がある。両国とも、印パ分離独立以来この地域への主権を主張し、その後二度の戦争を含め、散発的な武力行使が繰り返された。兵力でいえば圧倒的にインドが有利であったが、アフガン内戦への前線基地としてパキスタンが兵力を増強し、さらに中国と北朝鮮から核技術とミサイル技術を獲得して核開発を進めたため、兵力格差は微妙に変わりつつあった。さらに中印関係を見ても、パキスタンと中国の軍事的連携と、中国海軍のインド洋への展開により、軍事バランスに変化が生まれていた。

とはいえ、これらの条件が核実験を避けられないものにしたとはいえない。中印関係では一九九六年一二月に江沢民国家主席がインドを訪れ、中印国境に配置した兵力の削減に合意している。パキスタンとの関係でも、九七年にインド首相となったグジュラールは、五月に印パ首脳会談を行い、両国の対話を再開している。

核実験が行われた直接の原因は、やはり民族奉仕団（RSS）というヒンドゥー至上主義を掲げる団体を母体としたインド人民党（BJP）の政権掌握であり、より長期的に見れば、インド政治における世俗主義の後退とヒンドゥー至上主義の高潮に求められるだろう。パキスタンとも中国とも交渉の機会は開かれている以上、軍事的緊張を外交によって打開する機会は存在したし、また中国・パキスタンを同時に敵に回すことは軍事的に見ても愚かな選択に過ぎない。しかし、地域政党との脆い連立に依存するBJP政権にとって、インド・ナショナリズムを刺激する核実験は、いかに国際政治上は不合理であっても、内政上は合理的な選択だった。インド核実験は、国内の政治的不安定を対外的冒険主義によって克服する、典型的な例だった。

この事件に対し、アメリカがとりえた政策として、四つ考えることができる。第一は、周辺国への防衛を明言し、パキスタンに「核の傘」を保証することで、インド政府を牽制する方法である。しかし、この方法を選択すれば、印パ対立という解決のメドが立たない紛争にアメリカが軍事的にコミットすることとなり、空手形に終わっても実際の米軍介入を招いても、有利な選択とはならない。第二の方法は、周辺諸国の「力のバランス」を操作し、具体的には中国、あるいはパキスタンへの軍事協力によってインドを牽制する方法である。だがこの選択は、中国とパキスタンにアメリカ外交を左右する機会を与える。事実アメリカは、かつてベトナムを牽制する際に中国に協力し、アフガン戦争ではパキスタンに梃子入れしたため、この二国に振り回された経験があった。直接介入も、現地勢力の操作も、望ましい結果を保証しない。

逆に、インドの核保有を既成事実として認め、そのインドを含む力の均衡を模索する方法もある。実際、かつて中国の核武装に対してはこの第三の方法を採ることになったし、インド政府が期待した対応もこれであった。しかし、核実験を行った国を核保有国として認めてしまえば、この先例に倣ってさらに核保有を追求する諸国が出現することは避けられず、核不拡散体制は事実上崩壊する。結局アメリカが採ったのは、インド政府を厳しく批判しつつ、経済制裁を行い、各国の同調を求める、という方法であった。

これが愚かな政策だと決めつける根拠はない。しかし、バーミンガム・サミットでは主要先進工業国の合意を取り付けることもできず、パキスタンの核実験を食い止めることもできなかった。残されたのは、核実験を見過ごした自国内の責任者を追及し、インド制裁に同調しなかったイギリス、ロシアなどの諸国を批判しつつ、世論から隠れて経済制裁を取りやめる機会を窺うことでしかない。インド核実験は、実験そのものよりも、それに対するアメリカをはじめとした各国の無策によって、記憶すべき事件となった。

核不拡散の選択

印パ核実験と各国の反応は、冷戦終結後の紛争管理の難しさを示している。冷戦が終わってからも周辺地域への関与を行うことは難しい。どれほど「力の均衡」といった「現実主義的」な言葉で飾ろうとも、自国を含まない地域の国際関係を軍事的威嚇と外交操作によって打開できるわけではない。付け加えていえば、この事件は、民主主義国はお互いに戦争をしないという議論にも疑問を投げかけている。インドもパキスタンも独裁政権ではない。ＢＪＰはまさに議会制民主主義によって生まれた民主主義の鬼っ子であり、パキスタンの核実験も国内世論と野党に圧《お》されて実施された。脆弱なデモクラシーでは、ナショナリズムに訴える投機的行動が生まれる可能性があることもこの事件は示している。

別に騒ぐことはない、インドの核実験など口先の非難で十分だ、という考えもある。第一に、核拡散は核抑止による安定を広げ、世界はかえって平和になるという議論があるが、これは核抑止の主観的条件を度外視した議論として無視してよい。そもそも、核実験によって印パ戦争が始まる危険性はむしろ増大した。第二に、南アジア諸国が戦争を始めても先進工業国が戦場となる可能性は低い、無駄な関与は止めてよい、という議論もある。だが、地域紛争が世界核戦争を招かないことは、紛争をエスカレートさせる条件しか提供しない。さらに、核兵器が用いられながら、世界戦争に発展しない事例が一つでも起これば、戦争の手段としての核兵器の合理性は飛躍的に高まってしまう。世界各地の核戦争との共存を受け入れることは、どれほどシニカルな人でも難しいだろう。

湾岸戦争を契機に広がった、冷戦勝利と軍事力の有効性に溺れた冷戦の終わり方を巻き戻すことなしには、この問題の解決はできない。軍事的威嚇によって軍事行動を断念させることが不可能ではないとしても、それだけでは安定した平和をつくることはできないからである。それでは、核戦争の可能性を本当に除き、核廃絶を実現するためには、何ができるのだろう。

まず、核拡散の危険を過大に考えることは現実的とはいえない。どの国も核保有を望んでおり、拡散防止のために強制しなければ世界は核保有国でいっぱいになってしまう、とはいえないからだ。新たな核武装が懸念される諸国の多くは、実は現実に核兵器を保有しており、それを公にしなかった諸国であり、今回核実験を行った二国のほかには、イスラエルしか例がない。新たな核武装が懸念される諸国には、他に北朝鮮・イラン・リビアなどがあるが、それを含めても中東地域と北東アジアに限られている。逆にいえば、ラテンアメリカ、アフリカ、東南アジアなどの諸国では、核武装の懸念はもたれていないのである。それらの各国は、諸外国から強制されたから核武装を断念したわけではなく、アメリカなどから「核の傘」を提供されることで、核抑止に「ただ乗り」しているのでもない。そこにあるのは、核戦争の危険を冒して核武装というグロテスクな国威発揚を行うよりも、安定した地域の国際関係をつくり、国民生活の向上を図る方が合理的な選択であるという、ごく当たり前の判断に過ぎないのである。力で抑え込まなければ核拡散が一方的に拡大するという推定は、思いきり現実を歪めたものに過ぎない。

インド政府の主張するように、核不拡散体制は、核保有国の核独占を保つ差別的な体制である。しかし、その差別を克服する方法は国家主権の発動としての核保有ではない。そもそも、世界戦争の危機が克服された以上、核保有の必要性も減少する。冷戦期に比べてはるかに核軍縮を進めることの容易な時代にそれを行わないのは、犯罪的な怠慢でしかない。

おわりに——核軍縮のための新たな課題

それではどうするのか。国連安全保障理事会や総会で決議を行ったり、被爆国としての経験を宣伝する前に、まず核兵器を保持しなければ自国の安全が脅かされると考える国民が実在する地域について、軍事的緊張の可能性をできるだけ取り除くことが必要だろう。非核化というスローガンより前に、個々の地域における外交努力が必要となる。

カシミール問題でいえば、国際協議に応じる意思を示してきたパキスタンではなく、インドに対し、経済制裁を続けつつ交渉の場につくことを求めることである。中東問題では、ネタニヤフ政権の頑強な姿勢を事実上追認するのでなく、経済制裁を賭してでもイスラエルの中東和平協議への参加を強制することである。中国政府についても、本土政府の正統性を承認しつつ、「国内問題」の武力解決を認めないこと、さらに核実験の断念ばかりでなく核保有そのものの削減を求めていくことである。そして、このような紛争当事国への一方的強制を行う前提が、大国側による大胆な核軍縮であることはいうまでもない。

自国の核戦力を削減しながら紛争当事国に強制を行うとは正気ではない、武力の示威によってのみそのような目標が実現できる、という説があるだろう。しかし、こと周辺地域との関わりに関する限り、大国による武力の示威が地域の緊張を引き下げた事例はごく乏しい。北朝鮮の核についてもアメリカが恫喝を繰り返した時期には状況は好転しなかった。ここに記した政策は、どれ一つをとっても実現は難しいが、その努力を放棄すれば、核拡散を追認し、地域紛争のエスカレートを追認し、最終的には周辺地域の紛争を事実上放置するか、あるいは大規模な軍事介入を行うかというグロテスクな選択に直面せざるを得ない。

反核平和という呼びかけは、日本で、それでいえば世界各国で、すっかり色あせている。市民運動が参加しなくても、冷戦の終結は可能だった。自国が核戦争の戦場となる可能性が薄れれば、反核という呼びかけに応える者も減るだろう。まして日本のように、政権はとれないが憲法改正は阻止できるという議席を持つ政党によって平和問題が政治的に消費されてしまえば、シニカルな反応が生まれても当然である。さらに、唯一の被爆国というスローガンは、核保有によって初めて自国の安全が保たれると考える政府と世論には無力でしかない。もし被爆国という経験に少しでも意味があるとすれば、自分が核戦争で殺されない状況にあってもなお、世界に残された紛争地域における兵力引き離しと制度的紛争解決に努力し、核兵器が国防に必要だと考える政府や世論の基礎を壊していくことだろう。そのような困難な課題が、冷戦終結から七年を経た現在の世界に、まだ宿題として残されている。

（一九九八年七月）

II

戦争の記憶・国民の物語

ナショナリズム——三つの謎

冷戦終結後における民族紛争の頻発を背景として、ナショナリズムに対する関心が広がってきた。世界各地のさまざまな民族に関する体系的な知識も、かつてないほど入手しやすくなっている。それらの業績を通じて、これまでは知られることの少なかった社会について内在的な判断を下せるようになったのは、たしかに歓迎すべき変化には違いない。ところが、それではナショナリズムとは何か、なぜ生まれ、いまどのように変わろうとしているのか、考える手がかりは案外乏しい。そこで、ごく素朴な三つの質問を設定し、それについて議論することで、ナショナリズムとは何かを改めて考えること、これがこの文章の目的である。民族はいつ始まったのか、民族はなぜ人の心を捉えるのか、民族意識はやがては消え去るのか、順を追って検討してみたい。

一　「民族」はいつ始まったのか

たとえば、次の文章を考えていただきたい。「近頃の若い者は、古きよき日本というものが分かっていない」。この発言が趣味に合うかどうかは問題ではない。問題は、話者も聞き手も、「古きよき日本」が存在することは疑わない、という点にある。年寄りがこのような繰り言をいうとき、聞き手の側は煩わしいとは感じても、異常な発言だとは考えない。「古きよき」ものがかつて存在し、それが「日本」と結びつくことを話者も聞き手も了解しているのである。それでは、「日本」は本当に昔から存在したのだろうか。「民族」はいつから始まったのだろう。

敬虔なナショナリストの目から見れば、民族は悠久の伝統を持つのであって、ある時から始まるというものではない。この場合、その起源を問うこと自体が冒瀆にほかならないのであって、起源があるとすればその地域に人間が住み着いた時点に過ぎない。たとえば、日本民族の起源という名の下に、日本列島にいつ人間が住み着いたのかが論じられるとき、その人間が日本民族であることは自明の前提とされているわけだ。

もちろん、人間がある地域に居住することと、その人間がどの集団に帰属するかと考えることは全く異なる問題である。縄文時代の「日本人」に「国民意識」を求めることにはおよそ意味がない。しかし、古代人にも何らかの集団への帰属意識は存在する。この帰属意識を言語なり習俗なりによって確認できた場合、ナショナリストの手によって一種の詐術が行われる。つまり、古代人が自らの帰属意識の象徴としたものを、現在の民族意識の礎《いしずえ》にすりかえることで、その民族の「悠久の伝統」を捏造することが可能となるのである。日本の場合、『万葉集』から三種の神器に至るこのような「創られた伝統」がとりわけグロテスクな様相を呈しているが、何も日本に限らず、「国民の歴史」として歴史が語られる場合は、歴史の研究が国民の確認にすりかえられている、といってよい。

それでは、民族の起源はどうすれば具体的に示すことができるだろうか。この点で、学者の作業は正反対の方向に分かれている。一方では、特に植民地支配を経験した諸国の研究者によって、民族意識の表現を従来よりもさらに過去に遡る作業が進められている。日本、フィリピン、インドネシアといったコトバが当事者によっていつから用いられ始めたのか、史料に当たって確認するわけである。そして大概の場合、従来の研究は間違っており、民族の起源が従来考えられていたよりも古いことが確認されることになる。

他方、ヨーロッパ史においては、特に社会史の方法を駆使して、「国民」という意識がいつごろ社会に定着したのかを捉える研究が行われている。社会史という分野が従来の「国民の歴史」に対するアンチテーゼであったことからも推測されるように、この場合の研究成果は前者におけるそれとは逆に、従来考えられていたよりも国民意識の定着は新しい出来事だ、という結論に向かう。フランス人がフランス人だと考え始めるのは第一次大戦からだという具合である。この立場をとると、国民意識とは、結局国民軍の創設や国語教育の普及などを背景として成立する、ごく近代の社会意識だ、ということになる。

さて、社会意識として「国民」概念を考える限り、やはり後者の立場が正当だ、といわざるを得ない。一握りの憂国の士が「国民」を語ることと、「国民」が「国民」として自覚することとの間の隔たりは大きいからである。ところが、それではなぜ無理を冒してでも歴史を国民の歴史として語り続ける試みが後を絶たないのか、なぜ「悠久の伝統」を信じ込もうとするのか、このナショナリズムの広がりを捉えるうえで決定的な点が、後者の立場をとる場合は冷笑とともに拭い去られてしまう危険がある。民族の起源が新しいからこそ、なぜ伝統が創られるのかを改めて考える必要が生まれるのである。それではなぜ民族が人の心を捉えるのか、次の問題に移ろう。

二　なぜ「民族」を信じるのか

たとえば風呂に入って、垢と疲れを洗い流し、ひと息ついて、「ああ、日本はいい国だ」とつぶやく。客観的には、かなり異常な発言である——風呂に入って気持ちよいだけなのに、なぜ「日本」などという大袈裟な「政治」のコトバが飛び出すのか。あるいは、西陣織を並べた映像の前に「日本の美」というキャプションの流れるコマーシャルも、正常ではないと私は思う——美しいのは西陣織であって、日本とは限らないからである。しかし、通常の感覚では、異常なのはこの私の感想の方であって、風呂場の満足や西陣織の政治的消費ではない。ナショナリズムほど、日常の実生活を、直接に政治と結びつけるイデオロギーは存在しない。

自由主義や社会主義などの、他の近代の政治思想においては、個人と社会との間の関係を概念的に把握し、個人の役割を認識することで行為規範を生み出すという、いわば規範を内面化する作業が欠かせない。人の頭を殴らないのは自分が殴られない自由を保持したいからであり、労働者と農民から盗んではいけないのは労働者と農民が「階級的」に味方だからである――こんな議論は、人の説教を聞いて自分で納得しなければとても説得力は持たない。このような思想は、たしかに「生きる意味」を各人に付与はするが、それは特定の世界観を持つことによって初めて可能となるのであり、規範を破ったものからは意味も奪われるのである。

これに対して、ナショナリズムを支えるのは、抽象的な世界観ではなく、風呂の形や服装から始まって、言葉の節回しや身ぶりなど、ごく即物的な、身の回りの生活のディテールである。それらのディテールを「伝統」として正当化し、その「伝統」を共有するものには、世界認識や価値観に関わりなく、「国民」としての「生きる意味」が与えられる。生まれながらにして自由を唱える赤ん坊は異様な存在だろう。階級闘争のために血を沸き立たせるには、相当の学習ないし自己欺瞞が必要である。他方、小学生が国民の一員としての自覚を持ったところでその早熟に驚く人は少ないし、その国民を守るために銃を取る年端もゆかない少年少女さえ、現在の世界では珍しくない光景になってしまった。学習や成熟なしに実生活をそのものとして正当化し、まるごと政治に結びつけるのだから、政治に人を駆り立てる思想としてこれ以上に力のあるものは考えられない。

さて、生活世界を共有する集団が強固な仲間意識を育み、自分たちと他者を厳しく区別することと自体は驚くにはあたらない。合理的理性に基づいた世界認識や啓蒙によることなく仲間意識や連帯感が生まれ、他者に対する優越感まで生み出し、その仲間のそれぞれに生き甲斐を与えても、不思議とはいえない。しかし、家族や農村社会におけるように、毎日顔をつきあわせる世界とは異なり、「国民」とは、会ったこともない人々との間の連帯感である。家族や隣近所の仲間うちならともかく、なぜ他人と連帯するような意識が生まれるのだろう。

人々の暮らしが村で始まり村で終わる、そのような生活を想定した場合、「国家」との関わりは著しく希薄なものでしかない。「国民国家」という虚構が成立する以前の「国家」とは、いわば軍隊と税務署であり、外部から権力を振るい、資財を奪う存在でしかない。そして、その生活世界が共同体としての実体と倫理に支えられ、あるいは強制でもされない限り、外部からの収奪に特に応じる必要があるわけでもない。「国有地」と看板を立てられても密猟し、税金を課せられたら踏み倒す。兵役を要求されたら徴兵を逃れ、あるいは兵舎から脱走する。もちろん、こういった消極的抵抗がいつでもうまくいくとは限らないが、嬉々として税金を払い、進んで軍隊に志願する行動よりはよほど合理的選択であることも間違いない。密接な人間関係に支えられた共同体が生活の場である限り、別に外から「意味」などを付与されなくても生きる意味は明らかであり、「国民」を媒介として「国家」と運命をともにするなどと考えるのは理屈に合わないのである。

社会史研究は、このような村の暮らしが案外近年まで続いていたことを示している。とはいえ、政治権力の制度化が進み、農村における共同体としての結びつきも薄れ、都市部への人口流動が進めば、「国家」から自立した生活世界を維持することも難しくなる。そして、納税も徴兵も免れることができなくなり、外部者としての「国家」に対して「社会」が自立性を主張できなくなったとき、国家に出て行けという代わりにその国家をつくる、「社会」が「国家」権力を形成する、という新しい政治的争点が生まれる。税金を踏み倒すことができなくなった以上、税金の代償として議会への代表の参加を追求するわけである。

近代ナショナリズムの始まりがフランス革命であるといわれるのは、この革命がまさに「市民の政府」を求めるものだったからである。市民が政治権力を創る側である以上、その政府と一体感を持っても不思議ではない。そして、マキャベリが予測した通り、自分たちの政府を守るために武器を取った市民が構成する「国民軍」は、それまでの軍隊とは比較にならない破壊力を示すことになった。

とはいえ、フランス革命と共和政体をナショナリズムの成立と重ね合わせるとき、少なくとも二つの点に注意しなければならない。まず、フランス革命の担い手である「市民」の規模を誇張してはいけない。農村部では、ヴァンデの悲劇に見られるように、「反革命」の烙印を押された一揆が広がっていたし、国民軍にしたところで脱走兵は後を絶たなかった。

第二に、フランス革命において「民族」意識が占める地位は案外低い。フランス語を話す人々が主体であったとはいえ、革命の主体はあくまでも王権に対する「市民」であり、他の民族集団と区別された「民族」ではなかった。「自分たちの政府」というとき、それは国王専制ではない、市民の政治参加が制度的に保障された政府という意味であり、ジャコバンの独裁からナポレオンの専制に至るまで革命に名を借りた独裁には事欠かなかったとしても、「民族の血の団結」によってその独裁を正当化するという苛烈な思想はやはり希薄であった。もともとナショナリズムには、「市民の政府」という古典自由主義的観念も、合法的支配の有無を問わない「民族の国家」という観念も含まれているが、出発点において、重心は前者にかかっていたのである。

専制権力から排除された市民が連帯する、あるいは市民の政治参加を制度的に保障する政府に対して市民が一体感を持つことは不思議ではないだろう。とはいえ、この「市民の政府」では「合法的支配」が前提であり、言語・習俗による一体感の醸成とは矛盾しないものの、そのような文化的条件は不可欠ではない。これに対し、「民族の国家」では、言語・習俗による文化的一体感こそが本質であって、「法による支配」と排他的とは限らないとしても、それは本質的条件ではない。「市民の政府」は民族に分断される必然性はないし、「民族の国家」が民主政体をとる保証もないのである。そして、イタリア統一とドイツ統一の後のヨーロッパでは、まさに後者の意味における「国民国家」、すなわち言語や習俗を共有すると自覚する集団を単位とする国家の建設が模索されたのである。

市民革命において市民が権力の担い手であったとすれば、国民国家形成における国民は、政治権力によって動員される客体でしかなかった。国語教育を軸とする国民教育によって育まれ、建国式典や国軍のパレードなどによって繰り返し頭にたたき込まれるこの「国民」とは、直接に会ったこともない人々を結びつけている点で、ベネディクト・アンダーソンのいう通り「想像による共同体」であったが、「自分たちの政府」の中身は政治権力をつくる主体としての「市民の政府」から、同じ伝統に帰属する以上は国民も権力者も一心同体だという「民族の国家」にすりかわっている。この違いはごく具体的なものだ——「市民の政府」では市民が権力者を追い出すことができるが、「民族の国家」ではそれができる保証はない。

これまでの議論では、ナショナリズムに対してやや辛い、冷淡な印象を与えたかも知れない。事実、「国民」の中身を検討すると、政治権力の維持に用いるべく操作を加えられたフィクションであったり、独裁を正当化するレトリックに過ぎないことは珍しくない。根拠とする集団の定義も、また具体的な政治的争点もまことに自由に操作できるだけに、ナショナリズムを調べる研究者は「国民」の神話に対して懐疑的にならざるを得ない。そこで、問題はもう一度ふりだしに戻ってしまう――なぜそんな恣意的に操作される曖昧なシンボルを人々が信じ込むのだろう。そこまで人々が愚かなのだろうか。

そうだ、愚かなのだ、という考え方をとる研究者も、ゲルナーやケドーリなどをはじめとして、イギリスには少なくない。ナショナリズムは社会心理における集団ヒステリーであり、大衆社会における自由からの逃避であり、いずれにせよ理性のある人間には受け入れることのできない考え方だ、というわけだ。しかし、ナショナリズムには、伝統の捏造とともに、未来への期待、さらに「自分たち」の可能性に対する期待も含まれている。民主主義と同様に、ナショナリズムは「自分たち」への夢をのせた考え方である。その夢を冷笑する者は、夢の要らない恵まれた立場にいるだけのことだ。

このナショナリズムの希望と幻想を、もっとも残酷な形で示しているのが、発展途上国における反植民地ナショナリズムだろう。インドやインドネシアをはじめとする地域において、植民地支配への抵抗に持ち出された思想がナショナリズムであったことは指摘するまでもない。他方、「国民」を支えるような文化的一体性や伝統は現実には乏しく、独立を唱えると同時に、その「独立」の担い手となる「国民の伝統」を確認ないし創造するという、二重の作業をナショナリストたちは強いられる。とはいえ、現実の「国民」が曖昧だからこそ、独立獲得の過程では、さまざまな集団がそれぞれに思いをこめて「国民」の自画像を描き、さまざまな希望を投影することもできる。実際には政治的意図を持った指導者によって動員をかけられたに過ぎないとしても、自分たちの文化と意味を取り戻し、自分たちの政府をつくろうというナショナリストの主張に強烈な魅力があったからこそ、人々も動員に応じたのである。ナショナリストによる伝統の再定義は、将来の共和国にかけた夢を反映していたのであり、これを自己欺瞞と指弾するだけではナショナリストの抱いた未来への意志を矮小化することになってしまう。

独立が現実のものとなる過程で、この豊かな「国民」像は、既成の権力を正当化する散文的なレトリックに変わることになる。新興独立国の多くでは、政治権力者を「国父」とする「家族国家」という議論が用いられることが珍しくないが、この場合、子どもが父親を選択する可能性は考えられていない。そして、政治権力の構成に参加する機会を伴わなければ、「自分たちの政府」を獲得した満足も、自分では変えることのできない状況をそのものとして受け入れること、いわば風呂場の満足以上のものではなくなってしまう。「民族」を信じる点では同じでも、そこにこめられた意味は、未来を創る意志から現状の正当化へと暗転するのである。

三　「民族」はなくなるのだろうか

民族のために生死をかけて戦うナショナリストがナショナリズムの消滅を想定しないのは当然である。悠久の伝統が明日消えては都合が悪いからであるが、事実、言語や生活習慣が変わりにくいものである以上、そこに根ざした帰属意識も変わりにくいと考えることもできそうである。スリランカからボスニアまで、泥沼となった民族紛争の「解決」の難しさを考えても、ナショナリズムはなかなかなくならないということになりそうだ。

しかし、国境を越えた交流が増大する時代にナショナリズムが長続きするとも考えにくい。まず国際関係から見れば、国境を越えたヒト・モノ・カネの流れが拡大し、国家の間の相互依存関係が進むほど、国家を単位として政治や経済を捉えることは難しくなってきた。そして、これまでは接触の乏しかった諸民族の間の交流が進めば、民族間の偏見も保ちにくくなるかも知れない。相互依存や国際交流の増大によって民族意識は緩やかに消滅する、という議論にもそれなりの説得力がありそうである。

また、国内の政治を見ても、国家がなければ自分の生きる意味もないと思い詰めるほど苛烈な思想が長続きすることも考えづらい。いくら「生きる意味」が保証されるからといって、毎日の生活に追われる人々に、民族の伝統や将来の発展のために犠牲になることを強制するのは難しいからである。ナショナリズムを標榜する体制がデモクラシーであると限らないことは戦時中の日本を引くまでもなく明らかであるが、デモクラシーを排除してナショナリズムだけによって政治権力を支えることも容易ではない。戦争の脅威が遠のき、消費経済が進むほど、民族の伝統と栄光は政治権力者による得手勝手な説教か老人の繰り言になってゆく、これも無理のない想定に思えるだろう。

このように見ると、民族意識は時代が経つとともに弱まってゆくという議論にも説得力があることがわかるだろう。ナショナリズムを歴史の発展のなかで捉える見方に従えば、人々の帰属意識が「住民」から「市民」へ、「市民」から「国民」へと発展してゆくのであって、「国民」意識が歴史上の一里塚である以上、それが将来拡散したり、「世界市民」という自覚に発展しても不思議はないのである。E・H・カー、カール・ドイッチュ、遡ってJ・S・ミルをはじめとする古典自由主義におけるナショナリズム論は、民族意識を歴史の発展段階のなかで捉えるのが特徴である。そして、歴史の出口はナショナリズムの強化ではなく、デモクラシーの拡大であると想定されていた。

ナショナリズムの研究は、このようなナショナリズムの「発展」とか「合理化」、さらには「解消」に向けられた希望的観測が、無残な民族紛争の勃発によって裏切られる繰り返しだったといってもよい。冷戦終結直後には国境を克服したヨーロッパが語られながら、現在はナショナリズムの再興が唱えられるに至った近年の変化のなかに、希望と幻滅のサイクルがあることは明らかだろう。

実情を見れば、ナショナリズムはそのまま保たれることも、単純に弱まることも少ない。ナショナリズムの表明は、戦争を極限とする政治的事件によって大きく左右され、ひとたび事件が起これば、消滅したはずのナショナリズムが過激に表現されることも稀ではないのである。民族集団の間の通婚が進んだはずのユーゴスラヴィアで民族の間の殺戮が復活し、民族の間の「同化」が達成されたはずのフィリピンでイスラム教徒のゲリラ闘争が広がるというように、ナショナリズムは保たれたり解消するよりは、壊れた蛍光灯のように点《つ》いたり消えたりする、ということになりそうだ。それでは、何が理由で点いたり消えたりするのだろう。どんな場合にナショナリズムが表現されるのだろうか。

紙幅が残り少ないことを口実に割り切っていえば、それは政府がどれだけ信用されているか、ということにかかっている、と私は考える。選挙・議会・日々の行政事務によってプロの政治が国民に受け入れられていれば、外敵の脅威を絶えず持ち出す必要はない。政府は国内の諸民族のどれに対しても中立的だという信用があれば、諸民族の内戦は考えにくい。政府が安定した制度のなかで営まれるときには、「民族」を持ち出す必要も効用も少ないのである。念のためにいえば、ここでいう「信用」は「心からの忠誠」よりも散文的な、より限定的な政治権力の承認である。北海道の経済開発が遅れただけで東京との戦闘を始める意味はないし、民族の伝統によって増税を正当化する政治家は無能なのである。

政治権力の制度化が進み、その制度が信用されればされるほど、民族意識を持ち出す余地は減り、紛争の舞台も戦場から議会に移るのである。より制度化の度合いの乏しい国際関係においても、国家間の紛争が全面的対立へ、さらに戦争へとエスカレートする可能性が下がれば下がるほど、外敵の脅威といったレトリックを用いる余地は減ることになる。そして、そのような政府の信用や国際関係の安定が一方的に上がったり下がったりしない限り、ナショナリズムの政治的表明も、個別の状況によって左右されるのである。

このように見れば、冷戦終結後の民族紛争は、民族意識の残存だけでは説明できないことがわかるだろう。むしろそれは、それまでの政府が倒れ、信用できる政治権力が失われたことの反映に過ぎない。さらにいえば、政治思想としてナショナリズムが生き残っているということは、自由主義や社会主義をはじめとする、それ以外の世俗的な政治の原則の信用が失われたことの反映だ、そう考えることもできる。ナショナリズムそのものには具体的な政治的主張が乏しいだけに、その実体は他の政治思想によって補われてきた。そして、植民地からの独立を目指したナショナリストの抱いた理念や夢をボスニアの殺し合いに見つけることは難しいが、それはナショナリズムの本質というよりは、ナショナリズムを支えるべき理念や原則が失われた結果なのである。

ナショナリズムがなくなるのか長続きするのか、それ自体は重要ではない。ナショナリズムに、ただの乱暴な自己正当化を越える意味を与える理念をわれわれが失ってしまったこと、それが政治思想としてナショナリズムだけが生き残った時代の光景である。

（一九九五年一一月）

戦争の記憶・国民の物語

世紀末を迎えた今も、熱情をこめて議論される題目が、戦争、それも将来の戦争の脅威よりも第二次大戦の解釈である。たくさん戦争が起こるばかりか、その解釈もいつまでも争われるのが二〇世紀だった。

反省が足りないのか、自虐が行き過ぎているのか。ここでは、戦争の解釈をめぐるそんな論争とは距離を置いて、過去の戦争の記憶が現在の歴史意識をどう縛っているのか、考えてみたい。それは、「歴史問題」には、戦争責任の有無という論点だけではなく、歴史は「国民の物語」としてしか語り得ないのか、という問題が含まれているからである。戦争、国民国家、歴史意識の関わりについて考えてみよう。

戦争と国民形成

学者にとっての歴史が、仮説を立て、証拠を集め、過去を確定する散文的な作業であるとしても、読者にとっての歴史には、過去から現在に至るまでの、「自分たち」を語る物語という側面がある。そんな物語の中で、もっとも広く語られるのが、国民国家の立身出世にほかならない。不遇から身を起こした若者がひとかどの人物に成長するように、差別と蔑視から身を起こした国民が、一目置かれる国民国家に発展する。学者から見れば、このような国民の物語は、個別の出来事を取捨選択して編み上げたストーリーだけに、どうしてもウソが目立つ。しかし、それを「自分たち」の過去として記憶し、その記憶を通じて自己と社会のつながりを確かめる読者がいる限り、国民の物語はなくならない。

ところが、そのもとの「国民としての自覚」は、歴史的存在に過ぎない。言語や文化が多元的な場合はもちろん、仮に言語や習俗が同じ場合であっても、人々が一体だと自覚する保証はない。毎日の暮らしの場となっているムラではなく、会ったことも見たこともない人間ばかりの、大文字の「国民」に実体を感じるのは、風変わりな感覚だ。国民意識は、所与の存在ではない。

ナショナリズムを唱える人々は、対外的に国民の伝統を誇りながら、その国民に国民意識を植え付ける作業を強いられる。悠久の伝統を訴える片方で、国語教育、国史教育、国民軍の訓練、さらにさまざまなシンボルの操作を通じて、国民意識を大急ぎでつくり出すのである。創られた伝統の一例が維新後の明治国家であるが、伝統の創造は日本ばかりではない。民族的・宗教的に多元的なインドネシアはもとより、中国のように支配的民族が人口比で圧倒的な場合ですら、国民意識の成立には外からの操作が必要となった。

戦争は、国民を横断し、国家と国民を結びつける歴史的経験として、国民意識の定着に欠かせない存在であった。まず、二〇世紀に入って、戦争が国民を横断する総力戦の経験となったため、戦闘行為を始めた国も抗した国も、被害ばかりを受けた地域でも、戦争は「国民全体」の経験として記憶された。もちろん、特定の民族から軍人が集められたり、軍政下で特にある民族がひどく虐待されたことは珍しくないが、そんな私的な「戦争の記憶」は、国民の、公の記憶の前に霞んでしまう。

また、戦争を記憶すること自体が国民の一体性を養ってゆく。記憶の基礎は、常に「犠牲者」であり、その背後には犠牲を強いた「敵」がある。犠牲者に対する追悼を通して、国民意識は世俗的な政治の世界から、人間の生死を律する宗教的領域にまで入り込む。死者に意味を与える行為と国民国家に意味を与える行為が結びつき、残虐な敵と、痛ましい犠牲者と、高潔な英雄が、国民の物語のもっとも輝かしい一章を提供するのである。一九九五年、第二次大戦後五〇年を経て行われた大戦回顧の刊行物や催しは、従軍兵士と犠牲者による証言で満たされていた。

本来は、戦争の記憶が公的ナショナリズムばかりとつながる必要があるわけではない。ところが、国民と国家が一体となったイデオロギーを前にすると、それと異なる私的な記憶を語ることは、極端に難しくなってしまう。「公式の記憶」の背後には、そこからこぼれた数々の「私的記憶」が、忘れられ、抑え込まれている。

このような戦争とナショナリズムの結びつきのために、歴史を「国民の歴史」として構想する過程で、戦争が大きな役割を果たすことになる。これも日本に限ったことではない。ヨーロッパでもオーストラリアでも、大戦争は、戦死者を悼む人々のコミュニティを必然的に残し、慰霊碑や戦争記念碑の建設などを通じて、その大戦争を聖化し、意味を付与する行動を生むことになった。

ナショナリズムの清算

戦争が国民意識と強く結びつくのは、なによりも戦争に勝った諸国である。第一次大戦前のドイツや現在のアメリカと同じように、日清戦争を入れると三つの戦争を勝ち続けた日本では、戦勝の栄光がナショナリズムを支えた。勝った戦争の正義が国内で問われることは少ない(現在でも第二次大戦の戦争責任は問われても、日清戦争や日露戦争の責任が日本で問われることは珍しい)。戦勝が戦争の正当性を支え、戦争の正当性が戦死者に意味を与える。そして、死者の追悼が国民の過去と未来を結びつけ、国民の物語に統合されていく。

第二次大戦が終わると、日本では「戦争の記憶」が暗転し、戦禍の苦難が戦勝の思い出に置き換わる。戦勝を機会として国家への忠誠を確かめる代わりに、無残な敗戦が国家権力への不信を生み出した。戦禍を受けた他の国民への関心が日本の世論に乏しいという指摘は、あるいは正しいかも知れない。しかし、少なくとも日本人自身が戦禍によって受けた苦難は自覚していたのであり、戦争と結びついたナショナリズムを壊すにはそれだけでも十分であった。

この点は、戦前日本と戦後日本の連続性を強調する立場からは異論があるだろう。イアン・ブルマのように、戦後日本の平和主義は単なる犠牲者史観に過ぎず、加害行為から目を逸らすための偽善であったと論じるものもあるが(『戦争の記憶』石井信平訳、TBSブリタニカ、一九九五年)、これはおそらく正当ではない。国内の戦災のあまりの規模のため、国民を標榜する権力の信用は地に落ち、国民観念と政治秩序の観念が根こそぎひっくり返ってしまったからである。

第二次大戦前の日本では戦争がナショナリズムを支えたとすれば、第二次大戦は日本のナショナリズムを清算することになった。戦争の記憶は、少なくとも良心的な日本人にとっては、栄光ではなく、醜い暴力の記憶であり、繰り返してはならない過去の記憶に変貌した。

ところが、戦後日本の政治はイデオロギーよりは実利に支配され、正義や思想は野党と学者に独占された。戦前日本の物語は壊しながら、新たに「国民」に意味を付与するような権力も体制もできなかった。歴史は、ナルシシズムや物語ではなく、客観的検証の対象となった。その、国民が物語を持たない状況を突いて生まれたのが、『戦争論』であり、

「自由主義史観」だったのである。

ここで表現されているのは、より攻撃的な外交政策などではなく、国民の物語によって自己の意味を確かめたいという、自己確認の欲望である。その物語を、たとえ嘘でも信じなければ、自己と、国民と、日本国家に意味が見出せない。問題は、戦争正当化そのものではなく、国民を美化しなければ自己確認もできない、脆弱な自我と、歴史意識の衰弱の方だろう。

記憶の抑制と再生

戦争と国民意識の結合は、もちろん日本の外にも見ることができる。それどころか、日本軍国主義の糾弾が、同時に救国独立を達成した現政府の正当化につながる、この政治的側面が「歴史問題」の展開をさらに歪めてきた。

もっとも、こと東アジア・東南アジア諸国についていえば、第二次大戦は、自ら仕掛けて自ら勝った戦争ではなく、外敵に侵略された、受け身の戦争である。さらに、抵抗の過程でも、米軍などの力を借りて初めて撃退も可能となった。その意味で、日清戦争後の日本や、第二次大戦後のアメリカのような戦勝に頼るショーヴィニズム（狂信的愛国主義）は、実は少ない。

さらに、独立後の中国では、過去の戦争よりもその時点における米中間の緊張の方が長らく問題であり、「歴史問題」が焦点となったのは日中復交後、それも中国共産党が共産主義よりは、ありふれた経済開発と国防で権力を正当化する政府に変わってからのことである。また、東南アジア諸国では、第二次大戦中の対日協力問題を抱えるばかりでなく、「歴史問題」を主張すれば対日関係に支障が生じる可能性もあった。

実は、アジア諸国は昔の戦争ばかりを持ち出すという、よく聞く日本人の愚痴は、事実ではない。むしろ、これまでは抑えられてきた私的な記憶が、近年になってようやく表現する機会を得たといった方が正確なのである。韓国やフィリピンで激化した慰安婦の補償要求は、各国政府に操作されるどころか、その自国の政府にも立ち向かう側面を持った、社会から発生した要求であった。台湾兵によるさまざまな補償請求も、国民党政権の操作ではなく、台湾政治が民主化し、社会の要求が反映できるようになった状況の産物である。これらの新しい「戦争の記憶」は、それまでの公的ナショナリズムではなく、各国における軍事政権や強権的支配の崩壊を受けて、それまでは語られなかった「記憶」が新しく語られ始めたものであった。抑制されていた記憶が再生し、その記憶によって現在の自己の意味が確かめられるのである。

もちろん、戦争の記憶の政治的効用が忘れられたわけではない。終戦五〇年を経たシンガポールでは、利益分配だけでは信用を支えることの難しくなった人民行動党政権が、それまではさして関心を持たなかった「戦争の記憶」を大きくアピールすることで、「シンガポール」意識による政治統合を図っていった。中国では、江沢民主席が「歴史問題」への言及を繰り返すことによって、この「歴史問題」は共産党の権威を確認する作業であることを、はしなくも暴露している。

とはいえ、現在のアジアにおける「戦争の記憶」は、ちょうど小林よしのり氏の著作活動が自民党の陰謀だとはいえないのと同じように、東アジア・東南アジア各国政府による操作の結果だとはいえない。むしろ、戦争から半世紀を経ながら、戦争を記憶すること、さらに記憶をつくり、時には捏造することを通して、国民の物語を確かめ、自分がその一員であることを確かめようという運動が、政府に要求されたわけでもないのに、日本でも、東南アジアでも起こっている、そういった方が実情に近い。それは、「国民」と「物語」を通すことなしに自我を支えるような世俗的原理を失ってしまった、まさに思想の世紀末を裏書きする風景なのである。

（一九九九年四月）

「国民の物語」の誘惑

歴史は、国民の物語だろうか。

国民意識は近代に生まれた。親兄弟や隣人ならともかく、見たこともない人と同じ仲間だと考える理由はない。国民意識の成立には、閉ざされたムラの解体、出版などメディアの拡大、国語教育や国民軍など、近代の産物が欠かせない。

また、国民の物語は、歴史とはいえない。国民の起源を大昔にたどる根拠が、そもそも怪しい。読み手の社会通念に合う資料だけで書かれた歴史、おしろいを塗って白さを喜ぶ歴史は、都合の悪い資料だけを集めた歴史と同様に、意味がない。

ところが、国民の物語には強烈な魅力がある。自分の意味を探るように国民の先祖を探り、家族の歴史を求めるように国民国家の立身出世を追体験する読者は、日本ばかりでなく、アメリカでも、中国や東南アジア諸国でも、確実に存在し増えている。

政府が宣伝した結果ではない。南京事件に中国系住民が表明する怒りは政府が世論を操作したためではないし、新しい歴史教科書をつくる会などの活動も政府の陰謀ではない。

客観的に疑問が残る場合でも、国民の物語を、押しつけられなくても信じ、支持する人々が増えたのである。それぞれの物語は、異なる国民に対して不寛容になることも多い。自分の持つ偏見を棚に上げ、相手の偏見だけを暴露するような、救いのない論争も各地に生まれることになった。

なぜ、国民の物語に、人は惹かれるのだろう。どうしてその物語に、戦争の記憶が顔を出すのだろう。

ナショナリズムは、規範や倫理ぬきに、丸ごと「私たち」に意味を与える思想である。ナショナリズム自体は具体的主張も政策も乏しく、自由主義や社会主義などの政治思想と簡単に結びついてきたが、そこに共通した特徴が、国民への意味の付与である。国民が国民であるだけで意味が生まれるのだから、これほど自己愛をくすぐる考えはない。その素朴な強さのため、ナショナリズムは、他の政治思想と結びつき、乗っ取り、生き残った。世紀末になっても人心をつかむ政治思想が、思想的にはもっとも曖昧なナショナリズムだったのである。

戦争は、戦士も犠牲者も含め、国民を横断する経験であり、国民を単位とした記憶をつくりやすい。国民意識を高めたい政府も、受難に意味を見つけたい傷病兵や遺族も、戦争の記憶と結びついたナショナリズムを支えやすい。とりわけ、戦勝を重ねた場合、また巨大な暴力の犠牲という経験を共有する場合は、戦争経験が国民意識と結合する。大戦後五

○周年の式典は、帰還兵と犠牲者の証言で占められていた。
日本に限っていえば、日清、日露、第一次大戦という三つの戦勝に飾られたナショナリズムが、敗戦によって覆る。第二次大戦ばかりでなく、それ以前にも、国民の団結を唱えながら私腹を肥やす将校や、自分では責任をとらずに部下を死地に追いやる上官がいた。戦勝の陰で隠されてきたそんな経験が表立って語られ、国家と国民を一体とする思想は信用を失う。さらに、国家の栄光を唱えた政府よりも、戦後の征服者の方がよほど正しく、強制された憲法の方が自前の憲法よりもまともだった。戦後ナショナリズムの傷である。

憲法の代表する正義と、日米関係の示す実利とに引き裂かれた時代が始まる。正義は、野党の政治家や学者などの、正論の人が唱えた。アメリカと、それに結びついた政府を批判するなかで、国民の結集が呼びかけられたから、国民は決して忘れられていたわけではない。しかし、その護憲ナショナリズムには、旧軍国主義国に武装解除を強制した側面を否定できない憲法のことを、アメリカに抵抗する自らの思想であるように思いこもうとする、悲しいウソも含まれていた。

護憲ナショナリズムが新しい日本をつくる責任を説いたとすれば、その批判として現れた、新しいナショナリズムは、日本は昔から良かった、今もいい、と風呂に浸かるような満足を与えてくれた。学者や野党の信用が薄れた時代だけに、それまでの説教ではなく、自己愛をくすぐる物語に、読者が飛びついていった。

問題は、そのような国民の物語への回帰が、他の国民への偏見を助長すること、しかもその現象が日本に限られないことである。そもそも日本の新しいナショナリストを支えたのが、国外から日本に向けられた責任追及と、それに対する反発だった。現在の歴史論争は、相手の間違いを指摘することで自分の正義を主張し、相手の民族偏見によって自己愛を正当化する、というデカダンスにはまってしまった。

ありのままの自分の暮らしに意味を求めるのは当然である。では、国民を美化し、国民の物語に寄りかからなければ、生きる意味は得られないのだろうか。

国民意識に頼る自己正当化には、自分の力では変えることのできない現実に対し、それを美化することで納得しようとする悲しさがある。戦争に化粧を施して国外の批判に立ち向かっても、国民の伝統をいくら自慢しても、現実は変わらない。過去は変えようがないとしても、国民の物語に頼る自分探しだけでは、目の前の現実をどう変えるのか、変えたいのか、展望が見えないのである。

国家が正義を独占する時代は終わったが、それに代わる正義も社会変革の展望も信用を失ってしまった。過去の解釈がいまも争われ、国民の物語がいまも語られる背後には、時代の無力感と不安が隠されている。

（二〇〇〇年二月一六日）

抑止としての記憶——国際政治の倫理化とその逆説

はじめに

過去の戦争をどう考えるのか、その歴史的判断が現代の外交を揺るがしている。

戦争の解釈をめぐる歴史問題は昔からあった、昔の方が激しく争われたと考えやすい。ところが実際には、歴史問題は現在に近づくほど紛争を招き、激しさも加わっている。一九八二年に尖鋭化した日本の教科書に対する中韓両国の批判は、より広く歴史解釈の政治化として九五年前後に再燃した。第二次世界大戦終結五〇年の式典や集会が各地で行われたためだ、いずれは衰える、という観測も誤りに終わった。二〇〇一年の春には、扶桑社版歴史教科書の検定合格に端を発して、ことに韓国との間に教科書をめぐる論争が生まれた。夏には、小泉首相が靖国神社を参拝する意思を示したことから、ことに中国の反撥が生まれた。歴史問題が時間とともに衰微する保証はない。

韓国政府ばかりでなくその国内の人々の、中国政府以上に中国の人々の激情が現れたのも、政府の対立を中心として争われた過去の紛争と異なる二〇〇一年の事態の特徴だろう。歴史問題は政府の対立だけでなく社会の対立となった。それぞれの社会が戦争の記憶を不寛容にぶつけ合うのである。

歴史が政治化する引き金として普通に採り上げられるのは、戦争経験を媒介とする歴史と国民意識の結合だろう。戦争で侵略した側もされた側も、戦争経験を国民の物語として、兵士と犠牲者の回想を中心として「国民の犠牲」を語っている。歴史問題が浮上する背景に、いわば思想の国民化ともいうべき現象がある(1)。

この文章では、ナショナリズムの台頭とはやや異なった側面から歴史問題の浮上について考えてみたい。戦争責任は、常に国際関係で糾弾されてきたわけではない。戦争を起こす国家のモラルなども議論されることは少なかった。冷戦が終わり、将来における大規模な戦闘の脅威が遠のいたとき、開戦国家の責任を問う声がまた拡大している。

このような戦争責任の追及が再燃する背後には、国際政治の倫理化ともいうべき現象の進展がある。戦争を国家犯罪と見なし、戦争を始めた国家に対し、また時にはその国家を構成する国民に対しても、倫理的な責任が問いかけられている。

倫理的判断は、現在の紛争ばかりでなく、過去の戦争にも向けられる。かつて戦争を始めた国家と国民は、戦争を記憶し続け、その記憶を将来の戦争に対する抑止力として保ち続けることが要請される。戦争は権力闘争から正邪の争いへ、また記憶は経験者の回想から集団的責任へと変容することになる。

この、冷戦期には必ずしも見られなかった新しい現象としての倫理化は、国際政治におけるどのような権力関係の変化と観念の変化から生まれたのだろうか。そして、倫理化の進展は歴史問題の推移とどのように関わり、どのような課題を提起しているのか。戦争の記憶を考える前提となる、現在の国際政治の仕組みとその変化について考えることが、この文章の課題である。

一　誰が戦争を起こすのか

まず、思いきり素朴な問題から考えてみよう。戦争を防ぐには、どんな方法があるだろうか。

武力で脅すことだ、反撃をはっきり予告することで相手の行動を事前に抑え込めばよい、という意見があるだろう。相手が攻撃的な行動をとる可能性がある限り、最悪事態に備える必要が残るからだ。反対に、武力こそが戦争の源だ、各国が合意して武力を削減しなければ平和は訪れない、と主張する人もいるだろう。相手の攻撃を想定する行動そのものが悪循環の源となり、最悪事態さえ招きかねないからだ。

しかし、戦争防止の議論はこの二つに限られない。ここで、戦争を起こすような国家があるから戦争が起こるのだ、と考えたらどうなるだろうか。すべての国を潜在敵国として考えるようなリアリズムも、その善意に期待するような理想主義も、ともに現実から離れている、戦争を起こしそうな国家は他の国家とはもとから違うと考えるわけだ。「ナチみたいなやつが平和を脅かすのだ」という言葉に置き換えてみればわかるように、このような議論も珍しくはない。ここでは、平和の条件とは、一般的な抑止や軍縮ではなく戦争を起こすような国家の根絶であり、「ナチみたいなやつ」の打倒と、その再興の阻止になるだろう。

戦争を起こす国家に注目する議論は、武力の役割や有効性ではなく、国際政治の主体を問題にするのが特徴である。伝統的なリアリストであれば、どんな政府であろうと武力で脅しておかなければ危険な存在だと考えるが、この議論では「ナチみたいなやつ」だけが抑止の対象に選ばれ、他の国家が戦争を起こすとは考えない。平和主義者の求める軍縮協議は、侵略戦争に訴える意志を持たない多くの政府との間には可能であるが、開戦主体になりかねない「ナチみたいなやつ」との間では考えられない。その場合の軍縮は、狼の眼前で武装解除することであり、宥和政策にほかならないからだ。

この議論は、「戦争を起こすような国家」をどう概念として捉えるか、また「そのような国家が生まれないような処置」として何を考えるかによって、まるで違う政策を生むことになる。最も単純で残虐なバージョン、「やつらがいる限り平和はない、やつらを倒さなければ平和はありえない」という議論は、戦争防止どころか戦争の正当化に過ぎない。「やつら」という言葉の代わりに、フィリピン南部のイスラム教徒や北アイルランドのプロテスタントなどの名前を当てはめれば、この主張が他者に対する偏見の表現に過ぎないことがはっきりするだろう。

ところが、「戦争を起こすような国家」として、絶対王政、全体主義、あるいは軍事政権など、なんらかの政体や政治体制の類型を立てることができれば、粗暴な戦争の正当化が、理想と理念の表明に変わることになる。カントの『永遠平和のために』を引くまでもなく、自由主義の国際政治認識は、国民に責任を負う政府の樹立を平和の条件として考えている。共和政、民主主義、あるいは社会主義革命の成功など、より「進んだ」政体に平和への希望が託されてきた。(2)

戦争を起こさない権力の樹立が平和をもたらす。この観念は、政治の発展に平和の可能性を見出す点で、理念から国際政治を捉える理想主義だと考えることもできる。ところが、武力放棄のユートピアを夢みる平和主義とは異なって、この考え方によれば平和のためには政治体制の転換が必要なことになる。絶対王政が絶対王政のままでは、また全体主義体制が全体主義体制のままでは、安定した平和は訪れない。「戦争を起こすような国家」の体制が変わること、それも中から変わらないときには外から介入してでも「変える」ことが国際平和のためには必要だ、という判断がここから生まれる。絶対平和主義とは異なり、

「平和のための革命」や「平和のための介入」も正当化されることになる。

さて、過去の実例から見て、政体の進歩が平和を保証するといえるだろうか。どうも怪しい。まず、革命が平和を招いたとはいえない。旧体制を倒す革命は戦争を伴うことが多く、戦争と革命の使徒は際立って好戦的だった。フランス革命の生み出した国民軍は、傭兵と異なって、自己の生死を賭けて最後まで戦った。新しい政府が平和を尊重する保証もない。政体の変化が対外政策の変化に結びつくとは限らないし、対外政策を変えないことで新政権も海外から承認を受けることができるからだ。

社会主義革命が平和の条件だと考える人は、いまなお残る社会主義国のなかでもごく少ないだろう。ところが、民主主義の実現が平和の条件だと考える人は少なくない。それどころか、冷戦の終結とともに、政体の進歩を平和の条件に数える議論はむしろ増加し、先に述べた開戦国家への責任追及と国際政治の倫理化の基礎となっている。それはなぜか、次に考えてみよう。

二　デモクラシーの帝国

ヨーロッパの伝統的国際関係では、国内政治の理念を政府間の交渉に持ち込むことは排除されていた。その内政と外交の峻別を壊したのが、ソ連とアメリカという、二つの革命政権である。そして、革命後のソ連外交が絶対王政にも見まがうような大国の権力政治から行動したとすれば、アメリカの場合は、ウィルソン主義の理念と大国としての合理性との間に、絶えざる緊張が残されていた(3)。

冷戦は力関係の支える平和だった。米ソの核抑止が「平和」の外枠を提供する限り、どちらの核兵器がモラルに適うのか、議論する意味はない。平和主義を貫いて一方的に軍縮を進めれば不安定を招きかねないが、さりとて全体主義体制の下の人権抑圧に立ち向かうなら核戦争と破滅を覚悟しなければならない。平和主義者の夢みる平和も、また民主主義の世界化による平和も、権力政治の下の安定としての平和を前にすれば、現実から離れたユートピアに過ぎなかった。

冷戦が米ソ両国による地域紛争への介入を抑制したとはとてもいえない。しかし、それが力の均衡に支えられた平和であるために、冷戦状況が地域介入の拡大を押しとどめる効果もあったことは無視できないだろう。朝鮮戦争やベトナム戦争では、地域への軍事介入を広げれば戦火を拡大する可能性があった。朝鮮戦争で戦線を拡大すれば、中国だけでなくソ連とも直接戦うことになる。ベトナムへの介入を強めれば、中ソとの直接の戦争を招きかねない。ワシントンが北京やモスクワとの戦争を避けようとする限り、民主主義を脅かす体制に対して「正しい戦争」をいつも戦うわけにはいかなかった。冷戦下の力による平和には、力関係によって権力行使を制約される側面もあった。

東西冷戦の終結は、アメリカの軍事力に対して武力による抑制を実質的にとり払った。地域紛争への関与にあたって、他の大国との紛争にエスカレートする心配が薄れ、犯罪を前にして警察が行動を起こすように紛争に介入することが、少なくとも論理的には可能になった。軍事行動が警察化したのである。(4)

力への制約が弱まることで、力関係ではなく、理念や倫理によって国際政治を解釈し、それに基づいた行動を起こすことも容易となった。もともと冷戦下の権力政治は、アメリカ国内でも決して評判のよいものではなかった。ニクソン政権の下での米中関係正常化は、アジアにおける冷戦を大きく変える際立った外交的成果だったが、米中接近は中国における独裁を認めるものだという批判が国内には根強く残り、台湾との関係を重視する右派からも、また人権保障を求めるリベラルからも反撥があった。伝統的国際関係では、外交交渉に応じる政府であれば、専政でも共和政でもその政体は問われない。ところがデモクラシーの平和から見れば、独裁との野合はデモクラシーの原則に反し、市民の信頼を裏切る行為に当たることになる。

冷戦終結は、このような理念の対外的表現を可能にする機会だった。冷戦後の国際関係は、力の平和から正しい平和へ、また普遍的理念を共有する市民社会の平和へと転換を遂げることになる。その理念が普遍的な意味をもち、それぞれの社会に共有され、そして政府が市民社会に責任を負うと仮定すれば、内政不干渉原則は相対化され、内政と国際関係の境界線はぼやけるだろう。他のどの国にも制約されない強制力と、普遍的理念の標榜を組み合わせた、デモクラシーの帝国ともいうべき秩序がこうしてできあがることになる(5)。

軍事的に覇権を保持しつつ人権や民主主義を外交で表明するのはアメリカ政府の特徴でもあるが、国際政治の倫理化をアメリカだけのイデオロギーに還元するのは誤りだろう。たとえば、冷戦終結後における国際政治の倫理化を最もよく表現するのが、人権保障を目的とした強制の承認であるが、その多くは国際連合を舞台として認められてきたからだ。国際人道法の適用を国連が認めた事例としては、ボスニア・ヘルツェゴビナ(ユーゴスラヴィア)、ソマリア、ルワンダ、シエラレオネ、さらにコソボ(ユーゴスラヴィア)などがあるが、それらは基本的には内戦であり、旧ユーゴ紛争に微妙な点が残るとはいえ主権国家に対する侵略として始まった戦争ではない。それまでは内政不干渉原則に守られてきた国内統治の領域にまで人権保障の対象が拡大されたことになる。

伝統的国際政治では内政をブラックボックスにすることで、異なる体制との間でも妥協の余地を残しておくのが外交の秘伝だった。国際人道法の内政への適用をアメリカばかりではなく多くの国が認めたことは、国境の意味を相対化するほど人権規範の普遍化が進んだことを示している(6)。国内でさえ人権抑圧が認められないのなら、国境を越えた侵略を主権国家の権力行使として正当化することはとてもできない。

そして、現在における国際政治の倫理化は、過去を見る視点の倫理化をも招くことになる。過去の戦争は、それ自体は価値判断から独立した「国益」の最大化としてではなく、侵略に対する防衛、暴政への抵抗、そして無法国家に対する自由の擁護として把握されるようになった。過去の戦争行為が、現在の争点に浮上したのである。

三　無法国家と戦争の記憶

冷戦後の倫理化した国際関係では、戦争を始めかねない国家を世界から取り除くことが平和の条件になった。さて、その無法国家(rogue states)とは何だろうか。

現在紛争のただなかにある政府や、海外でのテロ活動に支援を与えている疑いのある政府が無法国家のそしりを受けやすいことは、ユーゴ内戦におけるミロシェヴィッチ政権やイラクのフセイン政権などを見ればわかるだろう。ザイールのモブツ政権とその暴政が長く見過ごされ、また朝鮮民主主義人民共和国(北朝鮮)が時によっては無法を指弾され、時には対話の相手とされるように、どの政府を「無法」として批判するかどうかには選択の余地があり、そこにはダブル・スタンダードと偽善が生まれる可能性も残される。それでも、具体的な紛争と結びついているときには、無法国家という非難が誰に向けられるのか、まだわかりやすい。それればかりでなく、イラクやユーゴスラヴィアに対しては、世界秩序への脅威とか、文明社会の原則を破るものといった極端な非難が、メディアのみならず各国政府から浴びせられた。

それでは、紛争の当事国に限定せずに、すべての諸国に対象を広げた場合、「戦争を始めかねない国家」には他の国家と異なる特徴があるといえるだろうか。ここでは、軍隊の規模や大量破壊兵器の保持ではなく、その軍や兵器を保持する政府の形態と、その社会における人権保障の度合いなどが問題となる。リアリズムの前提に従えば、どの国家も潜在的には軍事的脅威だから、この議論には意味がない。しかし、デモクラシーを基礎に国際関係を見ると、兵力が強いからではなく、侵略戦争を始めかねない政府だから危ないという議論が生まれる。欧州連合(EU)や北大西洋条約機構(NATO)加盟におけるコンディショナリティのように、民主政治や人権擁護の有無をメンバーの資格とする機構も増えた。政治体制の形態が対外的信用を左右するのである(7)。

ただ、この立場を現実の外交政策のなかで貫くことは容易ではない。民主政治を恣意的に定義すれば、この議論は異なる社会に対する偏見と、偏見に基づいた政策の強制を生む可能性がある。制度的に見ても、特定の政府に外から民主政体を条件づけることが可能なのか、合法的でもあるのか、疑問が残るだろう。中東や南アジアのように、君主専政や軍政が民主政体と入り交じるなかで微妙な安定が保たれる地域では、デモクラシーを参入条件とする外交政策は不安定しかもたらさない。世論からいかに批判があろうと、民主制をとらない政府すべてを無法国家に加えることはできない。

どの国家が戦争を起こしかねないかはっきりしないなかで、最もわかりやすい無法国家の候補が、かつて戦争を行った国家である。ここで、戦争の記憶が大きな役割を果たすことになる。かつて侵略戦争や大規模な虐殺行為を行った国家であっても、その戦争や虐殺を行った政府が倒され、その政府を否定する新たな権力ができれば、国際社会への参入も認められる。その新たな権力の新しさを保証するのが、かつての侵略と虐殺について、その社会の成員が「記憶し続ける」ことである。その記憶が失われたり、侵略や虐殺を正当化する議論が広がるならば、その社会の「非ナチ化」や「非軍国主義化」が不徹底であり、無法国家に戻りかねない。この議論は、犯罪者の再犯防止の論理とほぼ同じだ。犯罪者の更生する条件を、犯罪に対する自己抑制の内面化に求めるように、記憶の持続を手段として、戦争に対する抑止の国内政治的条件が実現されることになる。

冷戦終結期のヨーロッパでは、ドイツにおける非ナチ化が十分に達成されているかが、ドイツ内外の争点となった。東西分断を克服して統一を達成したドイツが虐殺と侵略を忘却していれば、また新たな国外への暴力行使をしかねないからだ。そして、統一ドイツの兵力の規模よりも、そのドイツがナチ時代を「記憶」しているか、つまり過去の記憶が将来の戦争への抑止力となっているかが大きな争点となった。第二次大戦開戦・終戦五〇周年と重なっているために見過ごされやすいが、一九九〇年代前半のヨーロッパにおける歴史問題の再燃には、統一ドイツを認める引き替え条件としての(旧東ドイツ地域も含めた)第二次世界大戦に関する記憶の確認があった。

日本における戦争の「忘却」が国際的争点となった背景には、この一九九〇年代前半におけるドイツと日本の歴史問題へのアプローチが日独両国で極端に違ったことを挙げることができる。ドイツでは、統一が国際的に承認される条件として、また旧東ドイツ地域においてネオ・ナチ勢力が台頭する懸念を払拭するためにも、九〇年代前半には改めて非ナチ化の確認が進められた。同じ時期の日本では、「自虐史観」への見直しを求める勢力がそれまで以上に台頭し、細川護煕・村山富市各首相の談話に見られるような新たな歴史問題へのアプローチが、保守系のメディアと自民党右派の政治家によってことごとく挑戦を受けた(8)。冷戦終結期、つまり国際政治を倫理化して捉える視点が西欧世界を中心に拡大したまさにそのときに、ドイツでは戦争の記憶が確認され、日本ではその見直しが呼びかけられていた。このドイツと日本の対照は、日本の対外政策の信用までを揺るがす結果を招いてゆく。抑止力として記憶を内面化しない政府は、無法国家の候補にされてしまうからだ。

四　記憶の出会うとき

さて、日本に住む人の多くは、日本人は戦争を忘れてしまったといわれたなら、とまどうのではないだろうか。日本政府は戦争責任を認めるべきだという議論に賛成する人は多くても、日本は戦闘行為を抑え込むような戦争の記憶をもっていない、いまにも戦争を始めかねない政府だ、という主張に賛成する人は少ないだろう。日本人が戦争を忘れているというよりは、国外から求められている記憶と日本国内の記憶との間にズレがあり、その異なる記憶がここで出会っているというべきだろう。

戦争の記憶の抑止効果には、二つの側面がある。一つは、かつて侵略行為を行った国家のなかにおいて、その戦争の記憶が将来の戦争を抑え込む効果をもつ場合であり、もう片方は、その侵略を行った国家に対し、国外の諸国が、その国家が侵略行為を忘れることのないように、「覚え続ける」ことを求める場合である。ところが、国内における記憶と、外から求められる記憶が重なるとは限らない。戦争を覚え続けていると自覚する社会が、外からはそう見えない場面も生まれることになる。

おそらく、その最も悲劇的な事例が、第二次大戦の記憶における日本の国内と国外との落差である。戦後日本において、第二次大戦が「忘れられて」いたとはいえない。ただ、そこで語り伝えられる経験とは、戦時における日本人の受難であり、犠牲を払った人々として語られる多くは日本人だった。他方、中国をはじめとする日本国外では、第二次大戦において日本人が忘れてはならないのは、なによりも国外への侵略行為であり、日本国内での犠牲に関心が高かったわけではない。戦争を記憶していると考える日本人が、国外から見れば戦争を忘れていると見られるという状況が生まれる。(9)

異なる記憶が出会うとき、他者の記憶に対して不寛容な反応が生まれることも珍しくない。日本の犠牲者ばかりを語る戦争の記憶とは、国外の目には、犠牲者史観に過ぎず、悪くすれば加害行為を忘却し、戦争責任を棚上げにする便法のようにさえ映ってしまう。日本国内から見れば、日本の加害行為だけを取り上げ、たとえば広島被爆などの犠牲に目を向けない記憶とは、戦争そのものの残虐性から目を背けた正戦論のように見えるだろう。そして、「記憶」の主体は特定の政治家などの個人ではなく、その社会の成員の多くを含むために、記憶の衝突は、政府の間の紛争ばかりでなく、それぞれの社会や国民の抱える通念や偏見をぶつけ合う醜い衝突さえ招いてしまう。

また、戦争の記憶はどの侵略者に対しても国際的に要請されているとはいえない。というよりも、記憶の持続が国際的規模で求められているのは第二次大戦における蛮行の、それも一部にほぼ尽きている。トルコ人によるアルメニア人の虐殺、インド統治下におけるアムリッツァーの虐殺、アメリカのベトナム介入、あるいはカンボジアにおけるポル・ポト派の暴政に至るまで、戦時・平時までを含めてしまえば歴史上の大量虐殺は数多い。だにがそのなかで、現代社会の基礎として忘れてはならないという域にまで達した暴力は、なによりもホロコーストであり、それに続いて日本の中国侵略やソ連のポーランド併合などに伴う暴力だった。現代社会の基礎としてどの暴力事件が選ばれるのか、その選択において現代世界における力の分布が反映していることは、おそらく否定できないだろう。

日本の戦争責任を否定する議論の多くは、戦争責任という観念を否定したり、戦時の行動を正当化するものばかりではなく、なぜ日本の戦争犯罪だけが非難され、戦時におけるイギリスやアメリカのとった行動は見過ごされるのか、そのダブル・スタンダードに批判を向けてきた。敗者の目には、戦争の違法化もリベラリズムの勝利も、勝者の論理としか映らなかった。そして、国際政治における倫理化が勝者の論理として相対化されればされるほど、外から見れば、日本では戦争の記憶が忘れられ、無視されているとの議論に根拠を与えてしまう。国内と国外における戦争の記憶の断層はさらに広がり、それが結果としては日本の国際的孤立を招いていった。

五　結び

冷戦下の日米関係は、理念よりは実利と戦略に支えられ、戦争責任などの過去が問われる場面は少なかった。平和主義とは、世界に受け入れられた規範というよりも、日本国内では規範化した憲法原則として議論されていた。国際政治に理念はなく、平和主義は国内消費に向けられていた。

冷戦の終結は、この対外認識の前提をすべて塗り替えてしまった。日米関係が実利と戦略だけならば、日本は理念を共有していないのか、という疑いを生むような時代になった。

日本国内で広く受け入れられた平和主義とは、戦争責任を忘れる便法に過ぎなかったのではないか、と疑われる時代が始まった。

国際政治が、冷戦下の権力関係ではなく、普遍的な理念を共有する社会の間の規範秩序に向かうことを憂慮するのは、たぶん当たらない。戦争の違法化や人権保障の拡大は、やはり歓迎すべき進歩だろう。

だが、国際政治の倫理化が冷戦後の世界における権力集中を基礎として進んだために、強者が弱者に対して行う啓蒙と改良という、すぐれてコロニアルな性格も残されている。人権保障と戦争の違法化をすでに達成した各国がある世界を構成し、その世界へ参入するための条件として、人権保障の進展や過去の戦争の記憶の確認を求めているからだ。

それでもなお、「倫理化」の文化的・地域的限界を暴露し、それを勝者の論理に還元するだけでは、排外的なナショナリズムの台頭と日本の孤立化しか生まれない。課題はむしろ、日本が歴史問題への対応を、過去の戦争責任に限定せず、国際協調の課題として捉えることができるのか、という点にある。過去の戦争を美化すれば、日本は現代世界における国際協調に自ら望んで背を向けることになる。従来の平和主義の枠組みで歴史問題を捉えるだけでは、日本が平和構築にどう関わるのかを示さないまま、日本国内だけで共有される平和主義にとどまることになる。このジレンマから脱け出すためには、視座の転換が必要になる。歴史問題を、過去の謝罪としてだけではなく、現代外交の課題として考えることを強いるような巨大な変化が、国際関係のなかに生まれたことに目を向けるべきだろう。

注

（1）歴史の国民化が歴史問題の背景にあるという議論として、藤原帰一「なぜ国民が語られるのか」『歴史学研究』二〇〇一年三月号。また、本文で論じるような、戦争の記憶を抑止力として考える国際政治の倫理化については、藤原帰一「記憶の戦いを超えて」、船橋洋一編『いま、歴史問題にどう取り組むか』岩波書店、二〇〇一年、で素描を試みた。

（2）政体の変化に平和の条件を求める議論として、民主主義国はお互いに戦争をしなかった、という「事実」がよく引証されるが、これは――「事実」というよりは理念の上で――カントにおける共和制の下の平和という観念を継承したものだといってよい。藤原帰一「主権国家と国民国家――「アメリカの平和」への視点」岩波講座『社会科学の方法』第一〇巻、岩波書店、一九九四年、参照。

（3）もちろんこれは、アメリカが普遍主義を狭義の国益に優先してきたという意味ではないが、逆にアメリカ外交における普遍主義を国益を覆う隠れ蓑に還元することも無理だろう。アメリカにおける政府の成り立ち、憲法と議会による外交の規制など、制度的な特徴がその普遍主義を支えているからだ。Robert Dallek, *The American Style of Foreign Policy: Cultural Politics and Foreign Affairs*, New York: Praeger, 1983. ならびにMichael Hunt, *Ideology and U. S. Foreign*

Policy, New Haven, Conn.: Yale University Press, 1987. 参照。

（4） 軍事行動と警察行動の相違は、国内社会における暴力独占と国際関係における暴力の分散から生まれる現象であり、そのために軍事行動における相互抑止と警察行動における一方的抑止という戦略の相違も見ることができる。藤原帰一「内戦と戦争の間——国内政治と国際政治の境界について」、日本政治学会編『年報政治学二〇〇〇年 内戦をめぐる政治学的考察』岩波書店、二〇〇一年、参照。冷戦終結後の軍事力と武力行使については、H. W. Brands, ed., *The Use of Force after the Cold War*, Austin: Texas A & M University Press, 2000. および Thomas Ward, *The Ethics of Destruction: Norms and Force in International Relations*, Ithaca, N. Y.: Cornell University Press, 2001. 参照。

（5） 冷戦終結後における国際政治の倫理化は、なによりも人道的介入の問題を中心に議論されてきた。Nicholas J. Wheeler, *Saving Strangers: Humanitarian Intervention in International Society*, Oxford: Oxford University Press, 2000. および最上敏樹『人道的介入』岩波書店、二〇〇一年、参照。アメリカの民主化促進という政策については、Michael Cox, G. John Ikenberry, and Inoguchi Takashi, eds., *American Democracy Promotion: Impulses, Strategies, and Impact*, Oxford: Oxford University Press, 2000. さらにそれが伴う「強制的外交」について、Kenneth A. Schults, *Democracy and Coercive Diplomacy*, Cambridge: Cambridge University Press, 2001. 参照。

（6） 新たな現状把握は後知恵の歴史解釈も生み出した。そもそも国家主権の至高性そのものが歴史的観念であり、また歴史と引き比べても誇張されてきた、とクラズナーは指摘する(Stephen

D. Krasner, *Sovereignty: Organized Hypocrisy*, Princeton, N. J.: Princeton University Press, 1999)。また、理念から国際秩序を捉える視点は、かつての国際政治における伝統的権力闘争さえ、自由主義勢力の指導という視点から再構成するに至っている。Mark Brawley, *Liberal Leadership: Great Powers and Their Challengers in Peace and War*, Ithaca, N. Y.: Cornell University Press, 1993. 参照。

(7) ユーゴ内戦は、民主的理念に貫かれたヨーロッパを達成するうえで、試金石となった。軍事介入の苦渋に満ちた肯定として、Stanley Hoffmann, "Sovereignty and the Ethics of Intervention", in Stanley Hoffmann, ed., *The Ethics and Politics of Humanitarian Intervention*, Notre Dame: University of Notre Dame Press, 1996, pp. 12-37. 参照。また、紛争関与の過程で、開発政策と安全保障の境界が区別できなくなったと述べるのが、Mark Duffield, *Global Governance and the New Wars: The Merging of Development and Security*, London: Zed Press, 2001. である。

(8) 日本の論争については、荒井信一『戦争責任論——現代史からの問い』岩波書店、一九九五年、参照。また、ドイツとオーストリアにおける歴史問題については、佐藤健生「日本とドイツ——「過去」についての新たな局面」『世界』一九九四年一一月号、および近藤孝弘『自国史の行方——オーストリアの歴史政策』名古屋大学出版会、二〇〇一年、参照。日本における戦争認識の展開は、吉田裕『日本人の戦争観——戦後史のなかの変容』岩波書店、一九九五年、に詳しい。

(9) この記憶の戦いについては、藤原帰一『戦争を記憶する——広島・ホロコーストと現在』講談社、二〇〇一年、参照。もっとも、日本国外の学者が日本国内における戦争への抑止要因を無視してきたとはいえない。たとえばカッツェンシュタインは、日本における軍事支出の抑制の根拠を、アメリカ政府による抑制というよりはむしろアメリカ政府に抗してでも抑制する規範に求めているが、この規範は、国外から求められたというよりは国内の起源から説明されている。Peter J. Katzenstein, *Cultural Norms and National Security: Police and Military in Postwar Japan*, Ithaca, N. Y.: Cornell University Press, 1996. さらに Peter J. Katzenstein, ed., *The Culture of National Security: Norms and Identity in World Politics*, New York: Columbia University Press, 1996. および Thomas Berger, *Cultures of Antimilitarism: National Security in Germany and Japan*, Ithaca, N. Y.: Cornell University Press, 1998. 参照。

（二〇〇二年一月）

Ⅲ　グローバル化の力学

グローバル化の二つの顔——相互依存と覇権秩序

一　シンボルとしてのグローバル化

一九九九年六月のケルン・サミットにおいて八カ国が合意したコミュニケは、その冒頭で、グローバリゼーションについて次のように述べている(外務省仮訳による)。

グローバリゼーション、すなわち世界的なアイデア、資本、技術、財及びサービスの急速かつ加速しつつある流れをともなう複雑なプロセスは、我々の社会に既に大きな変化をもたらした。それは、我々をかつてない程に結びつけた。一層の開放及びダイナミズムは、生活水準の広範な改善及び貧困の大幅な減少に貢献してきた。統合は、効率、機会及び成長を刺激することにより、雇用の創出に役立ってきた。情報革命並びに文化及び価値観の更なる相互交流は、創造と革新に拍車をかけつつ、民主化への刺激、人権及び基本的な自由のための闘いを強化してきた。しかし同時に、グローバリゼーションは、世界中のある程度の労働者、家庭、及びコミュニティーにとって、混乱及び金融面での不確実性のリスクの増大を伴ってきた。……課題は、グローバリゼーションの影響を制御できないことに対する懸念に応えるために、グローバリゼーションのリスクに対応しつつ、グローバリゼーションが提供する機会を活かすことである(1)。

周到に準備された無意味な文章として、役所の作文のなかでも、これは一種の傑作だろう。一方では、グローバリゼーションは、「我々を……結びつけ」るばかりか「創造と革新に拍車をかけ」、「貧困の大幅な減少に貢献」し、「基本的な自由のための闘い」までも「強化する」、まさに現代世界における福音の源である。ところが、そのグローバリゼーションが、「混乱(原文では dislocation であり、意味が強い)」、「不確実性のリスク」をもたらすので、「リスクに対応」しなければならない。そのグローバリゼーションとは、「世界的なアイデア、資本、技術、財及びサービスの急速かつ加速しつつある流れをともなう複雑なプロセス」である。このようにすべてを網羅した概念を使ってしまえば、何がそれに属し属さないのかを明確にした、きちんとした定義などできそうもない。しかもなお、ケルンに集まった各国政府指導者は、この、まるであいまいな「グローバリゼーション」が、現在の政策課題であるという認識を共有したのである。

この作業目標は、世界で共有されているわけではない。同年九月にオークランドで開かれたアジア太平洋経済協力(APEC)首脳会議は、「金融のグローバルな市場」という限定のついた言及や、「グローバリゼーションは、すべての人々にとって好機にならなくてはいけない」という注意を加えるほかにはグローバリゼーションへの言及が乏しく、ましてケルン・サミットのような福音の強調は見られない(2)。欧米各国を主とするサミットとは異なり、APECでは、東・東南アジア諸国の占める比重がはるかに大きい。一九九七年の通貨危機以来、国際金融の規制緩和が生み出す危機を自覚したアジア諸国にとって、グローバリゼーションは、歓迎する前に、まず警戒すべき対象なのである。

もっと踏み込んだ議論もある。たとえば、金子勝は、その『反グローバリズム』において、次のように述べている。

グローバリゼーションの本質は、市場が世界規模に広がってボーダーレス化するといった表面的現象にあるのではない。冷戦終了後も冷戦型のイデオロギーの残像に寄り掛かりながら、なおアメリカが強引に覇権国であり続けようとする「無理」が、今日のグローバリゼーションをもたらしているのである。それは、一方の極(中央計画型社会主義)の消失とともに、もう一方の極(市場原理主義)の暴走となって現われる。冷戦なきヘゲモニーがなおも市場原理主義に基づかなければならないのは、貿易赤字の拡大を押さえる市場開放要求とともに、金融自由化政策の「強制」というアメリカの自己利害を最もよく代弁してくれるからである[3]。ここではグローバリゼーションは、市場の統合や拡大ではなく、その背後の、アメリカのヘゲモニーの発露として理解されている。サミットの宣言におけるグローバリゼーションが相互依存の別名であるとすれば、金子勝の論じるグローバリゼーションとは、アメリカと、その下につくられた覇権秩序を本質としている。

さらに押し進めると、文化とか、意味の世界におけるグローバル化とそれに対する反抗が見えてくるだろう。テッサ・モーリス゠スズキは、その事情を次のように整理している。

世界のなかの比較的豊かな国々では、一九九〇年代のナショナリズムは、グローバル化、国民的アイデンティティ、歴史と記憶の三者が取り結ぶ関係に、すっかりつきまとわれている。それは「コスモポリタン」のエリートがまき散らす腐食性のシニシズムから、「自生的」で「常識的」な国民像を死守しようとする、独自のポピュリズムを訴える。……ますます複合化し反抗などできそうもないと思えるグローバルな資本主義秩序への対抗として、一九九〇年代のナショナリズムのレトリックは、大衆受けする響きを持っている[4]。

このように、グローバリゼーションというシンボルは、世界資本主義への賛成反対という議論のいわば現代版として、現代社会科学を埋め尽くそうとしている。一方では、グローバリゼーションが、非西欧世界に福音をもたらす変化であるという希望的観測がある。他方では、グローバリゼーションこそが、危機に立つ国家主権を壊し、国内の政治経済制度ばかりか、住民のライフスタイルまでをも「グローバル・スタンダード」に服従させてしまう、という警戒がある。発展段階説のように、当事者の意思を超えて進む進化の過程としてグローバル化を語る者もあれば、大国、ことにアメリカの指揮の下で進められた、人為的政策の結果としてグローバル化を語る者もある。一方の議論では、先進工業国の住民ばかりでなく、発展途上国の住民もグローバル化の福音を歓迎するはずだが、他方の議論によれば、国民の国民らしさを奪う暴力として、その発展途上国の住民こそがグローバル化に抵抗するのだ、ということになる。

ずいぶんと荒れた言葉遣いだ、と私は思う。同じ言葉に、状況と、政策と、時代把握のすべてが区別されずに放り込まれているからだ。ここでは、議論の整理を図るため、「グローバル化」というさまざまな意味に使われるシンボルを、状況における相互依存、政策における国際制度の形成、時代認識における西欧化とそれに対する反発という、三つの異なる意味に区別して考えていくことにしたい。そう区別しない限り、同じ言葉を使っても、何を議論するか、その議論の対象が、霧のなかに包まれてしまうからである。

二　相互依存としてのグローバル化――貿易自由化と金融自由化

グローバル化とは、何よりもまず、既存の国境を越えて、モノ、人、カネ、そして情報が加速的に行き来する状況を捉える概念であり、国民国家と国民経済に沿って敷居を設ける伝統的な国際関係像と区別される。国民国家は、人流や物流が国内で展開することを前提とし、国境を越えた流れには国家が介入する権利を留保する制度である。もし国境を越えた往来が盛んとなり、そのような往来を前提として国内の住民や企業が行動するようになれば、国民国家という制度は、人流・物流・資本移転への旧弊な桎梏《しっこく》に変わることになる。国境を越えた相互関係の進展が国際関係をどのように変えるのか、また各国政府における政策決定の領域がどう変わるのか、グローバル化と政策決定というテーマがここに生まれる。

グローバル化の下での決定という問題は、国際関係論で言えば、従来の「相互依存(interdependence)論を継受したものだといってよい。コヘインとナイが、その『権力と相互依存』のなかで定義した複合的相互依存(complex interdependence)とは、まさに相互依存の進展により、各国間の国際関係も、各国国内の政策決定のオプションも大きく変化する状況を捉えた概念であった。そして、ここでいうグローバル化は、ちょうど相互依存がそうであったように、各国政府によってその進展を阻み、遅らせることがあったとしても、基本的には後戻りのできない変化であり、個々の政府の政策によって状況を左右する余地はごく限られたものとして考えられていた(5)。

それでは、これまでの相互依存論と比べた時に、グローバル化の持つ特徴とは何だろうか。まず、環境的要因から考えてみよう。『権力と相互依存』が著されてから二〇年以上の間、さらに進んだ現象として、物流コストの低下と情報通信コストの飛躍的低下がある。このうち前者は、輸送手段の高度化とともに二〇年前(執筆時)の予想に含まれているが、後者、すなわちインターネットと電子情報の爆発的拡大は予見されていない。そして、情報通信の変化が、後述する金融取引の肥大を可能としたのである。

また、国内の制度と体制について見れば、この二〇年間に共産党を与党とした政治体制の多くが倒れ、残った共産党政権でも計画経済からの離脱が進む。この、広義の冷戦終結の結果、国際市場から閉ざされた市場はほぼ消滅し、世界市場が文字通り世界を網羅するようになった。さらに大国間の軍事的対決が後退した結果、少なくとも大国に関する限り、戦争を想定した経済体制を組む必要は薄れ、アウタルキー(自給自足)を前提としない経済が拡大する。戦時経済では、貿易は閉ざされ、経済への国家介入が常態となる。冷戦終結は、国家が経済に介入する、その政治的前提を奪ったのである。

それでは、そのような環境の下で進んだ市場統合とは何だろうか。これは二つの要素に区別して考えられる。貿易自由化と金融自由化である。

第一の貿易の自由化については、詳しく触れるまでもないだろう。自由貿易という政策は、勝者の論理としての性格を免れない。それだけに各国政府は強く抵抗し、経済学者の間では広く受け入れられながら、第二次大戦以前は、国際体制が構築されることはなかった。しかしそれだけに、第二次大戦後の自由貿易体制は、各国の抵抗を予想して周到につくられ、少なくともＩＴＯ（国際貿易機構）構想が挫折した後は、各国協議によってゆるやかに貿易自由化を図るという原則が確立する。市場の変化と政策協議は、出発当初から緊密に結びついていた。相互依存論の多くが触れる相互依存とは、この自由貿易の国際的制度化を前提とした変化である。(6)

これに対し、いま「グローバル化」という言葉を使うとき、貿易と並び、あるいはそれ以上に強調される変化が金融の自由化である。マーティン・フェルドシュタインが自ら指摘するように、貿易の自由化に比べて金融の自由化については、経済学者の間でも合意はなく、それを実現する制度や政策についても共通の了解はなかった。(7)しかし、ブレトンウッズ体制が倒れ、管理通貨制度に移行してから、こと先進工業国に関する限り、肥大した通貨市場を統制する国際的制度はなくなった。市場介入は、各国通貨当局のその場での合意に頼り、協調介入が実現した場合でも市場を左右できる保証はなくなった。各国政府が金融通貨政策で果たす役割は、大幅に減ってしまったのである。

その通貨金融体制の転換期に、イギリスとアメリカで金融制度の規制緩和が行われ、それに起因する短期資本の膨大な越境移動が始まる。ある国で金融自由化が行われたなら、その国・地域に資本が流出する可能性があるだけに、どの国でも金融自由化を政策課題として追求せざるを得なくなる。つまり、貿易の自由化が各国政府による慎重な協議によって進められたとすれば、通貨金融の自由化は、既成事実から出発して、さしたる計画や準備もなしに、将棋倒しのように世界に広がったのである(8)。

ここに現在の「グローバル化」のもたらす危機の特徴がある。通貨金融を自由化した世界がどんなものになるのか、どんな問題が生まれるのか、当事者もわかってはいない。先の見えない混乱のなかで、一九九七年アジア通貨危機のように、突発的に生まれる事件に対して、その都度、場当たり的な対応が図られているのである。

さて、貿易自由化と通貨自由化を比べた場合に、紛争の生まれ方、当事者、あり方などには、どのような違いがあるだろうか。貿易自由化については、自由化によって新たに得られる機会に注目する企業・業界と、逆に自由化によって利益を失うことをおそれる企業・業界の双方が、その配分やバランスに違いはあっても、どちらも各国の国内に存在している。そのため、貿易自由化という政策は、国内市場擁護派と国際開放推進派という、よく知られた政治的対立を各国に生み出した。シアトルで開かれた世界貿易機構(WTO)閣僚会議におけるWTO反対派の多くが貿易自由化に反対する人々であったことからもわかるように、グローバル化をめぐる紛争の第一類型が、この貿易自由化をめぐる政治過程である。これは、国際組織、各国政府、圧力団体の配置、さらに予想される紛争とその紛争当事者に至るまで、すでに数多い論考のある分野である。

これに対し、通貨金融の自由化の場合、各国政府の協力は、もとから乏しい。国内通貨の信用維持は、経済政策の中核にあるため、各国とも国際協議を嫌うからである。かつてのヨーロッパ統合論では、地域統合の及びにくい分野として、国家主権と直接に関わる分野を挙げ、これをハイ・ポリティクスと呼んだ。それにならっていえば、通貨政策は国防政策にも匹敵するハイポリティクスにほかならない。貿易自由化の交渉では、各国政府が合意しても国内の圧力団体が合意する保証はない。ところが、通貨金融問題では、各国政府を交渉の場につけることから、まず始めなければならないのである。

それだけに、通貨金融における国際制度の形成は、ごく近年に始まった現象に過ぎず、しかもその内実は、各国協議による制度の形成というよりは、突発的事件に対応を迫られた危機管理の連鎖であった。それが米国のドル防衛と、それ以後の管理通貨制度への移行、石油危機以後ヨーロッパ市場に滞留したユーロダラーの還流、一九八二、八三年以後の累積債務危機への対応、旧ソ連東欧諸国の世界市場への再統合、そして九七年アジア通貨危機への対応である。ここでの国際体制や制度とは、各国政府を縛るルールというよりは、問題を押さえ込む絆創膏に近い。

確かに、これらの金融危機が起こるたびに、制度化は進んだ。ドル防衛以後の世界で、欧米諸国の政策協調を実現するという目的を考えなければ、先進国首脳会議の開催は考えにくい。八二年以後の累積債務危機があればこそ、G5／G7に見られるような通貨金融における協議の定例化も実現したのである。しかし、貿易体制に比べれば、国際金融体制における協議の定例化は遅れ、通貨当局を直接網羅する規範も乏しく、国際危機を後追いする結果にとどまっている。

のみならず、一つの危機への対応が、次の危機を深める因果関係さえ見ることができる。ユーロダラーの還流は、ラテンアメリカ諸国への政府貸付を生み、この政府貸付が累積債務危機の引き金となった。旧ソ連東欧に課せられた厳しいコンディショナリティーは、通貨危機の下の東南アジア諸国に対するコンディショナリティーの原型となり、その苛酷な条件が短期資金引き揚げをさらに加速した。もとより、国際経済の制度化とは、それをつくることで予測可能性を高め、取引の安定を実現することが目的のはずである。そのような役割を担う国際金融制度は、残念ながら実現していない。

このように、通貨金融問題では、自由化が始まって間もないこともあり、予想される紛争も、その当事者も、見通しがつかない。同じ「グローバル化」に分類される紛争でも、その紛争への対処を見れば、制度化の進んだ貿易と、その遅れた金融とではこのような違いが確認できるのである。貿易自由化と金融自由化は、経済のグローバル化のなかでも最も中心的な変化であるが、その政治過程に注目すれば、政府間協議の定例化、国際機関の決定の拘束力、紛争解決の定型化、そのどれを見てもはっきりした対照を見ることができるだろう。

三　覇権秩序と抵抗の消滅

グローバル化の第二の意味は、特定の主体(大国、あるいは企業)の意思に沿って、自覚的につくられた、覇権秩序とでも呼ぶべき国際関係における秩序形成である。この場合、世界市場の統合や相互依存は、ただの客観的なプロセスではない。やや形式的に定義すれば、ここでの秩序形成は、特定の国際機関、政府、企業などの持つ、意図や判断に基づき、各国の政府、企業、個人に提供され、時には強制される決定や規範によって支えられている。もっと露骨にいえば、「グローバル化」とは「アメリカ化」であり、市場統合はアメリカの政府や企業の利益に合わせて外部から強制された変化として考えられている。

この、覇権秩序としてグローバル化過程を捉える判断には、かなりの支持者がある。経済学でも、佐伯啓思と金子勝は、政治的立場の違いにもかかわらず、そろって「アメリカ化としてのグローバリゼーション」を論じている(9)。ヨアヒム・ヒルシュは、グローバリゼーションの「意味領域」として、技術的視点・経済的視点と並んで政治的視点とイデオロギー的視点を挙げ、「アメリカが全世界に君臨する唯一の軍事的権力となった」こと、さらに「ある特定の価値が普遍的になったということ……たとえば、自由民主主義的諸原理や人権思想が一般的に承認されるとともに、資本主義的な消費スタイルもまた全世界的なものとなったこと」を併せて挙げている(10)。

学者の言葉を待つまでもなく、かつて流行した「国際化」というシンボルと「グローバル化」を並べてみれば、違いがはっきりするだろう。「国際化」には政府や企業、個人などの行為指針という面もあったが、「グローバル化」が招くのはひたすら受け身の行動に過ぎない。「国際化」には「国際化される」面も「国際化する」面もあったが、「グローバル化」は「グローバル化される」ばかりである。主体としての選択を含まない点で、「グローバル化」は、覇権への屈服、受け入れだ、ということになる。

さて、この「覇権」の根拠はどこにあるのだろうか。より直接的に、冷戦の終結、旧ソ連・東欧諸国における共産党支配の終焉、さらに近年のアメリカ経済の好調が、「一極」とか「覇権」などの形容の背景にあることは間違いがない。しかし、さらに広げていえば、そこには抵抗の消滅、という要素を見ることができる。「グローバリゼーション」の進行とは、他面では、その過程に抵抗するような運動、体制、政策が衰え、消滅する過程にほかならない。そのような抵抗として、共産党支配の下の経済体制(指令型計画経済)、戦後ヨーロッパを中心とした社会民主主義体制と福祉国家、そして発展途上国が独立当初に目指した輸入代替工業化、以上の三つを挙げることができる。

相互依存と覇権秩序への抵抗と、その失敗として、いちばんわかりやすいのは共産主義体制とその崩壊だろう。冷戦期の東西の「ブロック」は、こと東側経済に関してはブロックと呼べるようなものではなく、それぞれに孤立し、国家管理の下に置かれた中央指令型計画経済の横並びが実情であった。そのようなハイコスト経済が資本主義経済に敗北したことは、核武装の競合以上に東側の凋落を明確にした。

しかし、経済体制の競争は七〇年代に決着がほぼついていたし、またグローバル化に関わる懸念は旧社会主義諸国だけに見られるわけでもない。そこで重要なのが、他の二つ、社会民主主義の変容と、輸入代替工業化の挫折である。

まず社会民主主義体制について考えよう。西側陣営に属し、資本主義の下で選挙を通じて社会主義を実現する、そのような体制としての社会民主主義は、自由市場と経済介入の微妙な均衡に立脚していた。埋め込まれた自由主義と形容されるとおり、自由貿易と自由市場を原則として認めながら、他方では、財政を通じた経済介入も競争制限も、完全雇用をはじめとする政策の手段として認められていた。そのような、本来インフレ傾向を持つ経済体制が、石油危機のあと大きく転換したことはよく知られているだろう。宮本太郎が指摘するように、八〇年代以後の社会民主主義体制の、少なくとも一部は、新保守主義的経済運営に政策を転換していった。社会民主主義の将来を論じたギデンスは、それに立ち向かう五つのジレンマの一つにグローバリゼーションを挙げているが、ここにも社会民主主義とグローバル化の緊張した関係が現れている(11)。

発展途上国における輸入代替工業化も、経済活動における独立の夢とその失敗を示している。植民地支配から脱した各国で共通してとられた経済政策が、これまで輸入してきたものを国産するという輸入代替工業化政策であった。この場合、自由貿易とは経済面における植民地支配の継続であり、なんとしても避けられなければならなかった。この規模の利益に真っ向から反する政策は、資本財輸入による貿易収支不均衡を拡大し、六〇年代のうちにはどの国でも挫折し、石油危機において決定的となる。その結果が、国内市場の開放と輸出指向工業化への転換だった。東南アジア各国の経済体制は、通貨危機の過程で自由化が遅れ、規制緩和が遅れた体制としてＩＭＦに指弾されたが、これは正確ではない。国内市場を明確に保護する体制は七〇年代初めにはすでに崩壊しており、タイでもインドネシアでも、七〇年、八〇年代を通じて市場開放が進んだ。それでもＩＭＦのお眼鏡にはかなわなかったのである(12)。

このように、政府の政策を通じて、世界市場に対し自国市場を保護し、規制しようとするような政策や体制は、この二〇年間に大きく後退した。抵抗がなくなったという意味では、覇権秩序が完成したかに見える。ところが、それではこの「秩序」が「力」によって維持されているといえるかどうか、その点では疑わしい面も残るのである。グローバル化に伴って生まれる国際関係の変化を、主権国家消滅、政策収斂、制度の失敗という三つの仮説に沿って考えてみよう。

まず、主権国家の消滅という仮説がある。ヴァーノンの多国籍企業論はその極端な例であるが、議論の構成としては一九世紀のマンチェスター自由主義にさかのぼる議論として、世界経済が成立すれば国民経済という観念が意味を失い、その国民経済に根ざした国民国家観念も現実から離れ、陳腐化し、緩やかに消滅に向かう、という議論がある。[13] ヴァーノンは企業の多国籍化に焦点を置いていたが、こと政府の政策決定を見ても、その管轄や決定が国際機関の決定や国際協議を度外視しては成り立たない過程はすでにおなじみのものとなった。特に世界政府などができなくても、各国政府が単独で決定できる案件はどんどん少なくなり、機能面からいえば主権国家は死滅したような事態を迎える、という議論である。

この議論は、「消滅」という誇張された表現を取り除けば、(1)政府と企業の間で、政府が企業を統制できなくなるという意味と、(2)政府と国際機構の間で、政府の決定権限が国際機構(あるいは地域機構)に代位されていくという意味、さらに(3)政府と市場の間で、国内市場と国際市場の統合の結果、それぞれの政府だけでは市場の変化に介入できなくなるという意味の、三つの側面に分けて考えられる。そして、ここでは細説しないが、どの面をとっても政府の役割が変化することは簡単に指摘できるが、同時に税制と通貨供給を通じて経済活動に関与できる主体が各国政府であり、それに代わるような政治権力は国内にも国外にも存在しないことも、また容易に指摘できる。

ここに「覇権」概念を加えて考えると、幾分異なった議論が生まれる。確かに経済介入の主体として国家に代わる存在はないが、どの国家も平等に経済介入ができるわけでもない。むしろ、貿易・通貨において、覇権国家の提供するリソースによって特定の体制が形成されれば、覇権国以外の政府は、その段階で政策上の選択肢を大きく制約されてしまう、だから覇権国以外の国家主権は消滅したのだという議論である。貿易協議のなかで、ワシントンの提供するオプション以外のものが事実上外された交渉に参加するという苦い経験をした人なら、この指摘にうなずくだろう。とはいえ、ここでの前提は、国際経済体制が特定の政策意図を持って実現された人為的な体制だという認識であり、政策によって市場を左右する余地は大きいと考えられている。金融体制に関する限り、先に述べたように、この前提は疑わしい。

次に、政策の収斂という仮説がある。グローバル化した市場という与えられた国際的条件の下で各国が国際競争力を拡大しようとすれば、結果的には同じような経済政策の追求を招く。この、各国経済政策の平準化は、さらに各国国内における政治行政制度と団体・結社の関係の平準化を通して、政治経済体制の平準化までも招く。こうして、市場における統合が国内の経済政策、ひいては政治体制の収斂までも招き、各国の主権という枠を残しながらも、それぞれの国家が似た者どうしになるという立論である。ここでは、特に市場の優位とか、覇権的秩序とかいった一般的な前提は立てられていない。ただ、どの国も同じ市場の条件に立ち向かい、同じような選択肢から政策を選ばざるを得なくなれば、結果的には政策の平準化が生まれるのではないか、そう考えられているのである。

この議論も怪しい。市場の変化に対して各国がとりうる政策の選択肢は一つではないし、そのどれが採用されるかを国外の条件だけから判断することは難しい。たとえばジェフリー・ギャレットは、資本流動が激しくなったあとでも、ヨーロッパの左派政権は積極財政政策から離れなかったと指摘している。(14) アジア通貨危機におけるマレーシアとタイの対応を比べても、国外からほかに条件を与えられれば似た政策が採用されると考える根拠は薄いように思われる。

最後に指摘すべき議論は、制度の失敗だろう。市場の規制緩和と自由化の結果として、各国政府はもちろん、国際的な政策調整を行っても管理することのできない一種の妖怪が世界市場に生まれた、という議論である。政府による競争制限的な規制をなくし、金融市場の境界を壊し、規制緩和を実現したが、そこで生まれた巨大な自由市場はもはや国際管理もできない存在となり、形を変えた無政府状態が出現する。いわば世界規模における市場の失敗であり、その管理不能な状況がグローバル化の最大の問題だという状況把握である。これは、一九九七年七月のタイ為替市場崩壊に起因するアジア通貨危機とともに強く認識されるようになった変化であり、自由化の受益者であったはずのジョージ・ソロスさえこのような主張を行っている[15]。

先の金融政策の議論でも見たように、この議論にはかなりの魅力がある。というのも、「グローバル化」に伴って生まれた混乱は、アメリカの覇権の下で安定を達成した秩序とも、また各国が横並びに類似した経済政策を採用する体制とは明らかに異なっているからである。その状況は、これまでには予想もされなかった市場の変化に各国政府が追われ、危機があることはわかっていても対処する方法がなく、対処する方法がわかってもそれを実現するリソースがないという、秩序というよりは秩序の欠落にほかならない。アメリカの経済政策と異なるユートピアの模索がすべて失敗に終わったとはいえ、その結果訪れたのは、覇権の下の安定よりは新たな無秩序に過ぎなかった。

しかし、覇権秩序や政策収斂が唱えるような安定も、また制度の失敗が嘆く不安定も、グローバル化過程における政策の選択肢を狭くとってはいないだろうか。また、政策選択の主体を覇権国と個別国家の二つに限ってはいないだろうか。この二つの条件を外した場合、どのような絵が見えてくるかを最後に検討してみよう。

四　グローバル化への適応――地域機構の政治的有効性

グローバル化という現象とその現象を進める政策に対して、各国にはどのような選択が残されているだろうか。先に述べたように、世界市場に正面から挑戦するような選択は、共産党政権であれ、輸入代替工業化であれ、社会民主主義体制の下の一国資本主義であれ、挫折した。正面切って自由化に抵抗すれば、その分野だけでなく他の経済領域においても、アメリカや国際機構との緊張を招き、自由化によって得られたかもしれない利益を失い、悪くすれば経済制裁や資本引き揚げといった不利益を被ることになりかねない。グローバル化を前にした選択はごく限られたように見える。

確かに、各国の対応を、征服者への屈服と自滅的抵抗という二極分解で捉えるのは簡単だ。だが、現実の説明としては妥当だろうか。

市場統合を各国がそのまま受け入れることは、むしろまれである。貿易市場や通貨市場を全面的に開放すれば、国内の弱小産業はつぶれ、失業が増大し、通貨相場は暴落し、政治的に急進化した運動が生まれ、社会不安に至るかも知れない。他方、先に述べたように、世界市場に逆行する政策はコストが高すぎる。このジレンマのなかで、全面抵抗を断念した各国は、相互依存の進展と大国の覇権という事実を一応は受け入れ、そのなかに組み込まれながらも、その政策の細目については、自国に有利な条件をできる限り実現し、不利な条件を先送りにする戦略に頼ることになる。全面抵抗を断念したからといって、言うなりになるわけではないのである。そのような戦略を、ここでは適応(accomodation)と呼ぶ

ことにしよう。以下では、適応の主体、適応の方法、適応の戦術の順番に考えてみよう。(16)

適応戦略には、地域という主体の設定が、きわめて有効である。グローバル化をめぐる紛争はグローバリズム対ナショナリズムという図式で表現されることが多い。グローバル化を進めるのが世界一般か覇権国かの違いはあっても、対抗する側は常に一国として捉えられている。そして、一国だけの抵抗では高が知れた効果しか持ち得ない。

それでは、対抗する側も横の連隊を組み、地域として対抗すればどうだろう。発展途上国が横に組んで国際市場の仕組みに挑戦した運動は、非同盟諸国会議や、そこで集まった諸国の掲げた新国際経済秩序構想など、すべて惨めな失敗に終わっている。しかし、地域機構は国際制度と常に緊張関係に立つわけではない。むしろ、グローバル化を進める過程で、地域機構が国際制度と各国政府の間の、いわば緩衝材の役割を果たす状況も生まれるのである。実際、グローバル化が進んだとされる八〇年代中期から現在までにかけて、ラテンアメリカにおけるメルコスールやアジア太平洋におけるＡＰＥＣ(アジア太平洋経済協力)のように、地域レベルの経済協力機構の設立が相次いで行われている。こうして、適応戦略の主体として、地域連帯に新たな意味が与えられるのである。

しかし、地域を単位として市場統合を進めるだけでは、結局のところＷＴＯをはじめとする世界規模の市場統合を補完することにしかならない。ここで重要なのは、地域レベルの秩序形成が国際機構における決定や合意よりも、拘束力の少ない合意形成を行っている点である。それが、制裁規定のない行動指針、ガイドラインの多用にほかならない。

八〇年代から急増した地域経済協力機構は、メルコスールもAPECも、拘束力の乏しい共同声明や、行動計画や、ガイドラインに頼っていることが特徴である。WTOと案件が重なるこのような機構で、WTOと違うのは、何よりも規範形成の方法であり、法的手続きを踏むのかアドホックな合意に頼るのかという違いである。そして、条約のような拘束を免れ、拘束力の弱い合意にこぎ着けることで、自国に不利な分野における市場開放や規制緩和を(正面からは否定しないながらも)極力遅らせ、実利をとる、という選択も可能となる。重要なのは、一国だけでなく、地域各国の合意であり、しかも国際機構の決定に正面からは抵抗しないため、高度の公共性の外観が獲得され、覇権国も正面から批判しにくい正統性をこれらの決定が帯びることである。

正面からの劇的な対立とは異なり、適応戦略は、国際的合意の形成には反対しないが、不利な合意に応じるわけでもない。そこでの問題は、合意をするかしないかではない。むしろ、自国に不利な条件をどう避けながら合意文書をつくるか、どう法的拘束力を避けるか、もっと露骨にいえば自国に不利な合意をどう空文にするか、これが適応戦略の目標となる。いったん条約を結べば、それを遵守する義務を負うし、条約に至らない協定や宣言でも、何らかの義務を対外的に声明することになる。このような条約や声明によって後の政策選択を狭めることなく、国際協調の外観は保ちながら不利な条件は周到に骨抜きにする。そのような合意を先に地域レベルでつくることで、国際機構と個別国家との軋轢をうまく回避するのである。

審議の引き延ばし、案件の棚上げ、また特に争いのない案件に関して、できるだけ仰々しく合意形成を誇ることなど、適応戦略の、いってみれば姑息な戦術は、さまざまである。そして、ASEAN(東南アジア諸国連合)各国がAPECを警戒してつくったAFTA(ASEAN自由貿易地域)も、また通貨危機以前のAPECも、経済自由化、特に直接投資の規制緩和と貿易自由化を外部から強制される前に、地域各国に有利な条件の下で進める手段として活用されたといえるだろう。

問題は、このように貿易自由化や直接投資の規制解除には巧みな対応をとることに成功したASEAN諸国が、金融市場自由化については基本的に各国相互の調整なしに対応し、その限界が九七年七月以後の通貨危機への対応の過程で惨めなほど暴露されたことである。八〇年代から九〇年代にかけての東北・東南アジア諸国は、市場統合のもたらす機会は最大限に利用しながら、その与える不利な条件は先送りしたり陰に追いやったりしたはずであった。そのような対応を、なぜ通貨金融についてはとり得なかったのだろうか。この適応戦略を採用する条件に関わる魅力的な問題の解明は、また別の機会を待つほかはない。

大国の覇権と、それに対する抵抗として国際関係を語ることのできる時代は終わった。

また、相互依存の進展とそれに対抗する(一部の)各国政府という図式も正確ではない。そのような考え方は、一方では覇権や相互依存などの条件についての過大評価を含んでおり、何よりも状況の安定性を過大視しているからである。グローバル化が福音をもたらすのか、それとも諸悪の源なのか、そんな判断をすぐに下せるほど、われわれは国際経済の変動についてよく知っているわけではない。

グローバル化をめぐるさまざまな問題を整理して行き着くのは、現代の国際関係において、経済政策の選択肢としていったい何があるのか、またそれは、誰に、どの程度開かれているのかという問題である。リベラルな帝国の支配を世界が歓迎する喜びでも、また大国の恣意によって虐げられる悲しみでもなく、先の見えない不安こそが特徴である時代に、市場を前にした選択肢をいま一度確かめる必要があるだろう。

注

(1) 『G8ケルン・サミット　コミュニケ』(外務省仮訳)、一九九九年六月二〇日。前段はコミュニケ第二項の全文、「課題は」以降は第三項の冒頭部分の翻訳である。
(2) 『オークランド　チャレンジ――APEC首脳宣言』(外務省仮訳)、一九九九年九月一三日。
(3) 金子勝『反グローバリズム――市場改革の戦略的思考』岩波書店、一九九九年、二七頁。なお、併せて、金子勝『セーフティーネットの政治経済学』筑摩書房、一九九九年、参照。

（4）テッサ・モーリス＝スズキ著、大久保桂子訳「グローバルな記憶・ナショナルな記述」『思想』一九九八年八月号、三六―三七頁。なお、モーリス＝スズキの趣旨は、そのようなナショナルなレトリックが、実は各国を横断して共通した特徴を帯びているという「グローバルなナショナリズム」を摘出することにある。

（5）Robert O. Keohane and Joseph Nye Jr., *Power and Interdependence: World Politics in Transition*. Boston: Little, Brown, 1977.

（6）国際貿易機構構想の破綻も含め、戦後自由貿易体制の形成を制度的に振り返った研究として、中川淳司「国際開発体制と自由貿易体制の形成」東京大学社会科学研究所編『二〇世紀システム第一巻　構想と形成』東京大学出版会、一九九八年、二九四―三二一頁、参照。貿易依存度が拡大すれば、サービス交易・企業内交易・海外直接投資も広がり、国内制度と国際制度の分水嶺が不明確となる。これが貿易交渉の新たな課題を導く過程について、伊藤元重「自由貿易主義と保護主義――戦後の通商システムの展開」東京大学社会科学研究所編『二〇世紀システム　第六巻　機能と変容』東京大学出版会、一九九八年、一一三―一五一頁、参照。

（7）Martin Feldstein, "Refocusing the IMF," *Foreign Affairs* 77-2(March/April 1998).

（8）金融自由化に焦点を定めたグローバル化論は数多いが、ここでは、櫻井公人・小野塚佳光編『グローバル化の政治経済学』晃洋書房、一九九八年。スーザン・ストレンジ著、櫻井公人訳『国家の退場――グローバル経済の新しい主役たち』岩波書店、一九九八年。B・アイケングリーン著、高屋定美訳『グローバル資本と国際通貨システム』ミネルヴァ書房、一九九九年を挙げておきたい。

(9)　金子『反グローバリズム』(前掲)と、次の佐伯の著作を比較されたい。佐伯啓思『「アメリカニズム」の終焉——シヴィック・リベラリズム精神の再発見へ』TBSブリタニカ、一九九八年。
(10)　ヨアヒム・ヒルシュ「グローバリゼーションとはなにか」情況出版編集部編『グローバリゼーションを読む』情況出版、一九九九年、二一—三二頁。
(11)　Anthony Giddens, *The Third Way: The Renewal of Social Democracy*, Cambridge: Polity Press, 1988: pp. 28–33.
(12)　東南アジア諸国における開発政策と政府との関わりについては、藤原帰一「官僚と開発——経済発展の政治的条件について」岩崎育夫・萩原宜之編『ASEAN諸国の官僚制』アジア経済研究所、一九九六年、一九五—二二四頁。
(13)　Raymond Vernon, *Sovereignty at Bay: The Multinational Spread of U. S. Enterprises*, New York: Basic, 1971.
(14)　Geoffrey Garrett, "Capital Mobility, Trade, and the Domestic Politics of Economic Policy," in Robert O. Keohane and Helen V. Milner, eds., *Internationalizaton and Demestic Politics*, Cambridge: Cambridge University Press, 1996, pp. 79–107.
(15)　ジョージ・ソロス著、大原進訳『グローバル資本主義の危機』日本経済新聞社、一九九九年。また、その限りでは似た主張として、ポール・クルーグマン著、三上義一訳『グローバル経済を動かす愚かな人々』早川書房、一九九九年、参照。両者ともに、市場規制とはおよそ対極に立つはずの論者である。
(16)　以下の議論は、ネットワーク型秩序形成として別の文章で論じた制度形成の、もう一つの側面の検討に当たる。ネットワークを論じた際には、ＡＰＥＣをヨーロッパ統合や覇権秩序と比較して考えていたが、ここでは世界市場の変化と政策選択の問題に注目している。藤原帰一「ヘゲモニーとネットワーク――国際政治における秩序形成の条件について」東京大学社会科学研究所編『二〇世紀システム　第六巻　機能と変容』東京大学出版会、一九九八年、三〇九―三三九頁。

（二〇〇〇年六月）

アメリカから壊れる世界

現代世界は流動化と不安定の危機に瀕している。

サブプライム問題に端を発した世界経済の流動化は指摘するまでもない。この危機の最大の問題は、どこまで広がるのか予想がつかないことだ。二〇〇七年末に危機の収束が予想されながら今年に入ってベア・スターンズが解体、しばらく小康状態が続いたところ今度はリーマン・ブラザーズとＡＩＧが壊れるというように、底の見えない流動化が続いている。

世界政治の流動化も激しい。イラク情勢がようやく安定したかに見えるとアフガニスタン情勢が悪化し、パキスタンの政情不安がこれに拍車をかけている。イラクと並んで「悪の枢軸」に数えられた北朝鮮とイランは以前にも増して核開発を加速している。国際テロの拡大、大量破壊兵器の拡散、どの側面を取っても国際的な不安定が広がっていると判断するほかはない。

そして、政治的不安定はこのような紛争地域に限られていない。南オセチアとグルジアの紛争はロシア軍の大規模な介入によってロシアと欧米諸国の緊張にまで広がってしまった。内政の安定こそが特徴であったはずの東・東南アジアでもフィリピン南部では停戦協定が破れて内戦が再開し、タイではタクシン元首相を支持する現政権と反政府勢力の対峙が続き、民衆迎合的な政府の倒れた韓国と台湾でも政治不信が著しい。もはや、かつてのように中東やアフリカは不安定でも、東アジアは安定しているとはいえなくなった。

政治の不安定は将来の予測可能性を損ない、経済の不安定を深めてしまう。それでは、なぜこのような混乱が広がってしまったのだろうか。グローバル経済が混乱する原因は他の論者に譲るとして、ここでは政治の領域に焦点を絞って考えるとすれば、国際政治に不安定を招いた要因として次の二つ、すなわちイラク戦争に起因するアメリカの抑止力の低下、そして民主化の進展による各国政治の流動性の拡大を挙げることができる。それぞれについて、簡単にまとめてみよう。

第二の戦争を戦えないアメリカ

現代世界の安全保障を支えるのが米軍の抑止力である。国際関係の安定を脅かす行動が起こったなら米軍を中核とする世界各国軍によって大規模な報復が行われる。この報復が明確であればあるほど、秩序を脅かす行動を取る国は減るだろう。米軍の力が強ければ強いほど、国際関係の安定は保たれるという構図である。

だが、ここには落とし穴がある。世界のどこにでも大規模な米軍を投入できるならともかくとして、特定の紛争のために米軍が釘づけにされてしまう場合、第二の紛争に米軍を動員する力は減り、抑止力も低下してしまう。逆説的に響くが、戦争がないときこそ米軍の抑止力が最も強いのである。

イラク戦争は、まさに米軍の抑止力を低下させる事件であった。軍事力の規模でいえばフセイン政権下のイラク軍は米軍と比較にならないし、実際、多国籍軍によってごく短期間に打倒されてしまった。だが、占領統治に必要となる兵力についてアメリカは致命的な判断ミスを犯し、米軍の主力がイラクに縛り付けられる状況が生まれてしまう。大統領選挙で何が主張されようと、今イラクに派兵されている米軍を一四万人以下に引き下げることは至難の業だろう。すでに陸軍と海兵隊ではイラクに派遣された軍人が三割を超えて四割に迫り、二回三回と派遣された者も珍しくない。イラクとアフガニスタンという二つの戦場だけで、最大規模の米兵が動員されているのである。

その結果、徴兵制を施行しない限りアメリカは第二の戦争を戦うことができなくなった。米軍の核抑止力こそ保たれているとはいえ、イラクとアフガニスタンに加えてイランや北朝鮮という新しい戦場に加わる余裕が失われたのである。たび重なるアメリカや国連の警告にもかかわらずイランと北朝鮮が核開発を強行する根拠には、アメリカに攻められる可能性が減ったという現実がある。中東に兵力を割かざるをえないアメリカが足元を見られているといえばいい過ぎだろうか。

米軍による抑止力の低下は中東における国際テロへの対抗に暗雲を投げかけているが、問題はそれにとどまらない。抑止力の低下はほかの地域でもアメリカに対抗する動きを誘発するからだ。その第一の問題がロシアである。

日本では中国の急成長を脅威として受け止める議論が多く、ロシアに注目する議論は少ない。確かに中国は経済的にも軍事的にも影響力を強めており、その直接の影響を受ける日本が警戒を強めるのも無理はない。だが、中国の経済的・軍事的拡大はアメリカへの対抗ではなく対米関係の安定とともにもたらされた。今の中国は、とりたててアメリカに対抗したり、アメリカの弱まりを利用したりしなくても、十分に経済的・軍事的拡大を達成できるのである。

ロシアの場合は状況が違う。冷戦終結以後、東欧諸国と旧ソ連の解体とともに、ロシアの対外的影響力は惨めなほどに衰え、東欧諸国が対米関係を強化しても座視するほかはなかった。だが、現在のロシアは冷戦解体期のロシアではない。資源開発によって経済力を大幅に回復したロシアから見れば、冷戦終結以後の屈辱を甘受する必要はない。親米姿勢を崩さなかったエリツィン政権と異なり、プーチン大統領(現首相)は西欧諸国を引きつけつつアメリカと距離を取る姿勢に動いていった。

グルジア危機の意味はそこにある。南オセチアとアブハジアはもとから事実上の独立を保持していただけに、その独立をあらためてロシアが認めても状況が変わったとはいえない。だが、アメリカの支援を期待して南オセチアへの介入に踏み切ったグルジアをブッシュ政権が事実上見殺しにしたことで、旧ソ連圏におけるアメリカの影響力は大幅に後退し、逆に停戦を仲介したフランスなど西欧諸国がロシアへの影響力を強めた。グルジアばかりではない。すでにウクライナでは連立政権が崩壊し、親米派のユシチェンコ大統領の地位が脅かされている。アメリカの退潮とロシアの台頭は裏表の関係にあるといってよい。

自らの成功によって内部崩壊する開発独裁

アメリカの退潮だけで政治の不安定を論じるのは一方的であり、殊に東アジアを論じるときには不当である。ニクソン大統領が訪中した一九七二年以来、東アジアと東南アジアは、経済こそ九七年アジア通貨危機のように海外の影響を受けるものの、政治的には相対的な安定を保ってきた地域である。北朝鮮とミャンマーを例外とすれば、中国やベトナムのように共産党の一党支配下に置かれる地域も、マレーシアやシンガポールのように西欧的な制度の下で事実上の一党支配が維持されてきた諸国でも、さらに韓国、台湾、タイ、フィリピン、インドネシアのような軍政や独裁政権が倒れて民主化が実現した諸国でも、政治的不安定は見られないか、ごく短期間の政権移行期にうかがわれるものにすぎなかった。東アジアは経済成長と政治的安定をともに実現したはずであった。

この構図が大きく動揺している。念のためにいえば、この不安定はアメリカの動揺に起因するものではない。その根拠は、アジア地域における、広い意味の民主化の過程に求めなければならない。

民主化といえば希望的観測、ひどいときには西欧的価値観念の当てはめのように響くだろう。だが、ここで問いたいのは価値判断を取り除いた現実としての民主化である。すでに民主化を達成した韓国などばかりでなく中国、ベトナム、あるいはマレーシアなどでも民意の表明は拡大している。そして誤解を恐れずにいえば、緩やかな民主化の始まった独裁政権と新興民主主義国において、民主主義とは、それ自体が政治的不安定を招く要因なのである。

かつて東アジアから東南アジアを席巻した政治の流れは、政治的自由を奪う代償として経済成長をもたらす、開発主義、あるいは開発独裁と呼ばれる政治と経済のパッケージであった。韓国の朴正熙、インドネシアのスハルト、あるいはタイのサリットなど、いかにも強権的な指導者は、同時に国内経済を成長軌道に乗せた開発の父でもあった。政府を批判する者は開発は進むが独裁ではないかと難じ、支持する者は独裁ではあるが開発は進んだではないかと擁護したこれらの体制の下で、政府の大規模な経済介入の効果もあって、世界的にも珍しい高度経済成長が実現したことには疑問の余地がない。

八六年のフィリピン革命をきっかけとして、西側諸国における開発独裁は転換し、九二年のタイ五月流血事件、九八年のスハルト政権崩壊などを経て、少なくとも制度上は議会制民主主義を実現する諸国が多数を占めるに至った。だが皮肉なことに、西側における民主化が進んだとき、共産党支配下にある地域では経済は資本主義に転じるが共産党の一党支配は続くという、いわば東側の開発独裁が生まれていった。経済成長率に限ってみれば、九〇年代以後のアジアにおける経済開発の優等生は中国であり、ベトナムであった。

だが、開発独裁を支えることは難しい。経済開発と政治的独裁が同時に展開するために大規模な政治腐敗が生まれやすく、国民世論の不満を集めてしまうからだ。さらに皮肉なことに、経済が未熟な状況であればともかく、経済成長が実現してしまえば開発によって独裁を正当化することは難しくなってしまう。開発独裁は、自らの成功によって内部から壊れてしまうのである。

中国とベトナム、あるいはマレーシアなどにおける政治腐敗やスキャンダルは今に始まったことではない。新しいのは、その腐敗が限られたかたちではあっても報道され、都市を中心とする民衆の政治不信と急進化を招いていることである。議会制民主主義を採る諸国とは異なって政党の競合や選挙によって不満を吸収する術がないために、政治不信と急進化は暴動などの端的な政治的不安定というかたちを取って表れる。これらのアジアに残された独裁政権が今直面する政治的不安定は、かつてのタイやフィリピンにおける民主化過程の動揺のたどった道をなぞっているといっていい。

予測可能性の後退というデモクラシーの代償

民主化を果たせば問題が解決するわけではない。確かにフィリピン、韓国、タイ、台湾、インドネシアなどの諸国では議会制民主主義への移行がほぼ実現しているが、その結果として訪れたのは新たな政治的不安定であった。

その基礎にあるのは、民衆の希望と現実の民主政治との落差である。そもそも民主主義が保証するのは政治活動の自由であり、複数政党制と秘密選挙であって、ユートピアではない。現実の民主政治の下で少数者が権力を独占したり経済的不平等が続いたりすることもむしろ通常の状態にすぎない。だが民衆の視点から見れば、独裁政権の崩壊は政治と経済の平等をもたらすはずであり、実現しなければ民意は現政権への不信任に向かう。この点をとらえて、民衆の期待をあおり、民衆迎合的な政策によって権力を奪うポピュリストが登場する。フィリピンのエストラーダ、韓国の盧武鉉、あるいはタイのタクシンなどの指導者は、いずれも民衆迎合的な政策によって独裁政権を上回る権力の独占を果たした権力者の一群であった。

韓国や台湾では、ポピュリストこそ退場したが、体制不信任を公然と表明する世論は残された。エストラーダ大統領をピープルパワーで倒したフィリピン民衆は、まさに自分たちが指導者としたはずのアロヨ大統領に反発を強めていった。盧大統領を追い落とした韓国世論は、わずか数週間も経ずして李明博大統領の不信任に向かった。民衆迎合的な指導者が退場したところで、政治を左右する民衆の影響力は保たれているのであり、それが民主化後の政治的不安定を加速してしまう。

希望的観測やユートピアを剝ぎ取ってしまえば、民主政治がもたらすのは予測可能性の後退である。誰でも権力を握る機会を持ち、誰が選挙に勝つのかわからないだけに、独裁政権と異なって政治的不安定は避けることができない。独裁政権が動揺する一方で民主政権の不安定も続くという二重の不安定が東・東南アジアを支配している。

かつて、国際政治を冷静に見つめているはずのドライなリアリストたちはアメリカの軍事的影響力によって世界が安定するという期待を抱いて国際政治を観察していた。逆に、リベラルな理念によって国際関係を分析する者は、アメリカの軍事力ではなくその理念の拡大に期待し、民主化の進展による政治の革新と安定に期待をつないでいた。リアリストもリベラリストも、ともにアメリカの力と理念が世界を安定に導くと考えていたのである。

現在の世界を見るとき、この二つの期待はどちらも実現していない。世界最大の軍事大国はイラクとアフガニスタンという軍事的には弱小な地域で戦争を続けたために、イランや北朝鮮の強硬姿勢を許したばかりか、ロシアの台頭さえも招いてしまった。民主化は、まだそれが実現していない中国やマレーシアでは体制の動揺をもたらし、すでに実現した韓国やタイでも不安定さを拡大している。外からはアメリカの弱体化、内からはデモクラシーの代償によって、現代世界の流動化と不安定は終わる兆しが見えない。

（二〇〇八年一〇月一一日）

忘れられた人々——テロ・カトリーナ・周縁

はじめに

二一世紀初めに起こった二つの事件によって、日常生活で意識されることの少ない暗部が示された。二〇〇一年九月に勃発した同時多発テロ事件とその後に展開された「対テロ戦争」は、アメリカを中心とする先進工業国が中東地域における急進イスラムとどう向き合うかという課題を提示した。その四年後の二〇〇五年八月には、ニューオーリンズをはじめとするメキシコ湾岸地域をハリケーン・カトリーナが襲う。その多くをアフリカ系アメリカ人とする被災者の惨状が、毎日のようにテレビなどで伝えられた。

この二つの事件の間に関わりがあるわけではない。九月一一日事件とハリケーン・カトリーナを因果関係によって結びつけるのは牽強付会に過ぎるだろう。だが、両者の間には共通した問題が横たわっている。それは、暮らしも意識も異なる周縁地域を中心にいる側がどう捉えるか、という課題である。中心から周縁に向けられた認識には、同情、共感、あるいは恐怖や願望の投影など、いくつかの型を見いだすことができる。この文章では、国外の周縁への認識と国内の周縁への認識を結びつけて考察し、次に周縁から状況がどのように捉えられるのかを考え、二つの間に開いた溝を確かめてみたい。その溝の確認は、中心と周縁との距離を確めることにもつながるだろう。

なお、事例としてはイスラム社会における急進思想の成立などではなく、ニューオーリンズにおけるアフリカ系市民の経験をとりあげる。その理由は、アメリカの国外ばかりでなく国内にも周縁が残されているという点を改めて確認し、周縁を常に国外に求める誤りを少しでも避けるためである。読者の了承を乞いたい。

一　周縁関与の類型

中心と周縁という捉え方には反発もあるだろう。だが、ここで問題とするのは世界資本主義における分極化などという実体概念ではなく、格差を背景として生み出された他者性の認識、すなわち「自分たち」と「あの人たち」を区別する認識のあり方である。より立ち入っていえば、第一に「自分たち」の享受する生活の水準を「あの人たち」が持たないという認識、第二に「自分たち」と「あの人たち」は同じ価値基準や規範を共有していない、あるいは将来共有する可能性があるとしても現在のところは共有していないという認識、さらにこの二つを結びつけるものとして、生活水準も社会通念も自分たちと異なる「あの人たち」は、放置したならば「自分たち」の暮らしを脅かす存在になりかねないという認識、以上三つの要件が備わったとき、中心と周縁という二分法をとる認識上の根拠が存在すると考えることができる。(1)

国内社会における周縁認識と国際社会におけるそれとの間に連続性も認められる。アメリカの都市中間層が都市中心部に居住する低所得のアフリカ系市民を見るとき、同情と哀れみを持つ人も、蔑視と恐怖を呼び起こされる人もいるだろう。ソマリアで飢餓線上の暮らしを強いられる人々を見るときにも、同情と恐怖が引き起こされる。常日頃は意識しない周縁の営みに対する中央からの眼差しという点で、両者には違いがない。ここで、自分たちよりも貧しい「あの人たち」に向き合う態度を三つ、すなわち貧しきものへの施しとしての慈善と社会福祉、秩序への脅威に対する管理と統制、そして「あの人たち」と一体化して新秩序を夢見る連帯・革命という三つに分けて考えよう。これらの三つについて国内社会・国際関係に対応する領域は、表で示される。

1　慈善と社会政策

中心から周縁に向けられた第一の眼差しが慈善である。西欧世界において「貧しきものへの施し」が政府の政策として展開されたのはローマ帝国末期、キリスト教の布教を初めて公認したコンスタンティヌス一世の治下であり、そこでは「貧しきものへの愛」を美徳とすることによって、「貧しき人々」という観念が生まれた。(2) ここで「貧しき人々」は治安を脅かす脅威ではなく、富はないが心は清い受動的な客体として捉えられていたことに注意しなければならない。

中世世界では集権的権力の不在のためにキリスト教徒の慈悲に裏付けられた慈善活動が拡散するが、絶対王政の成立や反宗教改革とともに慈善活動も再開される。(3) だが、中世末期における農民反乱に見られるように、すでに「貧しき人々」は静かな忍従に甘んじる存在ではなく、不幸な暮らしを送る受動的な客体から、時には暴力に訴えてでも既存秩序に挑む能動的な主体に変わっていた。(4) 貧困が社会治安に対する潜在的脅威と見なされることによって、救貧の主体と活動内容は変化を遂げ、政府を通じた救貧と貧困の根拠を断つ教育という、社会政策という政策の領域が生まれる。その原型は古く、すでに一六世紀初めの時点で、国家の役割の拡大、救貧活動における合理化・官僚化・専門職業化、そして救貧活動と教育の結合という三つの変化が生まれていたという。(5) ここに始まった私的慈善と公的救貧が、その後の宗教団体などを通じた救貧活動と、政府を通した福祉行政の原型に当たることはいうまでもない。

国内社会における慈善や社会政策に対応する国際関係の領域が人道支援と開発協力であるが、それ以前の植民地統治期から、宣教師の布教に伴う学校教育や医療支援が行われて

表　周縁関与の類型

活動の態様	活動の領域	
	国内社会	国際社会
慈善・社会政策	救貧活動・社会福祉政策	人道支援・開発協力
管理・統制	警察活動・矯風運動と隔離	反ゲリラ戦略・警察化した軍事行動
連帯・革命	社会革命	第三世界革命

きた。開発協力の基礎の一つである道路港湾などのインフラストラクチャーなどの整備も、その起源をたどれば植民地時代にさかのぼる。さらに植民地行政においてさえ、オランダ領ジャワにおける倫理政策のように、住民の福利に目を向けた政策がとられることもあった。欧米諸国による人道支援や開発協力の起源は植民地統治という、非西欧世界を西欧世界に統合する政治権力の働きに求められる。

植民地統治が後退した第二次大戦後、人道支援と開発協力は本格化する。イギリスやフランスなどの旧宗主国による経済援助は旧植民地への財政支援が姿を変えたものであったが、アメリカの場合はこれに冷戦戦略という要因が加わる。米ソ対立の長期化とともに東西対立の主戦場はヨーロッパから発展途上国に移り、勢力圏を確保するために政治的・経済的支援が必要となったからである。発展途上国に対するアメリカの開発援助は冷戦戦略の一環でもあった。

また、最後のニューディーラーともいうべきジョンソン大統領が国内における「豊かな社会」と対外的経済協力をともに政権の重要課題としたように、アメリカの開発協力はヨーロッパ諸国以上に国内政治との連続性が強い。その基礎にはエスニックなナショナリズムでなく、世俗的な自由主義によって建国したという独自の事情がある。アメリカの対外援助における「政治発展」への注目は、国内における自由主義の伝統、特にアメリカが世界でも例外的な国家であるという観念から生まれた⑹。そこには「貧しき人々」への同情や共感と並んで、放置すれば暴徒になったり共産化したりしかねない内外の貧困層に対する管理の模索を読み取ることができる。

このように、私的慈善と公的福祉の展開について、国内社会と国際社会における取り組みにかなりの連続性を認めることができる。欧米各国の政府が国内ばかりでなく海外にも影響力を延ばした結果として慈善や福祉の対象も拡大したのであり、それを執り行う主体に違いがない以上、両者が重なるのは当然だろう。

2 統制と管理

第二の対応は統制と管理であり、警察や軍隊による治安維持と抑圧である。貧者が徒党を組んで権力に抵抗するのを抑えるという意味であるが、そればかりではない。「貧しい人々」の持つ生活慣習までも変え、あるいは彼らを隔離しなければ「自分たち」の安全を達成できないという判断があるからだ。

「貧しい人々」とは「金持ち」の対極にとどまる観念ではない。すでに中世ヨーロッパにおいて、貧困は、片親の家庭や孤児、盲人をはじめとする身体障害や知的障害、さらに伝染性疾患の病人やアルコール依存など、有徳の人々の対極に立つ社会的逸脱と結びつけて捉えられていた。貧困は社会的スティグマ、烙印とつながっていたのである。

それだけに、貧困が拡大すれば公衆衛生が損なわれ、伝染性疾患が拡大し、浮浪や放浪が横行し、さらに密漁や密輸などの犯罪も増加するという懸念が生まれる。(7) そのような認識を下に構想される逸脱者の隔離と管理である。ミシェル・フーコーが『監獄の誕生』で紹介したパノプティコン、すなわち功利主義の思想家として名高いジェレミー・ベンサムが考案した一望監視の収容所には、犯罪者ばかりでなく失業者や孤児も収容される予定であった。(8) 逸脱者を隔離・収容することで社会の安全を達成しようというこの態度は、慈善と社会政策によって貧困層に立ち向かう態度とは反対に見えるが、貧困層を自分たちとは異なる他者として見る点では共通している。禁酒運動を典型とした矯風運動はセツルメントなどの慈善活動と緊密に結びついていた。

矯風と改良は、植民地統治から現在に至る欧米社会の非西欧世界への関わりの中核となる観念でもあった。奴隷制や一夫多妻のような欧米世界では受け入れることのできない慣習を持つ非西欧世界から、その悪習を根絶することが植民地統治者と宣教師の共通目標となったからである。さらに、そのような社会改良の試みは国内・国外を通じて同時に行われている。たとえば、米国統治下のフィリピンでは、国内で採用された革新的教育方法がそのまま植民地教育にも用いられていた[9]。

第二次大戦が終わり植民地統治が後退しても、発展途上国への関わりが終わったわけではなく、非西欧諸国における治安維持と革命の予防を目的とした反ゲリラ戦略が展開される。周縁における争乱防止を目的とする行動として、アメリカの地域介入はいわば国際的な反革命という性格を帯びることになった[10]。用いられた手段は暴力だけではない。内政の不安定な非西欧諸国を相手にする場合は軍事介入ばかりでなくその体制の安定化を図らなければならない。非西欧諸国における経済成長と政治的民主化を実現するためのさまざまなプログラムが、共産圏と競争するかのように相次いでつくられた。開発協力はその一環であり、ここでは社会政策と地政学が結びついていたと考えることができる。

大戦後の欧米諸国に関する限り、貧困層の結束によって政府が転覆されるような危機は過去のものとなり、公共財政の運用と福祉国家の建設によって、資本主義と社会的公正が同時に実現されるはずであった。だが、問題がなくなったわけではない。マイケル・ハリントンはニュー・ディールの時代の貧困と一九六二年のアメリカにおける貧困を比較して、大恐慌の頃には社会の多数が貧困であったが、六〇年代の貧困層は少数派であり、人種の別とも重なって、社会の多数派が日常生活では目にしない存在となったと指摘した。「見えない貧困」という言葉で知られるハリントンの著作『もう一つのアメリカ』は一〇〇万部を超えるベストセラーとなり、ジョンソン大統領の「偉大な社会」計画にも影響を与えたと伝えられている。(11) 階級闘争や革命などに悩まされる時代が終わっても、国内社会における周縁は残されるかも知れないという不吉な予言であった。

中心から見た周縁とは、農民反乱や社会革命から疫病や犯罪まで含め、管理と統制を加えなければ、「自分たち」の安全や既得権益を侵してしまう危険地帯であった。そして、植民地統治から現在に至る地域介入と近代化政策を考えればわかるように、内外で共通した対応が行われてきた背後には、権力の及ぶ領域が国外に広がりながら権力の担い手は変わらないという事情があった。

3　連帯と革命

「貧しき人々」に自己同一化を果たすことで展望を探るという態度も存在した。その根拠は、自己よりも他者の方が歴史変革を引き起こす力と正当性を持っているという認識である。フランス革命が端的に示すように、初期の啓蒙思想において目覚めるべき羊のように描かれていた一般民衆は、羊どころか狼として既存の秩序を壊す力も持っていた。民衆の潜在力を認めることによって、窮民と自己を一体化した変革のプログラムが生まれる。

その代表が共産主義運動である。マルクスにおける政治的解放と人間的解放の区別を引くまでもなく、共産主義の出発点は市民社会の形成によっても解放からとり残された領域が存在するという、まさに周縁の発見であった。そこにあるのは、支配的階級と従属的階級、つまり中心と周縁が入れ替わるという世界像である。共産主義運動で重要なのは、その担い手の多くが有産知識層であり、社会主義運動一般に比べても担い手の階級や所得水準が高いことだ。自己の利益だけを考えれば革命の抑圧に回るはずの人々が、頼まれもしないのに労働者に訴えるのである。そこにはベンサムや植民地統治者とはまた異なった形における社会工学を認めることができる。

共産主義運動が現実に政治権力を手にする機会が近づくほど、「貧しき人々」との一体化は「貧しき人々」を利用して権力を獲得する便法に変容し、結果として生まれた社会主義体制は「人民」を羊の立場に押し込んでしまう強権体制に過ぎなかった。戦線離脱の機会を見て労農兵ソヴィエトに加わった農民は、革命の最大の犠牲者となってしまう。ベンサムや植民地統治者とは比較にならない規模における荒唐無稽な社会工学の試みも続けられた。

共産主義の支持者は、ヨーロッパではその周縁地域、さらに国際的には先進工業国よりも周縁と呼ぶべき地域に集中していた。先進工業国で社会革命の可能性が途絶えたあとも、海外の貧困地域との連帯という観念は残された。ラテンアメリカから東南アジアに至るまで、少なくとも一九八〇年代までは、発展途上国において一般的な政治体制は軍政であり、国内の格差も甚だしく、その独裁と貧困を先進工業国の政府が後押ししているという立論にも説得力があるように見えた。

国際関係において中心と周縁、あるいは中心と周辺という概念が登場したのはこのような文脈である。ラテンアメリカを中心に一九七〇年代から八〇年代初めに広く受け入れられた帝国主義の従属理論では、発展途上国における国内格差が世界資本主義の動態と結びつけられ、いわば国際規模の階級闘争が議論されていた。そこでは世界資本主義の中心が首都、発展途上地域の経済は衛星として捉えられ、衛星の中にも首都と衛星があるという入れ子のような構造が想定されている。同様の概念設定は従属の起源をヨーロッパの中に辿った世界システム論や、パーソンズ社会学のような概念装置の中で従属理論を抽象的に再構成した試みとも呼ぶべきヨハン・ガルトゥングの帝国主義の構造理論にも見ることができ、そこでは中心と周辺という用語が用いられていた⑫。

資本主義経済のグローバル化を捉えたという意味では、従属理論や類似した議論にも意味がなかったわけではない。だが、そこで含意されていた処方箋、すなわち世界市場から離脱することによる自立経済の構築ほど、いまとなっては無意味な政策指針も珍しい。そして、一九八〇年代以後、ラテンアメリカから東南アジア、さらにソ連・東欧圏を民主化と経済開放の波が襲うとともに、従属理論と周縁革命への期待の持つ意味は最終的に失われる。周縁に住む人々の手によって、共産党などの指導する革命とは対極の体制が支持されたからである。

二　周縁からの後退

慈善や社会政策によって中心と周縁との格差が現実に減少すれば、区別を立てる意味は薄れ、両者を統合した政治社会を構想することも可能になる。国内社会における福祉国家の形成によって階級対立に脅かされない政治統合の実現が期待され、発展途上国への社会経済的支援によって南北の格差は縮小し、経済ばかりでなく政治的にも「近代化」が世界に広がるはずであった。だが、周縁への支援は、「自分たち」ではなく「あの人たち」への経済支出であるために、金持ちにタカって働こうともしない者への反撥を招く。およそ過去二〇年間の世界では、先進工業国でも発展途上国でも、周縁への支援ではなく、支援からの撤退が進んだ。

まず指摘すべきは、先進工業国における経済グローバル化と福祉政策の後退だろう。二つの石油危機において不況とインフレに同時に襲われた欧米諸国では、財政規模の拡大を維持することがもはや不可能な状況が訪れた。その結果、生計を福祉に依存する態度(welfare dependency)を生み出すという批判がつきまとってきた福祉政策は後退する一方、貿易と資本の自由化が進展する。(13) 一九九五年一月、クリントン大統領が一九九三年の一般教書演説において「いわゆる福祉国家の終わり」を宣言したことに見られるように、政府の支出による経済格差の是正は政策領域から退いた。

発展途上国においては、民主化の季節が新自由主義経済の拡大と重なっていた。国際通貨基金から緊急の信用供与を受け、あるいは世界銀行から融資を獲得するためにはそれらの期間の掲げるコンディショナリティを受け入れざるを得ず、そのコンディショナリティを通じて経済政策の平準化を進めなければならない。そして、世界銀行などの進める開発協力の目的は、かつてのような生活最低限の必要、すなわちベーシック・ヒューマン・ニーズ(BHN)の充足ではなく、政府による財政支援に頼ることのない競合的な市場経済の拡大に変わっていった。(14)

ブラジルから中国に至るまで経済自由化によって成長を実現した諸国は存在するだけに、これが誤った政策であると決めつけることはあたらない。だが、社会的公正の実現を市場に委ねることによって、「貧しき人々」が貧しい理由は政府の責任ではなく自助努力の不足に求められ、この責任転嫁によって慈善や社会政策による周縁への関わりは後退してしまう。そして、新自由主義経済のもとで、新たな周縁がつくり出された。

先進工業国の場合、新たな周縁の主体は移民労働力である。グローバリゼーションによって肥大化した巨大都市グローバル・シティの内部では、富裕層は郊外に逃れる一方で都市の内部には移民や低所得層を主体とするインナー・シティが形成され、新たな空間の隔絶が生まれる。(15)もとより格差は拡大するが、「貧しき人々」の生活空間が富裕層と離れて成立することから、二〇〇六年のフランスにおける移民暴動のような突出した事件が起こらない限り、周縁の存在を意識する機会は薄れ、「貧しき人々」の存在は忘れ去られてしまう。

アメリカの場合は、新しい移民に加えて古くからの人種問題が残されている。公民権運動の成果、人種によって学校が異なるという公式の制度は後退したが、白人の通う学校と黒人のそれとの分化はむしろ拡大し、人種による学習達成格差も拡大した[16]。住居分布では、黒人の半分は七五％以上が同じ人種の占める地域に居住し、しかも黒人人口の高い都市中心部では、人種が混交に向かう流れはない。ケイシンの言葉を借りれば、かつての人種隔離とは異なる新たな隔離、再隔離(resegregation)が進展している[17]。

発展途上国ではさらに状況は厳しい。当初から西欧諸国よりも大きな所得格差を抱えた社会で経済成長を優先すれば、少なくとも短期的には格差の拡大は避けられない。ここでは大国や国際機関の影響力によって、各国の経済が、いわば開発政策の実験場にされてしまう。社会工学の極致のようなこの状況のことを、エスコバールは、「開発研究に見られるものは、無力、受動性、貧困、無知などといった特徴に侵された者が西欧(白人)の手助けを待っているという姿である。(中略)特定の西欧社会の見方をとらない限り、こんな形容は意味をなさない。そこにあるのは第三世界の真実ではなく、その第三世界に対する権力の象徴に過ぎない」と厳しく断じている[18]。

植民地時代を想起させるような統制も進む。もともと冷戦期にも米ソ両国の間には相互抑止が成り立っていただけに現実の戦場は朝鮮半島やベトナムなどの発展途上国に集中していたが、冷戦が終わり、大国間の相互関係が相対的に安定した状況において、改めて発展途上国における政治的安定という課題が浮上したからだ。大量破壊兵器の拡散をはじめとした核問題の焦点は軍事大国からインド、パキスタン、北朝鮮、イランなどの発展途上国に移り、これに同時多発テロ事件以後の「対テロ戦争」が加わることになる。発展途上国の貧困は市場の問題として追いやられる一方で、その治安は発展途上国政府に委ねることのできない優先課題として浮上したのである。ベンジャミン・バーバは、これをジハード対マックワールド、すなわちイスラム圏の聖戦とマクドナルドの支配するグローバリズムが向かい合うという図式から捉えている[19]。

軍事紛争の形態も変化した。旧ソ連解体とともにアメリカをはじめとする先進工業国が軍事力において圧倒的優位を持つようになり、そのために軍事紛争もほぼ均衡した武力を持つ各国の間の伝統的な戦争ではなく、犯罪者に対する警察行動のような性格を帯びることになったからだ[20]。ダールダーが指摘するように、ブッシュの対外政策の基礎には覇権主義的な議論、すなわち「アメリカの圧倒的な力と、他国の反対を押し切ってでも、その力を使う意志こそがアメリカの利益を世界で確保する鍵」であるという判断をみることができる。国際関係における力の均衡の維持を目的とした通常の外交政策からみればかなり過剰な権力行使であるが、そのような政策に正当性があるという判断の基礎にアメリカの政策目標が正しいという信念があることはいうまでもない。軍事的統制が正義と矯正に結びつくのである。[21]

対テロ戦争とカトリーナ被災が同時に発生する土壌は、周縁関与の変化のなかに生まれた現象であった。周縁との連帯を訴えるようなロマンティシズムは過去のものとなり、内外の格差に対する自覚は薄れ、先進工業国におけるインナーシティ、あるいはアフガニスタン、パレスチナ、ソマリアなどにおける貧困と荒廃に目を向ける者は乏しく、いたとしても慈善や社会政策ではなく政策パッケージの適用や治安維持と統制に関心を持つ者が主となった。周縁への関わりは、慈善・社会政策から、管理・統制という基軸に動いたのである。統治しがたい周縁は、中心から見れば恐怖の対象でしかない。

三　「周縁」のなかへ

1　弱者の語り方

ここまでは、中心の側から周縁にどう向き合うのかという側面に集中して議論を進めてきた。だが、それだけでは取り残された被害者というイメージを外から与えることで終わることになりかねない。周縁とはあくまで中心から見たときの概括的な判断に過ぎないのであり、そのなかには、それぞれに独自な社会における個別の営みが含まれている。慈善、統制、矯正、あるいは連帯などという観念は、現実の説明ではなく、主観の投影に過ぎない。

それでは、羊のような受け身の被害者や常に謀反を企む不穏分子などという観念を当てはめるのではなく、「周縁」に住む人々のことを内在的に理解することは可能だろうか。これはガヤトリ・スピヴァックが「サバルタンは語ることができるか」において展開した課題であった。[22] ここで必要なのは、サバルタン、一般民衆は自ら語ることがないと決めつけることではなく、先入主を廃して一般民衆が自らを語る場面を捕まえることだ。そして、このスピヴァックも一員とするサバルタン研究をはじめ、外から概念を当てはめるのではなく、当事者自身の持つ社会意識を探る、文化人類学や社会史に接近した研究も現れている。

その代表がジェームズ・スコットの一連の研究だろう。近代化論の全盛期にマレーシアの政治エリート調査から研究生活を始めたスコットは、『農民のモラル・エコノミー』における農民反乱の分析を経て、外から当てはめた観念ではなく、当事者の自意識を探ることを目的としたフィールド・ワークを重ねていった。[23] マレーシアの農村に住み込んで村人から聞き取りを続けた成果というべき『弱者の武器』において、スコットは農村の地主と請負小作がまったく異なる意味空間を生きていることを示した。地主は請負小作が地代や労役をごまかしてばかりいるとこぼし、請負小作は因業な地主の下にいる不幸を嘆く。農民反乱のような激動が生じているわけではなく、生活する場所もたいして離れてはいないのに、社会に占める立場の違いによって対照的な認識が生まれた、とスコットはいう。[24]

『弱者の武器』の次の著作、『支配と抵抗の技術』において、スコットは武装抵抗などに訴えることなく日々を暮らす人々が、噂話、民話、歌謡などさまざまな形で、自分たちが地主など力あるものをどのように捉え、嫌い、呪ってきたかを記録してきたと指摘する。[25] サバルタン研究の強い影響のもとで、表からは見えにくい媒体をつかって「弱者」が行ってきた自己表現の諸形態がここでは議論されている。一般民衆は、語ることができないのではなく、語ったものを他の者が聞かなかっただけのことなのである。

当事者の声に注目するというこのアプローチは、大規模な仮説構築にはなじまない。外在的な周縁として捉えられた人々は国民国家や地域よりもさらに狭い特定の意味空間で生活し、中心の構想する空間とは出発点からしてズレがある。それだけに、それらの成果をまとめて「周縁からの声」などと捉えるなら、それ自体が新たな虚構をつくる可能性がある。それでも、外から適用してきた受動的な弱者とか治めがたい暴徒などというカテゴリーを乗り越え、「暴力の巣窟」とか「テロリストの温床」などといった紋切り型で一蹴されてきた社会を内在的に捉える視点はこのような研究によって示されている。中心から見た周縁という、自己の偏見や希望の投影に過ぎない見方の限界を打ち壊しているからだ。

「周縁」の声を探る研究は発展途上国を対象とするなかで急速に拡大している。だが、対象が発展途上国だけとは限らない。ハリケーン・カトリーナによって暴かれたニューオーリンズを見れば、中心地域のなかにも忘れられた人々の言説を見ることができるだろう。

2 カトリーナ被災の語られ方

二〇〇五年八月二三日に発生したハリケーン・カトリーナはフロリダからルイジアナ州にまでかけたメキシコ湾沿岸に、ハリケーン災害としては過去にない被害をもたらした。もともと水位よりも低い地域に広がるニューオーリンズ市街はそのなかでも被害が大きく、堤防決壊などのために市街の八割以上が水没し、ルイジアナ州だけで一五〇〇名近くが死亡したという(26)。

新聞やテレビでこのハリケーン被災が語られた様相は、時期によって大きく変わった。乱暴にまとめてしまえば、当初は暴徒として語られた犠牲者が、被災の長期化とともに無力な犠牲者というイメージに変わったのである。

八割を超える市民が市内を撤退したこともあって、初期の報道では町に残された人々に関する報道は乏しい。そこで語られるのは、市内を避難した市民の声、あるいは沿岸部石油精製施設の操業停止をはじめとした、このハリケーンが招いた被害についての懸念が中心となっている(27)。だが、市内から撤退せよとの市の指示にもかかわらず、多くの市民が市内に残っていることが次第に明らかとなるとともに、焦点は市内に残る人々の運命に転じた。そして、暴風のなかで活動する警察と州兵は、救助活動ばかりでなく市街で横行する略奪への対応を急ぎ、夜間外出禁止令も施行している。(28)報道機関も、このような強制措置に反対するよりは賛同を示し、市内で展開される略奪の光景を繰り返して報じるとともに、避難民の間でレイプ事件が頻発しているとも伝えている。(29)人口の過半がアフリカ系市民で占められているだけに、残された群衆の多くを黒人が占めることは明らかであったが、初期の報道では誰が市内に残ったのか、その人種に関わる形容は避けられていた。災害当初の報道は、退去に応じた人々の視点から、退去に応じなかった人々を無法の民、しかも暗黙には黒人というイメージによって捉えていた。

テレビ画面に映し出される人々のほとんどがアフリカ系であることが明らかになるとともに、およそ九月二日を境目として、人種と階級が問題の背後にあるという趣旨の指摘が増えてゆく。たとえばニューヨーク・タイムズは、アフリカ系アメリカ人の指導者たちは怒りを表明している、犠牲者の多くは黒人で貧しいからだと指摘し、誰もが知りながら表だっては語られなかった人種という側面を明示した。(30)人種が語られるのと相前後して、市内に残った人々は無法の民というイメージから貧しく無力なアフリカ系市民というイメージに反転し、逆に警察と州兵による救助活動の遅れに対して非難が浴びせられた。暴徒のイメージで語られるときには陰に隠れていた人種という表象が、無力な民を語るときには表に現れたのである。

報道の焦点は市内最大の公共施設、スーパードームに集まった。市内に残る被災者はこの七万人を収容する施設に集まるように求められたのに、救援活動が大幅に遅れ、食料も水も不足するなかで空調もなくトイレも機能しない空間に二万人を超える群衆が放置されたからである。(31) 手当を受けることもできず病死したものが毛布をかぶせられたままスーパードームの外に放置された映像を典型として、カトリーナ被災のなかで最もよく知られたイメージである。(32)

だが、立ち後れた救助作業がようやく進み、九月四日にはスーパードームやニューオーリンズ・コンベンション・センターから被災者がバスで各地に運び出されると、報道は次第に減ってゆく。二〇〇五年九月を通じて災害予防がなぜできなかったのか、ブッシュ政権は無策ではないかなどという記事が数多く現れるが、年末になると記事は大幅に減少し、トレーラーハウスの支給が遅れているとか市内の復興計画にめどが立たないなどという記事が散見されるという状況に落ち着いていった。ハリケーン・カトリーナは「昨日のニュース」になったのである。

カトリーナ報道の推移には、中心がどのようなときに周縁に目を向けるか、そしてそこにどのような意味を付与するか、その特徴が圧縮したかのように現れている。市内から退去するための自家用車も持たないアフリカ系市民は、たとえばニューヨーク・タイムズの読者などから見ればアメリカ社会の周縁であり、明らかな他者であった。当初の反応、略奪やレイプへの注目は、統制と矯正を加えるべき他者としての被災者のイメージであり、その次の無力な市民というイメージは慈善の対象となるべき弱者の像と重なっている。だが、もとよりハリケーンがあればこそ隙間から覗いてしまったこの社会の断層は、見て心地よいというものではない。被災後の復旧が大幅に遅れていても、それを注視し続ける視聴者や読者が限られている以上、ハリケーンとともに浮上した被災者のイメージはごく短期間の内に風化することになった。

3 被災者はどう語るか

二〇〇五年一二月二四日から翌年一月三日にかけて、私はハリケーン・カトリーナの被災者への聞き取り調査を行った(33)。調査地点の中心は、ほぼ全域が水没した地域のうちで、アフリカ系市民が多数を占める第九下区(ロウアー・ナインス・ワード)、白人が多数を占めるレイクサイド地区、それに州都バトン・ルージュ付近につくられた被災者のためのトレーラーパークである。被災から四カ月経過し、レイクサイド地区には建設車両や廃棄物処理車なども一部には入っていたが、第九下区では全くといっていいほど復旧作業が進んでいなかった。そして、そこで聞き取ることのできた被災者の「語り」は、被災者の人種によって、まるで異なるものであった。

まず、白人が中心のレイクサイド地区では、ほとんど異口同音に、黒人だけが被災者ではない、人種を問わずニューオーリンズ市民が犠牲となったとの声が聞かれた。新聞やテレビは黒人ばかりに注目しており、白人の被災者に目を向けていないと述べるものもあった。だが、第九下区では、これは人種差別だ、被災者の多数は黒人だという指摘が圧倒的であった。たとえば被災者の一人、退職して一一年になる黒人男性は、「黒人に対する例の六文字の言葉さ……結局それなんだ。人種差別ってやつだ」と述べている。[34] レイクサイドの住民は州政府や市長、さらに大統領などへの不満を表明したが、第九下区の住民は直接の災害対策に当たるＦＥＭＡ(Federal Emergency Management Agency, 連邦緊急事態管理庁)への不満を除けば政府の責任などに触れることはごく少なかった。そのような大きな政治の構図には触れることなく、しかし当たり前の日常を語るように、人種差別という言葉が用いられていた。

略奪やレイプについての意見も対照的であり、レイクサイドでは被災のさなかだけでなくその四カ月後も略奪が続いていると指摘されるのに対し、第九下区では略奪とは偏見だ、生活物資が得られないなかでのやむを得ない自救行動は略奪ではない、との意見が多かった。市内を退去しなかった理由として挙げられるものも人種によって異なっていた。レイクサイドでは老齢や身体障害のために退去できなかったなどの理由が示されたが、第九下区では、被災を免れたジェファーソンに入ろうとしたが地区警察に押し戻されたという声があった。「これが白人だったら、こうはなっていなかったはずだ。きっと安全な場所に移されたに違いない」「まるで我々は癌のように扱われている。癌になったら、対処法は三つしかない。投薬、患部の切除、抹消。まさに、我々が受けた扱いと同じだ。黒人コミュニティーは常にそう扱われてきた」というくだりに見えるように、カトリーナへの災害対処が、過去における人種差別の歴史と結びつけて語られていた(35)。

白人の陰謀によって逃げることができなかったという指摘よりもさらに露骨なものが、堤防はハリケーンで壊れたのではなく爆破されたのだという議論である。実際には堤防に爆破された痕跡はなく、これは根拠のない推定、あるいは陰謀論に過ぎない。だが、一二月二七日と二九日にトレーラーパークで行った聞き取りではこの仮説を支持するものが少なくなく、爆破される音を耳にしたという被災者もあった(36)。「あれこれ色々な話を聞くが、実際にその場にいなければ、どうやってその話が本当かどうか分かるんだ」と噂から距離をとった被災者も、今回は爆破はなかったが一九六二年にニューオーリンズを襲ったハリケーン・ベッツィーでは堤防が破壊された、貧乏人の地域を水浸しにして白人を救ったんだ、などと述べている(37)。

今回のハリケーンでは堤防が爆破されていないとはいえ、この都市伝説にも歴史的な背景はあった。というのも、一九二七年にミシシッピ川が氾濫を起こした時は、実際に堤防を爆破することで低地に水を流し、ニューオーリンズの高台を救ったからである(38)。この時の低地帯に居住していた多くは白人であって黒人ではないが、この堤防爆破という前例は姿を変えて被災者の言説のなかに継承されたと考えられるだろう。被災者ばかりではない。たとえば、かつてブラック・パンサーに加わり、現在は黒人イスラム組織ネーション・オヴ・イスラムの指導者ルイス・ファラカンも、堤防は爆破されたという主張を行っている。[39]

被災の現場では、人道団体コモン・グラウンドや教会団体を別にすれば、急進的なネーション・オヴ・イスラムの関係者ばかりが目立ち、六〇年代の公民権運動を指導したNAACP(National Association for the Advancement of Colored People, 全米黒人地位向上協会)の関係者に出会うことはなかった。ニューオーリンズのアフリカ系アメリカ人は、いわば公民権運動の波から取り残され、支援活動を通じて急進組織などが入り込むままに放置されていたといってよい。

政府批判のような大文字の政治を語ることはなく、しかし自分たちが陰謀の犠牲にされたという被害者意識は強固に抱えたまま、黒人の被災者たちは当てのない被災生活にとどまっていた。多くは定職のない彼らがニューオーリンズに戻って生活する機会が乏しいだけに、ヒューストンをはじめとする各地に散った被災者たちは、アメリカの中心では考えることの難しい都市伝説を信じて暮らしてゆくことになるのだろう。

結び

ニューオーリンズのハリケーン被災者が語る経験は、ワシントンやニューヨークから語られるカトリーナの記録とは大きく隔たっている。それは民主主義や機会の平等に恵まれたアメリカではなく、皮膚の色の違いによって常に犠牲を強いられてきた自分たちについての、自己憐憫と虚構を交えた物語にほかならない。

それは政府への要求、反逆、あるいは投票行動などという大文字の政治とは異なる領域である。市会議長オリバー・トーマス（アフリカ系）は「我々は階級社会に生きています。階級、価値観に基づくシステムです。民主主義ではありますが、個人の職業や、社会的、民族的、人間的価値に基づく民主主義です」[40]などと雄弁に語ったが、このような政策や政治と切り結ぶことばが被災者から聞かれることはなかった。そこで表現されるのは「例の六文字の言葉」、人種差別であり、それですべてが説明されることになる。

人種統合の結果としてミドルクラスの生活を手にした所得と教育の高い黒人とは異なり、かれらの自己認識や語りがワシントンやニューヨークの言説と交差する機会はごく乏しい。ワシントンやニューヨークからは暴徒として、あるいは無力な犠牲者としてまとめられてしまう彼らは、それとはまるで異なる自己認識と偏見を抱え続けて生きている。

周縁は中東やアフリカの戦場などのような「テロの巣窟」と目される領域ばかりでなく、先進工業国のなか、ニューオーリンズの都市部にも存在する。そして、中心における慈善、統制、連帯の言説と、周縁における自己憐憫と都市伝説の間には、絶望的な距離が開いていた。福祉国家や南北格差の是正などというリベラリズムの政治課題が過去となり、テロとカトリーナ被災を両極に追いやってしまう世界。そこでせめてできることは、中心と周縁の他者認識の相違を見つめ、そこに開いた距離を見定める作業だろう。

注

（1）ヨーロッパ世界がどのように「他者」という視点をつくりだし、その視点によって自己の普遍性を担保したのかについて考察した作品として、足立信彦『〈悪しき〉文化について――ヨーロッパとその他者』東京大学出版会、二〇〇六年、参照。

（2）Peter Brown, *Poverty and Leadership in the Later Roman Empire*. Hanover: University Press of New England, 2002. なお、Brent D. Shaw, "Loving the Poor," *The New York Review of Books*, 49-2(Nov. 21, 2002) 参照。

（3）Jütte, Robert, *Poverty and Deviance in Early Modern Europe*. Cambridge: Cambridge University Press, 1994: pp. 125-139.

（4）Gertrude Himmelfarb, *Poverty and Compassion: The Moral imagination of the Late Victorians*. New York: Knopf, 1991. もっとも、これは「貧しき人々」が急に粗暴になったというより

は、その人々を見る側の認識の変化と考える方が適切だろう。ブラウンが指摘するとおり、ローマ時代の貧者がほんとうにおとなしかったという証拠があるわけではないからだ。Brown, *op. cit.* 参照。

（5）Jütte, *op. cit.*, pp. 101–105.

（6）Robert Packenhem, *Liberal America and the Third World: Political Development Ideas in Foreign Aid and Social Science*. Princeton, N.J.: Princeton University Press, 1973: pp. 111–160.

（7）Jütte, *op. cit.*, pp. 8–20.

（8）ミシェル・フーコー『監獄の誕生』新潮社、一九七七年。

（9）Glenn May, *Social Engineering in the Philippines: The Aims, Execution, and Impact of American Colonial Policy, 1900–1913*. New Haven, CT: Yale University Press, 1980.

（10）ウォルター・ラフィーバーは、アメリカの中米政策を振り返るなかで、アメリカが中米地域における革命を繰り返し抑え込んできた理由はアメリカが現状維持によって利益を受ける国家だったからだという。Walter LaFeber, *Inevitable Revolutions: The United States in Central America*. New York and London: Norton, 1983: 13.

（11）Michael Harrington, *The Other America: Poverty in the United States*. New York: Touchstone, 1997; first published in 1962.

（12）藤原帰一「「世界システム論」の展開」『思想』第七三八号、一九八五年。

（13）カトナーは、累進課税の緩和と所得移転からの後退のために、アメリカの公的支出が所得配分是正に及ぼす効果が大幅に減少したと論じている。Robert Kuttner, *The Economic Illusion:*

False Choices Between Prosperity and Social Justice. Boston: Houghton Mifflin, 1987.

(14) Arturo Escobar, *Encountering Development: The Making and the Unmaking of the Third World*, Princeton N.J.: Princeton University Press, 1995: p. 93.

(15) Saskia Sassen, *The Global City*, second edition. Princeton, N.J.: Princeton University Press, 2001: pp. 251–325.

(16) Sheryll Cashin, *The Failures of Integration: How Race and Class are Undermining the American Dream*. New York: Public Affairs, 2004: p. 87.

(17) *Ibid.*, p. 89.

(18) Escobar, *op. cit.*, pp. 8–9.

(19) Benjamin R. Barber, *Jihad us. Mcworld*. New York: Ballantine Books, 1996.

(20) 軍事行動と警察行動の境界が薄れたという変化については、本章Ⅳ部に収載した藤原帰一「軍と警察――冷戦後世界における国内治安と安全保障」、参照。

(21) Ivo H. Daalder and James M. Lindsay, *America Unbound: The Bush Revolution in Foreign Policy*. Washington, D.C.: Brookings Institution Press, 2003: pp. 40–41. ブッシュ政権の対外政策については、帝国をキーワードとしてすでに数多くの著作が刊行されているが、その詳細は藤原帰一『デモクラシーの帝国――アメリカ・戦争・現代世界』岩波新書、二〇〇二年に譲りたい。

(22) G・C・スピヴァク著、上村忠男訳『サバルタンは語ることができるか』みすず書房、一九九八年。スピヴァクの指摘は、インドにおけるサバルタン研究の成果の中で理解すべきものだろう。R・グハ他著、竹中千春訳『サバルタンの歴史――インド史の脱構築』岩波書店、一九九八年。

（23） James C. Scott, *Moral Economy of the Peasant: Rebellion and Subsistence in Southeast Asia*. New Haven, Conn.: Yale University Press, 1976.

（24） James C. Scott, *Weapons of the Weak: Everyday Forms of Peasant Resistance*. New Haven, Yale University Press, 1976.

（25） James C. Scott, *Domination and the Arts of Resistance: Hidden Transcripts*. New Haven, Yale University Press, 1990.

（26） ルイジアナの死者については二〇〇六年八月二日現在の州政府統計 http://www.dhh.louisiana.gov/offices/page.asp?ID=192&Detail=5248 参照。また、州政府のカトリーナ関連資料は http://crawls.archive.org/katrina/20050913181646/http://katrina.louisiana.gov/ を、さらにウェブサイトのアーカイブとして、http://websearch.archive.org/katrina/ 参照。ハリケーン被災の分析としては John Albert Torres, *Hurricane Katrina and the Devastation of New Orleans, 2005*. Hockessin, Del.: Mitche11 Lane, 2006 および David Dante Troutt, ed. *After the Storm: Black Intellectuals Explore the Meaning of Hurricane Katrina*. New York: New Press, 2006 参照。被災の風景は George Friedman, "The Ghost City," *The New York Review of Books*, 52-15(Oct. 6, 2005)に詳しい。

（27） *New York Times*, Aug. 29, 2005.

（28） *New York Times*, Aug. 30, 2005.

（29） *Washington Post*, Aug. 31, 2005.

(30) *New York Times*, Sep. 2, 2005.

(31) *New York Times*, Sep. 1, 2005.

(32) この映像は二〇〇五年九月二日以後、ＣＮＮから配信された。スーパードームにおける避難民の映像は、スパイク・リー監督のドキュメンタリー、「堤防が壊れたとき」にまとめられている。*When the Levees Broke: A Requiem in Four Acts* (2006) 参照。

(33) これはＮＨＫ番組「ＢＳ特集　崩れゆく〝アメリカ神話〟」(二〇〇六年一月二八日放送)のための取材協力として行われたものである。チームの指揮に当たられた清水芳雄氏ほかのみなさんに謝意を表したい。

(34) 匿名、二〇〇五年一二月二八日。

(35) ともにマリーク・ラヒム氏、二〇〇五年一二月二六日。なお、地区警察による移動制限は陰謀論ではなく実際に行われた模様である。スパイク・リー「堤防が壊れたとき」参照。

(36) 匿名、二〇〇五年一二月二九日。

(37) 匿名、二〇〇五年一二月二八日。

(38) John Barry, *Rising Tide: The Great Mississippi Flood of 1927 and How it Changed America*. New York: Touchstone, 1997.

(39) *Louisiana Weekly*, Feb. 20, 2006.

(40) オリバー・トーマス市会議長、二〇〇五年一二月三〇日。

(二〇〇七年一一月)

どこが壊れるのか、どこまで壊れるのか

二〇〇八年秋から広がった世界金融危機の下であえぐ世界をとらえることが、この文章の課題である。だが、私は二〇年前から話を始めたいと思う。民主主義と世界市場が輝いていた、あの二〇年前、一九八九年だ。その時代を思い出すことで、われわれが何を考え、何を考えなかったのか、そしてこの二〇年に何を失ったのか、確かめることができるだろう。

二〇年前から

二〇年前といえば、冷戦の終結。一九八九年から九〇年にかけて、ベルリンの壁は倒され、共産党による一党独裁がヨーロッパから姿を消した。議会制民主主義と市場経済は手を携えるかのように、東ヨーロッパに、さらにソ連に併合を強いられてきたバルト三国やウクライナなど旧ソ連の共和国などへと広がっていった。

資本主義と民主主義に不可分の関係があるのか、実はよくわからない。だが、共産党独

裁の崩壊が、ただ独裁の終わりばかりではなく、指令型計画経済のもとで続いた窮迫の終わりと豊かな社会を予感させたことは疑う余地がないだろう。そして実際、その後の二〇年にわたって、旧ソ連・東欧圏は世界市場に統合された。東西分断を克服したドイツやアメリカから投資が流入し、ショッピング・モールが相次いで建てられ、町には輸入車があふれていった。

翻ってみれば、独裁の崩壊も世界市場の統合も、その前から加速して進んだ変化だった。共産主義国が倒れる前には、スペイン・ポルトガルの独裁政権、ラテンアメリカの軍事政権、さらにフィリピンや韓国の強権的体制が倒れていた。市場統合を見ても、旧社会主義諸国における経済移行はもちろんとして、西ヨーロッパのように世界市場への統合よりも国内市場の拡大を優先してきた諸国においても、一九八〇年代を通じて経済の自由化が進んでいった。民主主義の拡大と世界市場の統合という大規模なプロセスの、その最後の仕上げとして冷戦終結が実現した、そう見ることもできる。これらの世界史的な目標の実現を受けて、歴史の終焉などという言葉が語られることもあった。

冷戦の終わった二〇年前は、アメリカの輝いたときでもあった。就任当初は時代遅れの反共主義者のように軽侮されたレーガン大統領のもとでアメリカ経済は急速に力を回復し、冷戦終結の過程で冷静なリーダーシップをとり続けたこともあって、二期八年の任期を満了する頃にはアメリカ国内はもちろん国外でも圧倒的な名声を博していた。強いドルと強い米軍があってこそ、世界の自由と繁栄が保たれる。アメリカは強く、その強いアメリカが海外から信頼を集めているという時代だった。

二〇年前は、アメリカを追い越すかに見えた日本経済が、バブル崩壊とともに長期の不況に突入する、その転機でもあった。この年に株式市場が大きく崩れたとき、アメリカは回復に時間がかかっても日本は短期間に成長を取り戻すだろうというのが多くの識者の指摘だった。ところが実際には、アメリカの株式市場はごく短期間で回復したのに、日本は長期の凋落と停滞に見舞われてしまう。石油危機から一〇年以上にわたって世界経済の成長の中核となっていた日本が、世界経済の成長から取り残された病人に変わる、その転機が二〇年前に起こっていた。

それから二〇年、もちろん変化がなかったわけではないし、どこでも一様に成長が続いたわけではない。冷戦終結直後の旧ソ連・東欧では内政不安が続き、経済再建にも時間がかかった。その旧ソ連や東欧諸国と異なって共産党支配の保たれた中国が世界経済の中心に躍り出るという、例外というにはあまりに突出した事例も出現した。長らく停滞を続けた日本経済も、二一世紀に入ってからは金融不安をようやく払拭し、成長軌道に戻ったかに見えた。また、どこでも政治が安定したとはとてもいえない。九〇年代の初めには、マドリッド会議に引き続く和平が期待された中東ではオスロ合意が崩れ、アフリカではソマリアやコンゴにおいて政府の空白と内乱が続いたように、先の見えない紛争の続く地域も残されていた。

だがそのすべてを通じて、この二〇年にわたり、アメリカの経済力と軍事力への信頼があったことは否定できないだろう。冷戦終結期に湾岸戦争でその力を示したアメリカは、ユーゴスラビア戦争の終結においても決定的な役割を果たした。経済においてはさらにその影響力は大きく、ワシントンを中心として広く共有された市場経済と規制緩和への信頼、ワシントン・コンセンサスが、世界のどの地域でも経済政策の中心思想となった。この二〇年とは、まさに一九八七年から二〇〇六年まで足かけ二〇年にわたって連邦準備制度理事会の議長を務めたアラン・グリーンスパンの時代であり、グリーンスパンが次に何をいうのか、その議会での答弁を世界中が注視した時代だった。アメリカの軍事力と経済力が世界に安定と繁栄をもたらす。そう誰もが考え、また疑う理由のない時代が二〇年も続いたのである。

二〇年後の世界

今から考えてみれば、イラク戦争はその最初のほころびだったのかも知れない。だが、フランスやドイツなど主要な同盟国の反対を押し切って戦争に踏み切ったアメリカは、同盟国を押し切ることができるほど強いのだと、少なくとも当時は考えられていた。単独行動主義とは単独行動ができるほど強いという強さの証明のように受け取られていたのである。そのイラク戦争の失態が明らかとなり、サブプライム・ローンの破綻に起因する経済危機が二〇〇七年末に始まった後でさえ、その経済危機が世界経済を未曾有の不況に追い落とすと予想する声はなかった。

今、二〇〇九年から過去を振り返るとき、このパクス・アメリカーナ、アメリカの平和がどれほどもろいものだったのか、呆然とするほかはない。まず、アメリカ経済が無残に崩壊した。住宅ローンだけで一四兆ドルに近い債務を抱える中、アメリカの主要投資銀行四行のうち三つは破綻した。急速な信用収縮は株式市場における暴落をもたらし、金融危機が全般的な経済危機に発展する中で、自動車製造のビッグ・スリーは破綻の危機に瀕している。雇用への影響もごく早く、失業率は石油危機のさなかにしか見られなかった八％に達した。石油危機はおろか、大恐慌以来の経済崩壊である。

グローバル化の進む世界経済だけに、アメリカの経済危機は他の諸国の経済をごく短期間に壊してしまった。アメリカの消費市場が急速に収縮したためにアメリカの過剰消費に支えられてきた東アジアの輸出経済はその直撃を受け、日本や韓国では経済の牽引車であった輸出部門が、瓦解と評するほかはないような惨状に陥った。アメリカから投機資金が流れ込んでいたヨーロッパの新興市場からは資金の大量流出が発生し、アイスランドやスペインに加えてハンガリーやウクライナなど旧ソ連東欧諸国においても、かつてない経済崩壊が出現した。アメリカ経済の繁栄によって潤ってきた世界経済は、アメリカ経済の崩壊によって、どん底に突き落とされたといっていい。

どうしてこんなことになったのだろう。すでに多くの経済学者はその原因解明に力を注いでいるが、その検討は専門家に譲るとして、私は少し違う角度から、この世界金融危機について考えてみたい。それは、この経済危機が、どのような政治の変化を生み出すのか、また時代の変化を起こすのか、ということだ。

今回の危機の形容として、「一〇〇年に一度の危機」という言葉が内外で広く用いられている。確かに経済指標を見る限り、今回の経済危機が石油危機を凌駕《りょうが》する規模に達していることは事実だろう。そして、石油危機よりも前の危機、すなわち世界大恐慌は、ナチスの政権掌握や第二次世界大戦という政治的帰結を生み出した。では、今回の金融危機は、どのような政治変動をもたらすのだろうか。地域に分けて考えてみたい。

アメリカ——チェンジで変わるものと変わらないもの

今回の金融危機の震源地となったアメリカでは、政策転換も最も急激なものとなるだろう。レーガン革命以後、規制緩和と減税を旗印として、政府の経済介入を縮小することが過去二〇年間の経済政策の中心となってきたが、今回の経済危機をきっかけにして、政府による公的資金の注入を基軸とする経済介入に政策は反転した。これは民主党による政権奪取の結果というよりは危機管理の帰結と見るべきだろう。サブプライム・ローンの破綻に起因する金融収縮があまりに進んだために公的資金の注入なしには金融の拡大を見込むことができなくなり、市場重視を訴えてきたはずのブッシュ政権の下で銀行への公的資金注入を含む金融再生法が実現したからである。

政治的にもアメリカは転機を迎えている。二〇〇八年大統領選挙においてマケイン候補ばかりかオバマ候補も減税を訴えたにもかかわらず、有権者は減税提案にほとんど関心を示していない。これは減税によって票を集めてきたレーガン政権以後の政治の変化を示すものといっていいだろう。代わりに現れたのは失業対策であり、公共事業であり、それに教育・医療政策、まさに大恐慌当時にルーズベルト大統領の行ったニューディール政策を彷彿とさせるような「大きな政府」の再来にほかならない。好況時には減税を求めたアメリカ国民が、不況とともに給付の拡大に転じたといえばいいだろうか。

さて、それでうまくいくのか。現在のオバマ政権は、金融危機への対処としてはブッシュ政権当時の金融再生法の枠を上回る公的資金注入を続け、景気対策については七八〇〇億ドルに上る支出を議会に認めさせた。市場に任せても金融収縮が収まる展望がない以上、政策としては適切だと考えられる。

だが、これで金融収縮が止み、景気が反転するという観測は乏しい。まず、新たな金融パニックが訪れる可能性は無視できない。今回の危機を加速したのが証券化の進展であり、それぞれの企業の抱える負債の規模がわからないという不透明感が生まれ、それがパニックの危機をつくってしまう。現実にも、ＡＩＧの負債規模が予想を超えることが明らかとなり、あるいはシティ・グループの負債についての報道が流れるなど、情報が不確実な中で新たな観測が生まれるたびに株式市場に動揺が広がっている。その動揺が残る限り、金融収縮は止まりそうもない。

第二に、消費市場の縮小を公的資金によって補うことには限界がある。負債を抱えた消費者に購買意欲が戻るにはまだほど遠いからであり、それに雇用不安が拍車をかけることになる。バブル破綻後の日本経済のように、財政出動をした分だけ見せかけの景気刺激が生まれ、公共投資が途切れたなら景気が悪化するという悪循環に陥る危険も無視できない。これに加え、かつての道路建設やダム建設などと違ってグリーン・ニューディールのもたらす雇用創出に疑問が持たれることをあわせて考えるなら、オバマ積極財政による景気回復には、まだ長い道のりが残されているというべきだろう。

さらに、貿易への関心が遠のいている。もちろんオバマ政権もアメリカ経済が自由貿易に依存していることは自覚しており、単純に外国製品を排斥するような保護主義をとっているわけではない。だが、政府が景気を刺激するときに可能なターゲットは何よりも内需の拡大であり、さらに公的資金を投入する以上はバイ・アメリカンのような条項を議会が求めることも覚悟しなければならない。海外に投資の機会を失った投機資金がアメリカ本国に戻るという展開もある。これらすべてをあわせて見れば、日本製自動車排斥のような古典的保護主義ではなく、内需振興に傾いた経済政策が生み出す「結果としての保護主義」がアメリカに広がる可能性は無視できない。それはアメリカ市場への輸出に依存する日本や東アジア諸国の経済を圧迫するばかりか、貿易依存度が急増していたアメリカ経済の回復を阻む効果も伴うだろう。

オバマ政権が追求する核軍縮も、多角的な中東和平も、パキスタンの参加を伴うアフガニスタン復興構想も、多国間の安定した外交枠組みをつくり、アメリカ単独の負担を回避するという意味において適切な政策であると私は考える。だが、外交においては見るべきものの多いオバマ政権も、経済再生に関しては反転の機会をつくったとはとてもいえない。そして、任期中に経済再生に失敗したならば、オバマ大統領は石油危機のただなかに生まれ、そのさなかに去っていったカーター大統領の運命が待っている。オバマがルーズベルトになるのかカーターで終わるのか、まだ答えは出されていない。

ヨーロッパ——EU統合は反転するか

冷戦終結によってかつてない政治的・経済的機会を手にしたのがヨーロッパ諸国だった。冷戦期には米軍によってソ連から防衛し、米ドルによって経済を支えたとすれば、冷戦終結によって米軍への依存が減り、経済統合と新通貨ユーロによって米ドル依存から解放されたからだ。だが、金融危機によってその状況は暗転する。危機の進展とともにユーロは下落し、ユーロに統合されていないイギリス・ポンドやハンガリーのフォリントなどはいっそう下落が著しかった。ユーロとはドルに代わる基軸通貨ではなく、ドルよりも投機性の高い通貨に過ぎないことが露呈してしまったのである。

ヨーロッパ諸国が金融危機によって受けた打撃にはかなりの違いがある。まず西欧主要国を見れば、規制緩和の先頭に立って海外投資を拡大してきたイギリスの受けた影響が大きい。ブレア政権以後長期の好況を享受してきたとはいえイギリス経済には見るべき製造業があるわけではなく、シティに頼り、新興市場への投資に頼ってきただけに金融危機はイギリス経済に大きな打撃を与えた。イギリスに続くのがやはり金融の比重の高いスイスであり、ユーロに加入しなかったことから通貨がユーロ以上に売り込まれたことでもイギリスに似たところがある。ドイツ、フランスはイギリスに続くが、危機の影響がイギリスほどではないことから、経済再生策においてもアメリカ、イギリスの方針とは距離があり、これがG20などにおける各国調整の課題となっている。

ヨーロッパの中でも最大の経済的打撃を受けているのが、新興市場の一群である。過去二〇年間のヨーロッパ経済は、それまででも相対的に経済成長から取り残されてきたスペイン、ギリシャ、イタリア南部に冷戦終結によって出現した東欧諸国という新たな市場を加え、これらの新興市場への投資によって潤ってきたといってよい。西欧からの投資を見込むことのできる中欧・南欧・東欧諸国では直接投資や金融一般の規制緩和を進め、主要金融機関が西欧諸国に独占されるような事態も出現した。投資拡大が実現する限りではこのような経済自由化は決して不合理ではないが、いったん市場収縮が始まれば投資資金の急速な引き上げによって経済は行き詰まってしまう。最もいち早く経済が破綻したのはアイスランドとハンガリーであるが、スペイン、ルーマニア、ポーランドなど、その次に続く新興市場諸国は少なくない。

さて、経済危機は政治体制の危機につながるのか。この側面に目を向けるとき、西欧の大国と新興経済圏の諸国との間に著しい違いを見いだすことができるだろう。一口にいえば、どれほど経済が混迷を深めたとしても、イギリス、フランス、ドイツなどで議会制民主主義が危機に瀕する可能性はごく少ない。それどころか、ブラウン、サルコジ、メルケルは、いずれも経済危機の進展とともにむしろ政治的支持を拡大しており、危機における政治指導への期待が政権の安定を強めるという因果関係を見ることさえできるだろう。今後危機が長期化すればその流れが変わる可能性はあるし、不況の継続とともに移民排斥の動きが拡大し、フランスのルペンのような極右が台頭する可能性も無視できない。だが、そのような懸念をすべて織り込んだところで、政策の違いは政党政治によって十分に吸収可能であり、議会制民主主義は基本的に安定していると見ることができるだろう。一〇〇年に一度の経済危機とはいえ、またドイツからナチが登場する可能性は無視してよい。

新興経済圏ではそうではない。ことに東欧諸国では、議会制民主主義が発足して間もないこともあって、政党の勢力分布が選挙によって大きく変わることも多く、経済危機が政治的不安定を招く危険があるからだ。前回選挙で僅差に迫られたハンガリー社会党、あるいは選挙ごとに政党の離合集散の見られるポーランドのトゥスク政権は、厳しい状況にある。極左や極右が制圧する状況ではないだけに誇張すべきではないが、経済危機の下で中欧・東欧圏が政治変動の季節を迎えたとはいえそうだ。

そして忘れてはならないのが、EUのゆるやかな退潮である。経済危機の中で各国政府が経済政策の中核を担う中で、EUの出番はすっかり減ってしまった。もともと現在の経済統合が石油危機以後の域内経済統合の流れに沿って進められたこともあり、ヨーロッパ諸国が内需以上に貿易に関心を注ぐことによってEUは拡大したといっていい。市場拡大から内需振興に焦点が動くとともにEUの役割が減り、それがユーロの弱まりとあわせてヨーロッパ市場の力を奪ってゆく。新興市場の危機を見れば、ヨーロッパ経済の危機はアメリカよりも深刻だということができるかもしれない。

ロシアと旧ソ連諸国――「冷戦負け組」の再統合

ハンガリーやポーランドなど、新興市場の行き詰まりを見るとき、ロシア経済の蹉跌はその拡大版としてとらえることもできるだろう。冷戦終結とともに西側に開放された巨大なロシア市場は、膨大な外貨を引き寄せ、その外貨によって株式市場も急速に膨張した。

このプロセスは、外資を吸い込んだ新興市場の膨張と瓜二つだといっていい。ただロシアの場合、外貨を引き寄せた要因が何よりもエネルギー資源であった。そのために原油価格の高騰した二〇〇八年前半には急速に対外的に高姿勢となり、その原油価格が暴落した二〇〇八年後半には通貨ルーブルも株式市場も暴落してしまった。エネルギー市況と命運をともにする経済だ。

だがロシアを考えるときに忘れてならないのは、東西冷戦の一方の極、あえていえば「負け組」に属していることである。中国と比べてみればわかりやすいだろう。鄧小平政権以後の中国が安定した対米関係の下で軍事的にも経済的にも急成長を遂げたのとは異なり、冷戦終結後のロシアは東欧諸国から旧ソ連に属したバルト三国やウクライナなど、かつての領土や勢力圏を失い、軍事的にも劣勢を強いられてきた。民主化も市場経済への移行も国内から支持されたとはいえ、九〇年代前半のロシアは外資とマフィアに左右されるような苦境に置かれていた。

そのロシアが、エネルギー供給を武器として、次第に大国としての力を取り戻してゆく。サウジアラビアに次ぐ世界第二位の産油国という地位はロシアを強気にしてしまった。資源によって経済的に再生しただけではない。パイプラインを通じて西欧諸国の生命線を握った、資源供給によって西欧諸国の態度を左右できる外交というよりは恫喝的な態度がそこにある。

その一つの帰結が、二〇〇八年のグルジア侵攻であった。この危機の端緒はグルジア側にあり、欧米諸国の後押しを期待したグルジアが南オセチアの紛争に対してこれまでにない軍事行動を起こしたのが始まりである。だがグルジアに対抗するロシアの行動はさらに大規模、ごく短期間にグルジア軍を席巻したばかりかグルジア領内深くに勢力圏を確保した。そしてこのとき、欧米諸国はロシアに対抗できなかった。パイプラインを握られたドイツとフランスは仲介に回り、アメリカもグルジアへの軍事的支援には踏み切らない。「負け組」から反転したロシアとの対決を避けたといってよい。

ここで問題となるのが、ロシアと欧米諸国との対決は避けられないのか、という点にある。ロシアから見ればグルジアの挑発に対する当然の行動をとったまでであって、非難されるいわれはない。だが、ソ連から分離した共和国から見れば、ロシアとの紛争について西側の支援は得られないという教訓が生まれたことになり、もうそれだけでロシアに反対する勢力と親ロシア的な勢力に分かれた諸国、例えばウクライナの政治に大きな影響を与えてしまう。ウクライナにとってロシアは今なお大きな、そして呪わしい存在なのである。

そのロシアが、世界金融危機の打撃を受けている。経済危機によってロシア国内における対外不信やナショナリズムが高揚すれば、依然として核保有国であり軍事大国でもあるだけに、ロシアは国際的不安定を広げる力を十分に持っている。他方、ロシアに近い立場を取りすぎることによって東欧や旧ソ連の共和国の離反を招くことは避けなければならない。世界金融危機への対応において、おそらく最も大きな地政学的リスクを伴っている地域がロシアだろう。

中国——世界の工場のゆくえ

ロシアと並んで経済停滞の政治的効果が憂慮される国、それが中国である。これは中国が攻撃的な戦争を仕掛けるのではないか、などという憂慮ではない。もちろん中国政府の主張する国境は、台湾からチベットまで、諸外国と大きく隔たったものも珍しくない。だが、著しい軍事力拡大を続けているとはいえ、現在の中国は基本的には現状維持勢力であり、アメリカを含む諸外国を敵に回してでも侵略的な行動に打って出る危険が高いとは、私は考えない。問題は外交ではなく、内政である。

共産党の独裁政権とはいえ、もはや現在の中国には、かつてのマルクス・レーニン主義の影は乏しい。イデオロギーに代わって中国を覆い尽くしているのが経済成長であり、その経済成長に立脚し、それによって独裁を正当化している共産党の姿である。現在の経済成長は決して平等には配分されておらず、むしろ国内における所得格差は拡大していると伝えられる。だが、年率にして二桁を記録する成長が続いたために、低所得層をとっても、以前の所得よりは増加を見込むことができる。貧しいものでもそれなりに暮らしが上向くことを期待できる、そんな高度成長を続けることによって、共産党の統治は消極的にではあっても受容されてきた。開発によって独裁を正当化している点では、かつての韓国における朴正熙政権やインドネシアのスハルト政権など、開発独裁と呼ばれた体制の一群との共通点を見ることもできる。

その中国が、経済危機に見舞われた。表に出た数字ではアメリカや日本の景気後退よりも高成長を維持しているように見えるが、輸出部門における雇用削減はかなりの規模に達している。さらに注意すべきは、高度成長を続けることによって初めて安定する社会経済情勢があることだ。高度成長の継続に社会の安定が依存しているのである。

逆にいえば、高度成長が失われたとき、国民は独裁を甘受するだけでなく格差と貧困と失業に脅かされることになるから、社会の安全装置が外れてしまう。中国における過去の農民革命の歴史を紐解くまでもない。共産党政権発足以後の暴動を振り返るだけでも、中国国民が政府のいうなりになるほどおとなしい存在ではないことがわかるだろう。朴正熙政権は第二次石油危機当時の政情不安、スハルト政権はアジア通貨危機の打撃を受けて、ともに倒れた。高度成長という安全装置を失った中国が、低成長の下でも政治的な安定を維持できるという保障はどこにもない。

韓国・台湾など他の東アジア諸国、あるいはインドネシアやタイなどの東南アジア諸国に目を広げても、同じ問題に気がつくだろう。これらの諸国は中国と並んで、それも多くは中国以前から、輸出志向工業化によって急速な経済成長を遂げてきた。どの国をとっても日本以上に輸出向けの製造業に大きく経済が依存しており、それだけにアメリカ市場の収縮によって主要産業の需要が一気に落ち込み、経済の屋台骨が破壊されてしまった。そのうちのいくつかの諸国では民主化が実現したが、タイのサマック政権やフィリピンのアロヨ政権に見られるように政情は不安定であり、今回の世界金融危機のような経済変動によって政情不安が加速される危険を抱えている。

もしアメリカ経済の復旧が遅れ、復旧したとしても内需中心の復興となって輸入商品への需要回復には時間がかかるとしたら、どうなるだろう。中国と日本を含む輸出依存経済の一群では不況が長期化し、それが中国や東南アジアでは政治危機を招く可能性も無視できない。ある地域で発生した経済危機が、遥か離れた地域の政治危機を生み出してしまう。グローバル経済とは、そのような現象を生み出す状況なのだろう。

結び

世界金融危機は、まさに世界全体の危機として見なければならない。ニューヨークの市況と東京の市場だけに目を配るのであれば、ハンガリーの苦境、ロシアの危機、あるいは中国の潜在的な政治危機は目に入ってこない。

世界金融危機における日本も、日米二国の関係などよりも広く、世界市場の変化の中で考える必要がある。ごく当たり前の視点ではないだろうか。

だが、世界金融危機を見るうえで、この視点が共有されているとはいえない。多くの業績を見れば、新自由主義やバブル経済への呪詛、あるいはアメリカの没落とアジアの台頭などという大見出しばかりが躍っている。より優れた著作は危機の起源は示してくれるものの、どこまでの打撃を世界経済に与えているのか、その世界的な広がりには触れてくれない。その偏りを少しでも是正したいというのが私の願いである。

（二〇〇九年四月）

Ⅳ　9・11後——世界と帝国の間

「人道的な空爆」は幻想――米・英のアフガン攻撃

テロを拒絶する世界各国の連帯は、限りなく正しい。テロリストによる攻撃が先例となることは、絶対に避けなければならないからだ。しかし、タリバーン政権との戦争というブッシュ政権の選択は、いかに世界各国から支持されようと、賢明ではない。

テロ対策でまず必要なのは再発防止であり、テロ組織の情報、出入国や資金移動の把握など、地道な警察作業が欠かせない。短期間での決定的な勝利は考えにくい。テロは一回でも、安全確認は毎日必要だからだ。また、テロ活動の背後には、暴力もやむを得ないと考えるような紛争地域の荒廃した世論がある。それだけに、テロリストを確実に捕まえつつ、一般市民をテロリストと切り離すことが必要となる。市民の犠牲が逆効果を招くことはいうまでもない。

ブッシュ政権の対応は、これらのすべてに逆行している。再発防止の前に、テロへの反撃を優先した。各国の刑事協力が必要なときに、軍事同盟に精力を注いだ。そして、オサマ・ビン・ラディンの所在も不明確なまま、空爆を始めてしまった。

世界貿易センターの破壊という前例のない暴力の後だけに、戦争はやむを得ないと考える人もいるだろう。だが冷静に考えれば、テロリズムの打倒とアフガン攻撃との間には、とんでもない落差がある。科学技術の精華を集めた巡航ミサイルやステルス爆撃機は、電気や水道を使う人さえ限られている地域を爆撃しているのである。

冷戦期には、米ソともに、アフガンの諸勢力に訓練を施し、高度な兵器を提供し、政治的にも軍事的にも利用しながら、ソ連撤退後は彼らを見捨てた。その後の内戦でどれほどの被害が生まれようと、アメリカもロシアも、アフガンを見捨てたままだった。タリバーンの暴政は、長く続いた内戦のひとまずの収束でもあった。今回の攻撃は、アフガニスタンの人々の多くにとって、大国による介入と内戦の再燃に過ぎない。

正義や報復などの言葉を外してみれば、この戦争は、世界の豊かな国が連合を組んで、生まれてから戦争と貧困しか経験していない人々を攻撃する行為である。どれほど目標を軍事施設に限り、援助物資を投下しても、空爆への反発は避けられないだろう。人道的な空爆など、幻想に過ぎない。

オサマ・ビン・ラディンもタリバーン政権も、イスラム世界のなかでは孤立した存在だった。テロ集団に的を絞って作戦を展開すれば、反発はアフガニスタンの国外には広がらなかったかも知れない。それを空爆に訴えたために、アメリカとイギリスによる攻撃は、広くイスラム社会全体への国家テロとして記憶されてしまった。新たなテロも生みかねない。すでにインドネシアやフィリピンなど、日本に近い地域でも、宗教対立が再燃しようとしている。

また、軍事行動によって国家組織を破壊すれば、権力の不在が新たなテロの温床をつくることもある。内戦と権力の空白があればこそ、オサマ・ビン・ラディンの組織も活動できた。アフガンばかりではない。軍事行動への賛同を強要されたパキスタンでは、政情不安が広がっている。今回の軍事行動は問題を解決するどころか、さらに多くの問題をつくり出しているのである。

それでは何ができるのか。実はすでに、日本は国際貢献を行っている。

大国の軍事介入の後に内戦と貧困と荒廃が残されたもう一つの地域として、カンボジアがあった。ここでポル・ポト派によって展開された暴力は、優にタリバーン政権を上回るものだった。しかしアフガニスタンとは異なってカンボジアでは、東南アジア諸国連合(ASEAN)諸国、オーストラリアや日本の協力によって、軍事行動を極力おさえながらポル・ポト派の孤立化を達成した。パリの和平協議によって中国とベトナムをこの地域から撤退させ、国連カンボジア暫定統治機構(UNTAC)の下で国連を軸とした平和維持活動を行い、ASEAN加盟という形でベトナムとカンボジアを国際社会に復帰させた。カンボジアだけではない。アフガニスタンでも、日本は外交ルートとNGOの両面から復興に協力し、大国が手を引いた後に取り残された人々の医療や生活を支えてきた。

テロとの戦いで必要なのは、テロリストの刑事摘発と並び、そのテロリストの温床となりかねない紛争地域における戦時復興支援である。大国に見捨てられ、外部への不信ばかりが強い地域で、紛争当事者の間に入り、粘り強く信頼を築くことなしには、この仕事はできない。そして日本は、カンボジアばかりでなくアフガニスタンでも、この難しい作業で実績を上げているのである。

テロを前にした日本の貢献は、安保条約と平和憲法のどちらを優先するのかという伝統的な論争の延長で展開されている。だが、戦争という現実にユートピアを対置する必要はない。テロを克服する前提となる、巡航ミサイルよりもはるかに地味な国際貢献をわれわれは行ってきたからだ。

（二〇〇一年一〇月一〇日）

アメリカの平和――中心と周辺

二つの世界の間で

九月一一日以後、どちらの味方につくのか、「われわれ」と「やつら」の別が繰り返し問われた。

アメリカの多くの人々にとって、世界貿易センターへの攻撃はアメリカ市民だけでなく、世界への攻撃だった。無差別殺人を行ったテロリストたちは世界の敵と呼ばれた。「世界」とほぼ同じ意味で、「文明世界(civilized world)」という言葉を使う人もいた。

パキスタンなどイスラム諸国に住む人々の多くにとって、9・11のテロ事件以上に、米軍によるアフガン空爆こそが世界への攻撃だった。空爆を行うアメリカが「やつら」であり、理由もなく空爆にさらされるアフガンの人々が「われわれ」だった。

ここでは、二つの戦争が、被害者と加害者とを入れ替えて語られている。どちらの側も、「われわれ」の犠牲者を多く語り、「やつら」の犠牲については、無視はしないという配慮を示したうえで、ほとんど触れようとはしなかった。

一般市民を建物ごと焼き払うような暴力は、正当化の余地のない犯罪行為にほかならない。その犯罪に立ち向かう正義は、アメリカ人ばかりでなく、世界の多くの人々に受け入れられた。だが、報復としてのアフガニスタンへの空爆が始まると、その連帯もゆらぎ、空爆を疑う声も高まった。

テロ攻撃に対するアフガン空爆は、たしかに不公平だった。この事件の首謀者がアメリカ国内に潜んでいたとしたら何ができたのか、たとえば大量殺人を犯した一味がアメリカ国内の小屋に立てこもったとき、周辺の住民の犠牲を覚悟して空爆という手段に訴えることができるのかを考えれば明らかだろう。アメリカ政府のとった行動を、同じような状況にある他の政府がとることも想定されていない。アメリカには適用されない強制処置が他の地域に適用され、その他方ではアメリカがやっていいことを他の政府がしてはいけない。これほど相互性を欠いた正義に普遍性があるはずもない。

どちらの味方なのかと迫る声は、日本国内の自意識の分裂を突いていた。アメリカばかりでなく日本でも、文明世界の一員としての責任を果たすべきだという声があがった。その一方で、イスラム諸国ばかりでなく日本でも、アメリカの空爆を許してはならないと叫ばれた。世界経済のなかで、日本人の多くは世界貿易センターを壊す側よりも、攻撃で殺される側に近い立場に置かれており、実際にかなりの日本人が死亡した。日本国内でも国外でも、テロ行為を正当だと考える人はごく例外的だろう。他方、広島・長崎の被爆はもちろん、大戦下の東京空襲や阪神空襲が今も語り伝えられる日本では、アフガンへの空爆を正義として捉える人も少なかった。ベトナム反戦の記憶が呼び覚まされたかのように、軍事介入に反対する声があがった。

私は、9・11のような大量殺人に弁護の余地はない、そのような殺人の準備に加わった者に制裁を加えるのは当然だと思う。何をテロと見なすかという判断は政治的に偏りやすいが、無差別殺人を許してよいことにはならないからだ。また、大量殺人への報復としてのアフガン空爆は、法的制裁としても自衛戦争としても正当化の余地のない、残虐で愚かな暴力だと思う。誤爆で死んだ人のことを、戦争では避けることのできない「付帯的犠牲(collateral damage)」などという言葉に押し込める、そんな正義があってたまるものか。

これはどっちもどっち、という意味ではない。悪者と犠牲者を片方だけに固定する議論の方に間違いがあるからだ。アメリカ対イスラムといったわかりやすい構図への還元は現実の誇張に過ぎない。また、両方が犠牲者を掲げて相手の行動を非難するとき、犠牲者の視点に立つというだけでは相手に抱いている偏見のために分析が歪み、客観性を損なってしまう恐れも残るだろう。

それでは、9・11事件の後に現れた「われわれ」と「やつら」の二分法は何を背景に生まれたのか。これを探る一助として、この文章では、冷戦終結以後の国際関係の変化を跡づけ、アメリカの平和とも呼ぶべき秩序が生まれる過程を、その秩序の中心と周辺の双方に目を配りながら考えてみたい。

警察官の誕生

アメリカによるアフガン介入は、テロに対抗する処置としても自衛戦争としても、国際的に認められてきた行動を大幅に逸脱している。従来は、テロ行為には刑事捜査と司法協力によって臨むのが普通の方法だった。それでは手ぬるいという批判はあるだろう。だが、強制力の行使から法の遵守を取り除けば、テロと警察の違いも消えてしまい、強制力から合理性が失われるばかりか、新たな問題も生み出すことになる。テロ組織が潜む可能性があれば、その地域は軍事制圧をしてもよいのか、たとえば、カシミール問題に関連した自爆テロが起きたらインド政府はイスラマバードを空爆してよいのか、と考えればわかりやすいだろう。アフガン攻撃の承認は、数多くの対外戦争に道を開きかねない。

もっとも、テロの被害を受ける地域は多いが、空爆で反撃を加えることのできる政府は少ない。今回の事件は、軍事大国とそれ以外の地域とでは命の値段がまるで違うことを、残酷なほどハッキリと示している。

それでは、なぜアメリカは今回のような大規模な地域介入を遂行できたのだろうか。もちろん兵力が強いからには違いないが、朝鮮戦争やベトナム戦争を見ればわかるように、軍事大国だからといって地域介入が成功するとも限らない。

今回の地域介入の特色は、冷戦期と冷戦後の世界の違いから説明できるだろう。北朝鮮も北ベトナムもアメリカと比べればはるかに軍事力が弱かった。しかし、朝鮮半島やベトナムへの介入を強めれば、北朝鮮や北ベトナムだけでなく中国やソ連との戦争にも発展し、中ソとの戦争がいったん起これば核戦争にエスカレートする可能性も残されていた。より大きな戦争への発展を避けるためには、弱い相手と戦うときでも兵力の投入に慎重さが必要となる。北ベトナムやアフガニスタンのような、ずっと弱い相手にアメリカやソ連が勝てなかった一因がここにある。

冷戦終結とともに、地域紛争がエスカレートする危険は遠ざかり、それとともに地域紛争に投入できる兵力の規模にも制約が失われた。冷戦期以上にパクス・アメリカーナ、アメリカの平和としての一極支配に傾いた世界の中で、米軍の行動も軍事行動から警察力の行使のような形に変わってきた。

国際関係では、軍事力相互の威嚇によって秩序を支えることはごく普通のことだ。ところが国内社会では、犯罪者と警察が威嚇による均衡状態を保つことは正常ではない。国際関係においては相互抑止が認められても、国内社会では犯人を捕まえてこその警察であり、一方的抑止しかあってはならないのである。そして、冷戦終結は、抑止されざる軍事力としての米軍を生み出すことで、ことアメリカに関する限り、警察のように兵隊を使うことのできる条件を生みだした。湾岸戦争はもちろん、サラエボ、コソボ、そして今回のアフガンでも、投入する兵力の規模に制約がなくなったのである。

自軍や友軍の死傷を減らす一番の方法は大兵力の動員である。冷戦後、一方的な行動が可能となったことで、攻め込む側に関する限り、味方のほとんど死なない戦争が実現可能となった。冷戦後の地域介入で死んだ米兵はごく少なく、今回のアフガン介入でも一、二名に過ぎない。迎え撃つ側から見れば、米軍との戦争に勝ち目はない。ヤクザも警官は殺さないように、戦争の対象からアメリカは除外される。自爆だけがアメリカへの攻撃を可能とする時代が始まった。

帝国支配と市民秩序

警察行動は、国際政治の倫理化にも道を開いた。従来の国際関係においては、個々の国家を超える権力の不在とそれが生み出す無政府状態のために、秩序から倫理が排除されてきた。だが、抑止されない大国が登場することで、秩序と倫理が結びつく可能性が生み出された。大国と世界の他の地域との間で基本的な価値や規範についての合意があれば、大国の権力行使が国内政治における法執行の代わりの役を果たすことになるからだ。

一九七〇年代以後、南欧からラテンアメリカや東南アジアに至る地域で権威的支配の崩壊が続いた。ソ連・東欧における共産党政権の崩壊には民主化という側面もあった。デモクラシーの制度と価値を共有する世界が爆発的に拡大し、東西に価値観が分裂した時代は終わったかに見えた。世界各地の民主化が、アメリカ政府の影響力や介入の結果として生まれたとはとてもいうことができないが、アメリカへの権力集中という意味で帝国が形成されるのとほぼ同じ頃に、価値と規範を共有する市民社会も世界に広がっていった。この時期の重なりは重要である。デモクラシーと人権の拡大としてアメリカ政府が権力行使を正当化できる、その条件が整ったからだ。

また、帝国支配は、それが国民を単位とする政治権力ではないために、一般に正義や理念による統合を必要としやすいことにも注意すべきだろう。帝国という言葉には、他の権力に制約されない世界権力という意味と、多民族を支配し、国民国家としては捉えることのできない国家という意味との二つがあるが、どちらの意味でも冷戦後のアメリカは帝国に相当するといってよい。「国民」概念に頼って政治統合の基礎をつくる国民国家と異なって、多種多様な集団を統治する宿命を抱えた帝国は、正義やイデオロギーに頼らなければ政治権力の正当化を達成できない。また、民族を越えた普遍的正義を唱えることによって、民族や国境を越えた権力行使の正当化も可能になる。世界の光を標榜したローマのように正義の戦争を唱えるアメリカは、帝国としての支配理性を表現している。

帝国支配と市民秩序の組み合わせは、国内で許されない犯罪が国際政治では見過ごされてきたこれまでの世界を根本的に変えてしまった。世界各地で価値や規範が共有され、その価値や規範に沿って帝国が行動するならば、国内の犯罪取り締まりと同様に違法行為を許さない国際関係をつくることもできるかも知れない。冷戦期には棚上げにされていた戦争責任という言葉が再び語られるようになり、現代はもちろん過去の戦争についてもその責任が改めて問われ始めた背景には、このような国際関係の倫理化と法制度化があった。そして冷戦後の「人道的介入」の多くが、侵略戦争ではなく国内の政治的暴力や内戦を対象としていることにも見られるように、制裁の対象はそれまでも国際法上は認められなかったような越境侵略や領土の併合などより、はるかに広い範囲に及ぶようになった。国内・国際を問わず、人権侵害行為一般が制裁の対象に加えられているといっていいだろう。たしかに暴力の集中と法制度の拡大は、国内政治におけるような法の支配を世界規模で実現する機会を生み出した。アメリカの住民にとって、テロへの反撃も、市民生活の安全を回復するために犯罪者に加えられた制裁に見えるのだろう。反撃としての空爆が正義を掲げる背景はここにある。

だが、このような正義に普遍性があるのか、疑問も残される。まず、戦争は違法化されてもアメリカの軍事介入が違法化される可能性は少ない。いくら暴力を独占したところで、帝国は世界政府の代わりにはならないのである。アメリカの外から見れば、テロに対する空爆は、刑事警察による犯人検挙よりも騎兵隊による「無法なインディアン」への襲撃に似た帝国の暴政に過ぎない。

強制力の行使によって人権侵害を排除する可能性を無視すべきではないが、民主制における警察官のように行動する軍隊が国際関係に生まれたともいえない。米軍を警察の代わりに使う世界には、少なくとも三つの問題が残されている。

第一が代表と責任の問題、つまり誰のための強制力なのか、という問題である。米軍の機能を支えるのは軍事力と富の集中であり、その米軍を指揮するアメリカの大統領は、世界の住民が投票して選んだ存在ではない。米軍の行動の「正当性」は、アメリカ政府がアメリカの国内法に拘束され、そのアメリカ国内法が普遍的な人権規範に縛られる、という二段階の迂遠な期待によるものに過ぎない。アメリカの有権者は投票によって政府の行動を左右することもできるが、その外の人間には何もできない。アメリカ政府が、世界各地の人々に責任ある行動をとる制度的な保障はどこにもない。

第二に、軍事力の合理性が問題になる。タリバーン政権崩壊後、戦争によって平和が保たれるという期待が広まるかも知れない。しかし軍事力を政策遂行の手段として目的どおりに使うことができるとは限らない。警察力とは違って、軍事力の投入には、その状況に応じた制約があるからだ。たとえば、ユーゴ内戦のさなかのサラエボでは市街地への砲火が絶え間なく続いたが、スリバチ状の盆地の中心という地形上の特徴のために地上兵力の投入が難しく、紛争を長期化させる一因ともなった。戦争に頼る権力の正義とは、勝てる戦争に勝ったときだけの正義になりかねない。

最後にダブル・スタンダードの問題がある。タリバーンの暴政は、アフガニスタンの外で人殺しをしない限りは見過ごされてきた。ある場合に人権侵害や暴政が糾弾され、ある場合に見過ごされることは、市民秩序を装った世界の限界を示している。帝国の権力に頼る秩序形成は、どれほど正義と法を装っても、帝国の利益を反映するものに過ぎない。

帝国支配と市民秩序の間には、やはり大きな淵が開いている。その淵は、帝国の外へ、それも先進工業国よりも外の世界へ行くほど、深く広がって見えるだろう。

帝国の外から

ヨーロッパや日本では、アメリカ国内へのテロ攻撃がアメリカばかりでなく世界への挑戦だという考えを受け入れる人も多かった。米軍に頼ってナチを追放し、ソ連からの守りの盾に米軍を使って以来、国際法上の根拠は怪しくてもヨーロッパの安全のために米軍は必要だった。日米安保と米軍の脅しによって日々の安全が保たれるという意味では、沖縄などの米軍基地周辺に住む人々を除けば、日本の住民も米軍の受益者だった。テロ攻撃の潜在的犠牲者ともいうべき先進工業国の住民の多くにとって、米軍によってテロの元凶が倒され、身の安全が保たれることは、決して不利益ではなかった。

米軍の掲げる正義を自分たちの理念として共有する人も多かった。これは不法な犯罪に対する自衛であり、暴政からアフガンの犠牲者を救う行為ではないか。無法な暴力を前にするとき、力は正義を生まないなどという主張は空疎な偽善に過ぎない。目が星条旗になったようなアメリカ国民はもちろん、日本を含む多くの先進工業国の政府が、先を争うように弔意と協力をアメリカに申し出た。

もっとも、米軍の介入を歓迎したり嘆いたりするよりも、正しかろうと悪かろうとアメリカの権力を自然現象のように受け入れ、軍事介入を既成事実として飲み込む人の方が多かったのではないか、と私は思う。アメリカの外の人々にとって、アメリカは正義の味方である前に、何といっても大国であり、その行動に反対することは自滅的な選択だったからだ。ヨーロッパや日本のために行動しているのでないことがわかっていても、アメリカとの対立はなんとしても避けなければならない。着る服の寸法に体を合わせるように、逆らっても仕方のない帝国の決定が受け入れられた。

自分では変えることのできない権力を受け入れる無力感を埋め合わせるために、悲しいウソが編み出されていった。日本では、このテロ攻撃は半世紀以上続いたアメリカのヘゲモニーが凋落し、アメリカが世界大国からふつうの国になった象徴だと指摘する人もいた。軍事行動に協力することで、アメリカのヘゲモニーに自分たちがどれほど頼っているのか、あからさまに露呈しているときにしては、ずいぶん呑気な、現実とは離れた議論だった。

9・11事件の後、ブッシュ政権は政権発足当初の孤立主義と単独行動主義から転換し、ヨーロッパ諸国をはじめとした世界各国との国際協調に踏み切ったという議論もあった。アメリカも国際協力を重視するようになった、やはりわれわれなしではアメリカも立ちゆかないのだ、というわけだ。

戦闘の前にパウエル国務長官が各国を訪問し、国際協調の実現に努めたのは事実である。しかし、軍事行動に訴える過程において国連は徹底して排除され、イギリス軍の参加さえもごく限られており、多国籍軍といっても要するに米軍だった。他の国に相談してから政策が変わったわけではないし、アメリカ以外の国は、ガンマンが去るようにして米軍がアフガンから撤退を進めた後の、その後始末だけに駆り出された。9・11後にアメリカ外交が変わったという議論は、アメリカが私的利益に走らず、みんなのことを考え始めたのだと信じ込もうとする、アメリカの同盟国の抱いたわびしい希望的観測に過ぎない。

それでもヨーロッパや日本は、アメリカを利用する側に立っており、脅される側、少なくとも軍事制裁で脅される側には立っていない。そして、ヨーロッパも日本も、地域協力を進めることで、アメリカの圧力を和らげることができた。ヨーロッパでは、EU（欧州連合）により地域レベルの政策調整と政治統合が進められ、冷戦終結後の地域秩序の構想も、ワシントンばかりでなく欧州各国によって描かれた。アジアでも、ことに東南アジアを中心として、EUとはほど遠い水準とはいいながら各国の間で合意形成が進んだ。カンボジア和平の構図をつくる際に、また中国のWTO（世界貿易機関）加盟への対応を決めるときに、ワシントンと競《せ》り合うほどではないとしても、地域独自の構想力とパワーを表現する機会はあった。

ワシントンの下す決定を覆す力がヨーロッパ諸国や日本にあるとはいえないが、これらの先進工業国が米軍によって一方的に軍事制圧される危険は少ない。また、どれほどアメリカの私的利益に合わせて狭く定義されていようと、人権保障と民主政治の拡大は欧州諸国や日本にとっても望ましい価値には違いがない。アメリカ政府の主張する正義の普遍性に疑問は残っても、そのヘゲモニーの受益者である以上、先進工業国の住民が帝国の権力に逆らう必要はなかった。

周辺地域の冷戦終結

先進工業国の外の世界に住む人々にとって、米軍の介入は帝国の暴政に過ぎなかった。自分たちは空爆にさらされても反撃することはできない。ところが、アメリカへの攻撃に対しては自衛のための空爆が認められる。そんな世界は、いかにも不公平だった。CNNやFOXニュースが世界貿易センターの犠牲者ばかりを放送したとすれば、アルジャジーラ・テレビはパレスチナやアフガンの犠牲者を繰り返し放映した。

冷戦終結によってデモクラシーの平和が訪れたという時代認識も、アメリカとヨーロッパの外では共有されていない。そもそも、この地域の冷戦終結とは、新たな世界の構築というよりは、それまで内政への介入と政治勢力への操作を重ねてきた大国が撤退し、自分たちは使い捨てられ、置き去りにされる経験に過ぎなかった。

そのような認識の違いは、ヨーロッパとその外とで、冷戦の終わり方がまるで違っていたことから説明できる。冷戦終結がなによりも旧ソ連・東欧圏の解体とドイツ統一である限り、その重心がヨーロッパに置かれるのは当然だった。ヨーロッパにおける冷戦終結とは、第二次大戦中に戦後秩序として模索されながら、冷戦勃発によってお預けとなったヨーロッパの回復だった。政治理念や価値の共有を前提とした協調的安全保障の模索は、冷戦後のヨーロッパでは可能だった。

冷戦後の制度構築が準備されていたヨーロッパとは異なり、西欧世界の外では、制度構築もない、ただの大国の撤退として冷戦が終わった。アフガニスタンからソ連軍が撤退するとき、撤退後のアフガンのためにどこが何をするのか、平和維持活動についてさしたる準備や協議はなかった。ソ連に対抗してアメリカが梃子入れしたアフガニスタンやパキスタンのイスラム勢力も、用済みになった。カブールにできた政権が崩壊した後でもアフガニスタンは見捨てられたままだった。

アフガニスタンばかりではない。経済的動機からソ連が韓国と国交を樹立した際にも、北朝鮮との事前の協議などが行われた形跡は乏しい。ドイツ統一に対するゴルバチョフの懸念や、ドイツ問題に関するさまざまな国際協議とはまるで対照的に、アジア地域からのソ連の撤退は、一方的で、乱暴である。アメリカの場合も似た例は多い。かつてソ連に近かったイラクを引き寄せ、中東政策の手駒として用いるために、イランと交戦中のフセイン政権にアメリカは接近したが、イラン・イラク戦争の終結によってイラクの戦略的魅力がなくなると切り捨てた。

冷戦終結とは、それまでに米ソが梃子入れしてきた将棋の駒のような現地の政治勢力を、手の平を返すように見殺しにする事件だった。大国の介入が終われば状況は安定するはずだという根拠のない希望的観測が、そのような制度なき撤退を支えていた。

ソ連撤退後のアフガンでは、希望的観測に挑戦するかのように内戦はかえって激化し、交戦勢力が分裂するごとに急進的な武装集団が生まれていった。ソ連が韓国と国交を結んだ後の北朝鮮では国防政策がさらにエスカレートして、核武装と、その後の一九九三・九四年危機を招いていった。イランとの戦争に実質的に敗れた後のフセイン政権がクウェート侵略に走ったのを筆頭として、パナマのノリエガ政権、さらにアンゴラやソマリアの内戦など、米ソに使い捨てられた各国における政権の暴走や紛争は実に数多い。

冷戦終結が地域紛争を生み出したというのは極論に過ぎない。だが、大国による軍事介入を経験した諸国では、軍事的には高度な武器が移転され、温存される一方で、大国に使い捨てにされた怒りが残る。そして長く続いた紛争のため、国家による暴力独占が壊れ、社会のなかに兵器が大量に流通することになる。

日々の苦境がアメリカのせいで生まれたと考え、アメリカの一般市民を対象とする全面テロさえも是認するような荒廃した認識は、このような地域から生まれた。ここでは、帝国支配はあっても市民秩序はない。アメリカに空爆されることはあっても守られることはない。帝国の唱える正義は、そこでは無惨なほど現実から離れている。

かつてジョーゼフ・コンラッドは、本国の正義と偽善とはまるでかけ離れた植民地のデカダンスを『闇の奥』(一八九九年)で描いた。ロンドンでは文明に向けた未開社会の改良にも見えた使命が、コンゴの現場では「土人」を使い捨て、働けなくなると文字通り見殺しにする極限的な荒廃でしかなかった。自由で、豊かで、きれいな社会が、実は外側に「裏庭」を抱え、その「裏庭」の荒廃が自分たちの暮らしを脅かしてゆく。外部世界への支配が西欧世界に内なる敵を育ててしまうのである。コンラッドの示唆は今なお大きい。西欧世界における冷戦終結とその外の世界における冷戦終結との間の違いは、この帝国の内と外との間に開いた淵が、今の世界でも深く開いていることを示している。

地域における平和構築

だからどうした、という声があがるかもしれない。アメリカ政府の掲げる正義が怪しくても、そのアメリカの軍事力がなければ国際秩序が安定しないのは事実ではないか。ワシントンに逆らうような政策を考えることは、それ自体が現実から目を背けてはいないか。

また、アフガンや、コンゴ、ソマリアなど、政府の実効的支配が壊れてしまった諸国の政情について、先進工業国が憂慮する必要があるといえるのか、と問うこともできる。外から安定した政府をつくるという目標自体に、そもそも無理がある。われわれの生命を脅かすような攻撃さえできないように脅しておけば、それで十分ではないか。

神経を逆なでするような言葉ではあるが、どちらも現実の一端には違いない。しかし、アメリカの対外政策を追認するだけではなく、また反米ナショナリズムにのみ走るのでもない選択は残されている。その一例に、カンボジアにおける平和構築がある。

冷戦期における制度なき撤退の一つが、アメリカのベトナム介入だった。敗戦という屈辱を避けるために南ベトナム政府を名目的に残しながら米軍が撤退した後のベトナムでは、南ベトナム政府が倒れ、南北統一が実現する。同時に、かねてから中国との潜在的対立を抱えていたベトナムと、その中国の支援を受けたクメール・ルージュ(ポル・ポト派)との対立が顕在化した。一九七八年一二月にベトナム軍はカンボジアに侵攻し、翌年二月には中国がベトナムに侵攻する。ここまでは、大国撤退後の地域紛争の拡大として、ほとんど教科書通りの展開である。

違ったのは、インドシナ紛争における日本とASEAN諸国の存在である。日本もASEAN各国も、ベトナム戦争後のベトナムを地域秩序に受け入れるべくベトナム政府との国交樹立を進め、日本は経済援助の計画を立てていた。カンボジア侵攻とその後のアメリカによる外交圧力のためにこれはいったん頓挫し、中越戦争が終わった後も中国とベトナムの代理戦争としてカンボジア内戦が続いた。しかし一九八九年以後になると、タイ・ベトナム共同声明、インドネシア・中国国交回復など外堀が埋まり、九一年になってようやくカンボジア停戦が実現する。その後の展開、明石康・UNTAC代表の活動などはよく知られているだろう。

権威的支配から腐敗に至るまで、現在のカンボジアに問題がないとはとてもいえない。だが、すでにASEANの一員となったカンボジア政府は、少なくとも国際環境の安定は享受している。それは、安定した、しかも地域住民に支持された政府が紛争地域にできあがるよう、地域各国が粘り強くその条件を外からつくっていった成果であった。大規模な空爆などに頼ることもなしに、クメール・ルージュの孤立化にも成功した。なによりも、クメール・ルージュの復活を望むような偏った世論は、ベトナムによる直接の占領を望むような世論と同様に、現在のカンボジアにはほとんど見られない。そして、これこそが、つまり軍事力行使に期待するような荒廃した世論が後退することが、テロを克服するうえで最も重要な条件なのである。

カンボジアばかりではない。ソ連が撤退した後のアフガニスタンについても、日本は外交ルートとNGOの両面から復興に協力し、大国が手を引いた後に取り残された人々の医療や生活を支えてきた。大国に見捨てられ、外部への不信ばかりが強い地域で、紛争当事者の間に入り、粘り強く信頼を築くことなしには、このような復興支援を進めることはできない。

ASEANのような地域機構を背景とした活動のできる東南アジアと異なって、南アジアから中東にかけての地域では地域機構が弱く、日本の外交的影響力も限られている。また、カンボジア復興とアフガン復興とでは、そこで認められる国連の関与を同列に論じることはできない。だが、もし無差別テロを根絶するために日本が貢献をするのなら、世界戦争のような大量報復に訴えたり、その報復の後方支援に努めたりするよりも、その背後にある荒廃した現実とその打開にこそ目を向けるべきだろう。

冷戦後に残された紛争地域における復興と、国際秩序への再参入を手助けすることが、最終的にはテロを支援しかねない世論を変え、殺人者たちと民衆を分離する条件をつくるだろう。それこそが帝国の中心と周辺との間に開いた溝に対する責任ある対応ではないか、と私は思う。

むすび

冷戦後の世界では、アメリカ政府が世界政府の代役を務めてきた。ヨーロッパ諸国も日本も、アメリカを国連の代わりとして認めたわけではないが、結果としてはこのアメリカの平和を受け入れ、頼ってきた。ガンマンが正義の味方ではなく、ただのならず者に過ぎないとしても、逆らうよりは利用する方がましだったからだ。アメリカ以外の各国は、ワシントンの、時にはあからさまに偏った要求でも、普遍的な理念に適うものだと自らをだましつつ、長い棒を飲み込むように納得してきた。

9・11事件とアフガン介入は、アメリカの平和がその周辺にどのような暴力を抱えているのかを示す事件だったといえるだろう。帝国の中心から見るのか、その外側から見るのかによって、見える世界がまるで違うのである。中心からは犯罪の違法化と市民秩序の構築のように見えるものが、周辺にとっては帝国の暴政に過ぎない。生死を問わずオサマ・ビン・ラディンを捕まえるとか、アルカイダ組織を燻《いぶ》り出すなどといったブッシュ大統領の発言は、普遍的正義や人権を制度的に保障する世界ではなく、世界をアメリカ人にとって安全な場所にするという、「無法なインディアン」に対する騎兵隊の正義しか表現してはいない。

だが、アメリカの正義に限界があることを示すだけでは答えにもならない。ここで必要なのは、南と北、また西欧世界とその外との間に開いた深い淵と真摯に向かい合うことだろう。生活水準の格差を埋めるには途方もない時間がかかることは避けられない。だが、冷戦終結の過程で取り残されてきた、紛争地域における制度構築、いわば冷戦の残務整理に取り組むことで、焼け石に少なからぬ水を注ぐことはできる。所得の格差と世界観の落差の大きさを理由として無為を正当化することがあってはならない。そして、冷戦後に欧米諸国が残してきた荒廃に取り組むことは、南と北、さらに東洋と西洋の間に宿命的に置かれている日本の位置を自覚し、「やつら」と「われわれ」の二分法をわれわれなりに克服する選択でもあるだろう。

（二〇〇二年二月）

帝国の戦争は終わらない――世界政府としてのアメリカとその限界

自由の戦争・帝国の戦争

9・11事件が、アメリカが帝国へと転換するきっかけをつくったとすれば、二〇〇三年のイラク侵攻は、帝国としてのアメリカを世界に拡大する戦争となった。

なぜこの戦争を始めたのか。もちろん大量破壊兵器のためではない。二〇〇二年夏、イラク攻撃がアメリカで議論されはじめたとき、大量破壊兵器という理由づけはほとんど見られなかった。大量破壊兵器をイラクが持っているからという議論は、国連の支持を得るための概念操作に過ぎなかったのである。また、どれほど石油利権とブッシュ政権が近い関係にあっても、この戦争をイラクの油田のためだけだと考えるのは、一種の矮小化だろう。その荒唐無稽なもの言いも含めて、ワシントンから見たイラク介入とは、世界民主化の最終段階にほかならなかったからだ。

過去二〇年の間、旧ソ連・東欧諸国では共産党体制が崩壊し、ラテンアメリカや東南アジアでも軍政が倒れた。議会制民主主義ではない政府はアフリカでさえ少数となり、市場経済は世界に広がった。もちろん、アメリカ政府の行動によって各国が民主化したわけではない。フィリピンやインドネシアのような、冷戦戦略の下でアメリカが肩入れしてきた独裁政権の方が、数としては多いだろう。でも、そんなことを覚えている人はいないようだった。アメリカが関わると世界が自由になる。これが、ワシントンの新しい常識になった。

中東は例外だった。政府の多くは「アラブの王様」の支配か、イラクやシリアのような、社会主義や反米的政策に傾斜した政権だった。イスラエルとの関係を優先すればアラブ諸国との対立が避けられない。石油の確保にはアラブ諸国との友好が必要だ。この二律背反のために、中東はアメリカ外交のアキレス腱だった。二〇〇一年に起こった9・11事件は、アメリカ社会における中東の政情への懸念をさらに強めた。

中東民主化は、この構図を変える政策にほかならない。イラク、シリアやイランの政府を倒し、中東に議会制民主主義を拡大すれば、世界の民主化と市場経済への移行はほぼ完成する。親米政権の増大とともにイスラエルの安全は保障され、アラブの王様や独裁者に振り回されることなく石油供給も確保できる。民主化という理念は、実利にも適っていた。

そして、冷戦後の世界では、アメリカに対抗できる国家も機関も存在しない。国連には制度はあっても力はなく、アメリカの力に頼らなければヨーロッパでも東アジアでも安定など保てないからだ。この力の集中を背景に、国連や同盟国の意図を振り切って、イラク作戦は進められた。

だが、アメリカ社会の自衛とか、イラクの解放などといった強弁には、国際的な正当性がない。国連の査察が続けられるさなかに、ブッシュ大統領が一方的な最後通告を行ったという手続き一つを見ても、国際的な授権のない戦争であることが明らかだからだ。通常の国際関係からいえば、アメリカのイラク攻撃は侵略戦争に過ぎない。

それでもブッシュ政権から見れば、アメリカの戦争が侵略になるはずはなかった。加盟国に共産主義国、独裁政権、ならず者国家を含む国連の決定に、どうして従わなければならないのか。アメリカの資金と抑止力に頼るばかりなのに居丈高な注文をつける諸国のことを、どこまでアメリカは我慢しなければいけないのか。民主政治を支える市民のつくったアメリカ憲法が、国連の決定に優先するのは当然ではないか。

そこにあるのは、世界を支配する権力と、権利と、責任をアメリカが持っている、という世界観である。世界全体の将来を考えて、その立場から来る責任を自覚した行動をアメリカがとろうとするとき、国連は、ごく私的な利害に基づいて世界各国がアメリカの足を引っ張るところとしか映らない。ここでは、アメリカが普遍性を持った正義と責任ある権力であり、「世界」とはそのような正義と権力に服すべき存在として捉えられている。

その主張する正義と責任がいかに独善的であろうとも、アメリカに対抗するパワーは世界各国にはない。この、世界秩序の維持にあたる権力が一国に集中した状態は、近代の国際政治、つまり主権国家に暴力が分散した無政府状態とはかけ離れたものだ。そこでは一つの国が暴力を行使し、他の国はそれに頼るか滅ぼされるしかない。特定の国家が世界政府を代行するという特徴から見れば、これはウェストファリア条約以後の近代国際政治よりも、その時代をはるかに遡った、ローマ帝国の下の世界に近いものだといえるだろう。

アメリカ以外の各国は、アメリカの正義を信じてはいなくてもその力には逆らうことができず、国際機関や条約よりも対米関係を優先せざるを得ない。そしてデモクラシーとはいいながら、その頂点に立つアメリカ政府は、世界の人々の意見には左右されない点で民主主義とは逆行する専制的権力を保つのである。正義と力を独占し、その力の行使によって世界が救われると信じて疑わないアメリカは、逆らうことのできない各国の協力に支えられて、デモクラシーの帝国とも呼ぶべき存在となった。

イラクへの侵攻は、形骸化し力の支えを失った国連に代わってアメリカが世界政府としての役割を果たす、いわば帝国の戦争となった。自国に直接の危害が加えられたわけでもないのに、将来の危険を含めて世界秩序への脅威と見なし、その脅威に対抗する方法としても軍事的圧力や抑止ではなく、実戦によってそこにある政府を倒してしまうのである。

9・11事件と、その後のアフガン侵攻の場合は、それでもアメリカ国民に加えられた暴力に対して立ち向かう性格が残されてはいた。テロ行為に対する自衛としてタリバーン政権を倒す戦争が合法的といえるのかは極めて怪しいが、国際政治の伝統における自衛行為としてその行為は正当化されていた。今回のイラク攻撃はさらに一歩踏み込んだものだ。ブッシュ大統領は、イラクへの攻撃についてもアメリカ市民の安全を保つためであると主張しているが、この予防的先制攻撃を自衛戦争として認める国は、アメリカのほかには少ないだろう。

帝国の戦争には、植民地統治の時代のような特徴もある。この戦争の目的として、ブッシュ大統領は、イラクの民主化と中東地域への民主主義の拡大を唱えた。イラク国民が民主化のために戦争してくれと頼んだわけではない。無法な権力に踏みにじられた人々が解放軍の訪れを待っているという仮定も怪しい。頼まれもしないのに戦争によって民主主義を広げようというのである。

かつてイギリスは、アラブの奴隷商人の手からアフリカの人々を守るためと主張してアフリカ大陸への植民地統治を拡大した。相手の要請もなく中東を解放するというアメリカ政府の行動は、そんな植民地帝国の時代の観念、白人の責務と選ぶところのない、思いきってコロニアルな戦争である。

他の地域の諸国が何を期待し、何を望むのかにかかわりなく、その考える原則を国外に適用し、それに抵抗する勢力を軍事力によって排除する。こんなアメリカ政府の行動は、もはや単独行動主義などという形容を逸脱した、世界政府を代行する行為といっていい。それを露骨に示したのが、今回の戦争が勃発するに至った過程である。

国連とアメリカ

これまでの国際関係の常識で考えれば、アメリカによるイラク攻撃は、アメリカ外交の破滅的な失敗の中で展開された。

まず、国連による授権を得ることができず、アメリカが国連から孤立した状況を衆目にさらした。もともと、この戦争を国連に認めさせることは難しかった。大量破壊兵器の廃棄とかテロへの対抗ではなく、フセイン政権の打倒が当初から目標だったからだ。一九九一年の湾岸戦争でフセイン政権を倒さなかったことが政策の誤りだと考えるグループが、共和党に政権が戻ったのを機会としてイラクの体制転覆を実現しようと試みたこと、これがこの戦争の実態である。

いま実在する政府を倒す戦争を国連に認めさせることは、侵略に対する自衛であっても難しい。まして、新たな侵略行為があったわけでもないのに、過去の侵略や、将来の兵器開発を理由とした軍事行動を認めることは考えられない。冷戦後のアメリカは、対外政策をオーソライズする機構として国連を利用することも多かったが、イラク攻撃に関しては、国連を利用する余地は限られていた。

ブッシュ政権には、国連と協議せずに単独行動をとるオプションもあった。だが国連がオーソライズしなければ、軍事行動において、アメリカはともかく、アメリカ以外の諸国、ことにイギリスの参加を確保することは難しい。パウエル国務長官を主軸とした国連安保理における政治工作は、ブレア政権の要請に応えたものだった。

安保理が関与することなくアメリカが戦争を行えば安保理の機能と威信は大きく損なわれてしまうが、政権打倒を目的とした戦争を安保理として認めることはできない。ここで生まれた妥協が、大量破壊兵器に関する国際査察であった。一九九八年以後、イラク政府は査察に応じてこなかったから、さらに条件の厳しい国際査察を要求すれば、イラクが拒否し、妨害する公算が大きい。そして国際査察をイラクが妨げたのなら、「政権打倒」よりも国連の受け入れやすい軍事行動の根拠となる。開戦前に国連が関与することで、基本的にはアメリカの戦争に過ぎない戦争に、名目的ではあれ、国際制度の名残を留めることはできる。こうして一四四一決議が安保理の一致した支持を獲得し、名ばかりとはいえ、戦争の根拠は政権転覆から国際査察に移っていった。

ところが、イラクは査察を受け入れた。目立った妨害も行われず、兵器の隠匿も暴かれなかった。査察の妨害だけでは戦争を始めることが難しくなったために、アメリカの唱える目的は、国際査察からイラクの武装解除へと微妙に変わってゆく。仮に査察を受け入れたとしても、大量破壊兵器が残されているのならやはり戦争が必要だ、という論拠である。

だが、いったん国際査察が始まると、その成果を待つべきではないかという議論も生まれた。ブリクス委員長は、イラク政府の協力は不十分であると批判しつつ、即時開戦につながるような言質は与えないよう、慎重な言い回しに終始する。査察のなかからイラクの違反行為が出てこないため、国際査察を理由とした開戦は難しい。パウエル国務長官が安保理で披瀝した証拠物件は、かえってアメリカが決定的な証拠は持っていないとの心証を安保理理事国に広げる結果となった。

こうして、どうせアメリカがするに決まっていた戦争が、査察によって遅らせることもできる戦争へと次第に変わってゆく。国連を利用する意思はあってもその国連に政策を左右されることは考えていないワシントンにとって、これは見込み違いだった。ブッシュ大統領は、国連との妥協を探るのではなく、国連を誹謗するかのような言動に走る。国連安保理の裁定を翌日に控えた二〇〇三年二月一三日、遊説中のフロリダで、ブッシュは「アメリカがサダム・フセインに立ち向かうのを国連が手助けしないのなら、国連は役立たずで、あってもなくても関係ない弁論部みたいなものとして、歴史のなかに消え去ってしまうだろう」と述べた。

国連に対して誰がボスなのかを迫る言動が、結果としてはアメリカの孤立を促進することになった。二月一四日にブリクス委員長の報告を受けた安保理の討議では、アメリカとイギリスの二国だけが決定的に孤立し、袋だたきのような非難にさらされた。両国の提起した議案は、フランスの拒否権発動どころか多数派さえ獲得できそうもないために、採決に持ち込むことすらできないという醜態を招いてしまった。

国際連盟におけるウィルソン、国際連合におけるローズヴェルトの役割を考えるとき、アメリカが国連から孤立したことの持つ意味は大きい。国連という、力はないが法と制度は持つ機関と、アメリカという、それだけでは正当性を持たないが意志を通すための権力は持つ国家とが離れてしまい、世界の力と制度が分裂したからだ。

同盟から有志連合へ

国連の支持がなかったから何だ、という声があるかも知れない。もともと国連は、いうことは大袈裟でも強制する力はない、見かけ倒しの機関ではないか。アメリカが国連から離れることで国連が空洞化しても、国際政治の現実は変わらないのではないか。

この考え方には、国連の役割についての誤解がある。もともと予算も人も限られた国連は、大国がそのルールに従って行動しなければ役割を果たすことはできない。安保理決議をめぐるアメリカ・イギリスとフランス・ドイツ・ロシアなどの対立は、国連という枠によってアメリカの行動を制御しようという諸国と、アメリカの行動を正当化する機関として国連を利用するアメリカとの対立であった。国連がもとから弱いというよりは、国連という制度からアメリカが離れたことによって国連が弱められたのである。

アメリカは、国連ばかりでなく同盟国からも離れようとしている。第二次大戦後の世界は、国連という法制度と並行して、冷戦期に誕生した同盟網によって構成されていた。前者が法と制度を語ったとすれば、後者は力の均衡と抑止を語る存在であった。そして冷戦終結とともに東側諸国の同盟が解消されると、国際政治における同盟とはＮＡＴＯ（北大西洋条約機構）や日米・米韓安保のような、米軍を基軸とした同盟に尽きることになった。

ヨーロッパにおけるドイツやフランス、またアジアにおける韓国や日本にとって、同盟とは、アメリカの核抑止力を東側諸国に対する自国の安全保持のために利用する手段だった。アメリカから見れば、少なくとも冷戦期には、東西分断の前哨で戦うためにはヨーロッパやアジア諸国の協力は欠かせなかった。

だが冷戦が終わるとともに、この相補的関係は緩んでしまう。旧ソ連のような明確な仮想敵がなくなった世界では、大量破壊兵器やテロリズムなどを含むさまざまな領域における同盟国の協力が求められた。その同盟国は、核抑止による恐怖の均衡に頼らない平和構築が可能となったのを機に、地域独自の平和維持を模索し始める。東アジアのように米軍の抑止力への依存度が高い地域と、ヨーロッパのように協調的安全保障を唱えても非現実的には映らない地域とでは違いがある。しかし、冷戦期のような安定した同盟を期待できなくなったことについてはヨーロッパもアジアも共通している。

そしてアメリカにとって、同盟国はそれほど必要ではなくなっていた。アメリカが単独で世界各地に介入できるのなら同盟国を動員する必要はないし、場合によっては邪魔にさえなりかねない。ユーゴ空爆におけるＮＡＴＯの混乱が苦い経験となり、その後のアメリカはイギリス以外の諸国との軍事協力に消極的となっていた。

国連決議に反対したドイツ・フランスは、アメリカの中心的な同盟国である。NATOは、イギリスを扇の要《かなめ》として、大陸部のフランスやドイツとアメリカを結びつける構成をとっており、大陸部とアメリカとの関係には緊張があった。ドイツはアメリカに近い立場をとることが多かったが、今回の安保理決議をめぐる紛争では、フランスとドイツがともにアメリカに反対している。そして結果からいえば、アメリカは、独仏両国の反対を押し切ったばかりか、国連決議を葬ることによって対米協力を貫いたイギリスの要望も無視した。イラク攻撃を準備する過程で、NATOを支える同盟は寸断されたのである。

戦争準備の過程で、ブッシュ政権は、アメリカは「有志諸国の連合」とともに行動するという発言を繰り返した。これは、アメリカと協力する意志のある国とは一緒に行動するという意味であり、具体的には既存の国際組織や同盟の枠のなかで行動しようとは考えないという選択になる。反対する国は有志に加わらなければよいだけだ。アメリカに協力しない選択は同盟国に残されていない、そして協力しない国が出たところでアメリカが不利益を被ることはない、という判断がその裏にある。

このうえない強気の政策といっていい。イラク攻撃直前のアメリカは世界から孤立したが、アメリカから見れば世界がアメリカから孤立したのである。

デモクラシーの拡大

イラク攻撃の準備に当たって最も驚かされるのは、中東諸国の判断を顧慮した跡が見られないことである。イギリスやフランスなどのように植民地統治を中東では行った経験を持たないため、中東におけるアメリカの影響力は限られていた。そのなかで外交努力や経済援助などによって培ってきたアメリカの友好国が、エジプト、サウジアラビア、そして冷戦期には戦略の要衝であったトルコなどの諸国である。イスラエルとの関係のためにアラブ諸国から反発を受けやすい状況のなかで、これらの親米的な諸国はアメリカ外交にとって貴重な資源となっていた。

ところが、今回の作戦行動においては、クウェートを除いたアラブ諸国すべてがアメリカの軍事行動を批判し、トルコ議会が米軍の基地使用を拒絶する事態も生まれた。それでもなお、中東諸国による批判を顧慮した形跡はない。昨年(二〇〇二年)には、イスラエルとパレスチナの紛争が泥沼に向かうなかで、紛争拡大の責任をアラファトに求め、シャロン政権の強硬策への間接的支持を与えた。アラブ諸国の反発を恐れずにイスラエルへの肩入れを続けた後、今度はイラクへの侵攻を行ったのである。中東和平の「ロードマップ」も、アラファト退陣の強要と引き替えのものに過ぎなかった。中東各国との政治的将来を度外視した選択といっていい。

それればかりではない。PNAC(新しいアメリカの世紀のための計画委員会)など、イラク攻撃を積極的に支持してきた政策グループなどの構想では、中東諸国との協力どころか、それらの諸国の政治体制を打倒する第一撃がイラク攻撃であった。暴虐な支配を打破してイラクを民主化し、そのイラクを先例として中東地域に民主政治のドミノを拡大する。ラテンアメリカ、北東・東南アジア、旧ソ連・東欧と続いてきた議会制民主主義への体制転換を、アメリカの武力介入によって実現するという構想である。

もちろんこれは、ただの美辞麗句ではない。中東におけるデモクラシーの拡大は、イラクばかりでなくシリアやイランなどの体制を転換することでイスラエルの直面する脅威を軽減し、(アメリカの目から見れば)この地域唯一の民主主義国として孤立した立場にあるイスラエルの地政学的地位を改善する効果が期待できる。また、世界二位の埋蔵量を持つイラクの原油を、PSA(生産分与協定)のような枠を取り払って世界市場に供給することもできる。民主化という課題の裏に地政学や利権がないと考える方が無理だろう。

だがそれ以上に重要なのは、後進地域に先進的な政治制度を実現できるという、自らの正義と力への信頼である。イラクへの戦争は、権謀術数による権力闘争の所産だけではない。それは、先進的な理念による世界の改造にとりつかれた、理想主義的な帝国建設の戦争なのである。

映画『アラビアのロレンス』の終わり近く、アラブ解放のためと信じた戦闘が無為に終わった失意に打ちひしがれる英軍情報将校ロレンスに向かって、アレック・ギネスの演じるファイサル王子は、次のようにいう。

「戦争は若者が戦う。戦争の美徳は若者の美徳、勇気と未来への希望だ。老人が平和をつくる。平和の悪は老人の悪、不信と警戒だ」

日本なら若さと理想に結びつく平和が、ここでは老人の策謀として語られ、戦争と暴力が恐れを知らない若さと結びつけられて語られる。変に思う人もいるだろう。だが、ここで語られているのは、正義と帝国の結合がもたらすピュアな戦争とピュアな暴力なのである。

そして、この言葉に倣っていえば、イラクへの戦争は、力と正義を信じるアメリカによる中東と世界の解放のための戦争だった。そこでは中東と世界とアメリカの間にどのような現実の壁があるのか、一切自覚されていない。それはちょうど、実態はともかく映画の中ではアラブ解放の一助となると信じて大量虐殺も厭わなかったロレンスのような、理想主義者だけが行うことのできる、無知ゆえに残虐な暴力と重なるものだろう。無知な者がそのような力を持ち、相手を改造できると楽観し、思い上がった暴力を駆使するとき、老人たちの策謀をはるかに超えた災難が生まれてしまう。イラクにアメリカが加えている蛮行は、いかにもコロニアルな、帝国だけが駆使できる暴力なのである。

世界政府の形成

こうして、戦争で負ける可能性が極端に小さく、諸国との協力なしに戦争に勝てるという条件に支えられ、国連安保理を無視し、同盟国の反対を押し切り、地域各国の抗議を排除して、中東地域にアメリカの力と理念を拡大する戦争が始まった。三週間の一方的攻撃によってフセイン政権は壊滅した。

イラクの人々がどのように米軍を迎えたのか、はっきりしたことはいえない。だが、解放軍として米英軍を歓迎したイラク国民も少なからずいたことは、おそらく事実だろう。日頃の苦難が終わるのではないかという希望的な観測が、新たな権力者への迎合とともに(迎合しなければ何をされるかわからない!)現れたとしても不思議はないからだ。

だが、この解放者を自任する権力は、実際にその土地に新たな自由を築くことよりも、解放を喜ぶ人々の映像を本国に向けて映すことの方が重要だった。バグダッド陥落直後には無政府状態が広がり、犯罪と暴力も広がりながら、五月末には政府を樹立するなどという構想を発表したのもその一端である。もちろんそんな構想が実現するはずもなく、米英による直接統治が当面続く方向に向かった。だが、問題はそこにあるのではない。政府を破壊した後のアメリカが、政府を壊された後の社会に責任ある対応をする意志など持たないことを、この事件は示している。

とはいえ、逆らうものは潰されるという教訓の力は強烈だ。イラク作戦後のアメリカによる対中東政策は、誰がボスなのかをこの地域の政府に見せつけた。あたかもアメリカが国連に代わって「世界政府」の役割を果たすかのような状況が、こうして生まれた。

強い権力ができることが悪いとは限らない。さまざまな集団が暴力を持つ状況とは違い、特定の勢力が暴力を独占することによって世界が安定する可能性もある。実際、ヨーロッパ世界の中世末期には、権力が国王に集中することによって絶対王制が成立し、それが内乱の終結と、社会的暴力への制約を実現した。国民の同意による政府ではなくても、強い政府のおかげで暴力を抑え込むこともできた。国家が強いからこそ、外敵を脅して国防を達成できた。

それでは、冷戦後の世界の権力がアメリカに集中すれば、世界平和が実現するだろうか。さまざまな権力に分かれた世界が、圧倒的な優位を持つ権力の下に統合された例として、ここで戦国時代から徳川幕藩体制への変化を考えてみよう。家康とブッシュを重ねようというわけではない。だが、この一見無理な比較をすると、異様な類似性に気がつくはずだ。

現在の研究者は、「幕府」という呼び方は歴史的には不正確であり、対外的には将軍が「日本王」を自任していたと指摘している。徳川政権の下では朝廷の政治的権威が失われ、「公儀」が政治権力と権威の双方を独占していた。

かつての戦国大名は徳川政権と対等の立場を失い、徳川将軍への忠誠なしには領土支配も認められなくなった。徳川政権に抵抗する大名は国替え、また時には改易、つまり御家お取り潰しを申し渡された。このような支配を原理的に否定するキリシタンは、武力によって掃討された。

現在のアメリカ政権の下で、国連は権威を失った。アメリカが国連に指示することはあっても、国連はアメリカに指示できないことを、今春の安保理における紛争が示している。徳川政権の下でも朝廷は残っていたように現在も国連が残ってはいるが、その役割はごく小さくなった。

また、冷戦期のアメリカは、同盟国の協力なしに軍事行動を考えることはできなかったが、現在は同盟国への依存が低く、アメリカに忠誠を誓わない大国は、いまのフランスのように冷遇を受ける。独立を誇った戦国大名が、徳川政権下では譜代や親藩の下の外様大名に組み込まれたように、フランスもロシアも「アメリカ政権下の国家」へと変わるのである。

そして抵抗は許されない。イラクに加えられた二度の軍事行動は、アメリカに正面から抵抗する政権は潰されるという、誤解の余地のない教訓を世界各国に与えた。さらに、徳川政権に対するキリシタンのように、アメリカの覇権に対して正面から逆らう宗教と見なされたイスラム教が、秩序を脅かす不安定要因として、徹底的にマークされる。「9・11テロ」の背景には中東があるという判断が、中東を民主化する政策と、その第一歩としてのイラク作戦を生み出した。

徳川とアメリカの対比は、このほかにも、将軍への拝謁の順番と、大統領との会見の順番など、さまざまな面に展開できるが、もうこれぐらいにしておこう。問題は、この仕組みがどれほど続くのか、という点にある。

権力の限界

徳川政権は二五〇年の泰平を実現した。では「アメリカ政権」は、長い平和を実現するだろうか。

まず、アメリカは、いついかなるときも戦争に勝てるわけではない。どれほどアメリカが軍事的に強力であっても、他の各国は相当の兵力を持つからだ。

第二次大戦後のアメリカが戦ってきた国は北朝鮮、ベトナム、あるいはイラクやアフガニスタンであって、どれも軍事大国とはいえない。そして、中国はもちろんのこと、現在の北朝鮮やパキスタンを相手にした場合でも、短期間での劇的勝利など、とても期待できない。強いアメリカというイメージは、「負けるはずのない相手との戦争」に支えられたものに過ぎない。

さらに、冷戦終結によって、米軍への依存が減った側面も見逃せない。冷戦後のヨーロッパでは、ソ連が体制転換を果たしたのちもNATOはなお必要なのか、争われていた。ロシアがヨーロッパ諸国の一員に加わるのなら、そのロシアに対する盾としての米軍の意味も減ずるからだ。そして皮肉なことに、ユーゴ介入の後はアメリカがNATOの枠内での行動から離れ、米英軍を中心とする戦略に走ったために、その両国から取り残されたヨーロッパ諸国は独自の安全保障に傾いていった。

また、アメリカが優位を持つのはあくまで軍事領域であって、経済においてはその優位性はない。それどころか米ドルを見れば、第二次大戦直後には圧倒的な信用を保持していたものの、この半世紀の間、ゆるやかに信用を失っていったことがわかるだろう。国民総生産で見ても、世界総計のおよそ半分近くを占めていた経済力は(計算方法によって異なるが)いまでは四分の一に縮小した。経済面では、優位どころか、相対的に減退しているのである。

もちろんアメリカの影響力は、単に経済力の規模ばかりでなく、基軸通貨としてのドル供給によって支えられてきた。だが、通貨についても状況は変わった。発足当初を除くとドルよりも低い評価に甘んじてきたユーロがドルとの信用で逆転し、いまなおユーロ高が続いている。

第二次大戦後は米ドルと米軍への依存が続いてきたヨーロッパにおいて、旧ソ連の体制転換によって米軍への依存が、またユーロの誕生によって米ドルへの依存が弱まった。イラク攻撃に対するドイツ・フランスなどの批判が粘り強く続いた背景には、この対米依存の相対化がある。

そして、イラク戦争がアメリカの勝利に終わったのちも、おおかたの観測を裏切って、ドイツもフランスもアメリカとの距離を保っている。対米関係の変化は、一時の人気取りなどではなく、対米依存の長期的な変化に支えられているからだ。

そして最後に、正統性の問題がある。フセイン政権打倒という現実を前にして、すでに中東諸国の政府の多くはワシントンへの恭順を示そうとしている。だが、各国の内部では、アメリカへの反発が高まるばかりで、間違ってもアメリカの介入による民主化を期待する世論などは見られない。

中東ばかりではない。対米協力の是非で割れたヨーロッパを例にとっても、世論に関していえば、アメリカと(開戦後の)イギリス世論だけを例外として、ほぼ一致してイラクとの戦争に反対していた。二月一五日のデモを見ればわかるように、ヨーロッパ各国の世論は武力行使反対で一致していた。

アメリカは世界を指導するどころか、その世界から孤立したのである――それともブッシュ大統領なら、世界がアメリカから孤立したというのだろうか。世界に民主主義を広げると自称するアメリカも、その世界の住民には信用されていない。

力が強ければ統治が続くとは限らない。徳川政権は、外圧をきっかけに統治の信用が失われたときに、内部から瓦解した。植民地支配を例にとっても、統治される側の同意のない権力は、インドでもアルジェリアでも、あるいは朝鮮半島でも崩壊した。

力の誇示に偏った政策を続けるならば、これまでアメリカの持っていた対外的優位を掘り崩す結果を招くだろう。従来のアメリカは、過去の植民地帝国とは異なって、世界各地に介入を続ける体制はとってこなかった。優先順位の低い紛争への対処を国連に任せ、地域各国を操作することでアメリカに有利な均衡を世界各地につくり出す政策も行われてきた。フランクリン・ローズヴェルトやニクソン大統領などの外交政策は、普遍的正義を信奉する若々しい帝国建設ではなく、思いのほかに老練な権謀術数に支えられた国益の確保であり、老人の平和であった。そして、直接統治に頼らないことで、アメリカはかつてのローマ、ハプスブルク、あるいはイギリスなどのような帝国権力の危機に陥ることも避けることができた。

ブッシュ政権の進める世界改造としか呼びようのない政策は、老人の権謀術数に支えられた平和を捨て、若者の戦争に走る選択である。そして、その新たな帝国としてのアメリカは、徳川二五〇年の平和やパクス・ロマーナを再現するよりもアメリカの力を弱める可能性が高い。問題は、しかし、そのような衰退が起こる前にどれほど多くの戦争が生まれるのか、である。帝国の戦争がイラクで終わる保証はないからだ。

そして日本政府は、戦争を支える一員となった。イラク政府の「大量破壊兵器」は、朝鮮半島の動揺に比べれば明らかに重要性の低い問題に過ぎない。それでも、国連による査察が続くなかでアメリカが最後通告を行うと、日本政府はそれを支持した。国連も最後は決議するだろうとか、アメリカも最後は戦争しないつもりだとか、そんな愚かな希望的観測も聞こえていた。戦争が終わったのちは、「勝ち組」についた喜びと、その賢さを自慢する声ばかりが響くことになった。

そこにあるのは国際政治の力関係を捉えたリアリズムではなく、アメリカ政府が何を決めようと、従うことが国益だ、ほかに選択はないという、長いものに巻かれるだけの判断停止である。フセイン政権崩壊後の民主化とか、人権擁護とか、そんな理念はきれいごとに過ぎないとして一蹴する人々が、しかし独裁政権を倒すための戦争に支持を与える。アメリカが理念に沿って世界を改造する帝国になったとすれば、日本は、理念などに興味はないが追随だけは確実な子分になった。これほど無用な戦争も支持するのなら、もう、日本外交に独自の判断やイニシアティヴを期待することはできないだろう。

（二〇〇三年七月）

軍と警察――冷戦後世界における国内治安と安全保障

一　はじめに――問題の所在

二〇〇一年九月一一日に発生した同時多発テロ事件は、国境を越えた犯罪行為の準備と執行という点からも、また「犯罪」という名称の想定するような範囲をはるかに凌駕する被害の大きさからも、これまでに例のない破壊行為であった。ブッシュ大統領の唱える「テロに対する戦い」という表現には誇張があるとしても、少なくとも犠牲者、あるいは犠牲者の立場から見る人々に関する限り、「犯罪」と「戦争」の境界線を揺るがす出来事であったことに疑問の余地はない。

そして、それまではもっぱら国内治安の課題とされてきた「テロ」対策が各国の協力に支えられた「戦い」に変わることによって、国内治安と国際的な安全保障が緊密に結びつくことになった。伝統的な観念によれば、国内の治安を保つのは警察の仕事であり、国際的安全保障は軍の職分となっていた。だが、犯罪の謀議と執行における国際性と、犯罪行為のもたらす破壊の規模が拡大すれば、警察と軍の伝統的な分業に従うだけでは実効的な対処をとることができない。国家によって引き起こされる戦争ばかりでなく、個人や社会集団に企てられたテロ行為も世界全体の安全に対する挑戦として受け取られるようになることで、戦争と組織暴力の違いは相対化され、軍と警察の分業は曖昧になっていった。

それどころか、現在の「国際社会」はグローバルな規模における法の執行の時代を迎えており、合法的な暴力の行使と法の支配が国内社会ばかりか国際政治全域においても実現するという時代になった、という指摘もある(1)。東西冷戦が終結を迎えることによって、力関係の支える「平和」ではなく、人権規範と民主政治を共有する諸国の間における法の支配が実現した、という指摘は多い(2)。

法治の拡大は、法執行と制裁における国際協力を導くことになる。EUにおける刑事司法協力の拡大はその一例に過ぎない。力の均衡によって平和を保つのではなく、平和を乱す存在に対して共同で制裁を加えることによって平和が生まれるという考え方である。この場合、軍事力は、ちょうど国内犯罪に対して警察力が行使されるように、国際的な秩序攪乱に対して動員されることになる。ここでも軍と警察の違いは著しく相対化されざるを得ない。犯罪行為の国際化と凶悪化に加え、国際関係の変化、あるいは進歩によって、これまでにみられたような「国内政治における警察」と「国際関係における軍」という二分法は大きく変化しようとしている。

犯罪ばかりでなく戦争をも違法化することが一九世紀以来のリベラリズムの課題であったことを考えれば、このような変化は歓迎すべきものとして映るかも知れない。だが、犯罪と戦争への制裁が結びつくさなかで、暴力の行使に加えられる制度的・法的抑制は急速に退行してしまった。アフガニスタンのタリバン政権に対するアメリカを中心とした多国籍軍の攻撃は、確かに、国際連合の決議によってサポートはされていたものの、それを行ったのは暴力の行使に対する法的・制度的抑制を免れたアドホックな権力の連合体としての多国籍軍であった。テロ攻撃に対するアメリカの自衛権がこの攻撃の根拠とされたことも、攻撃への法的制約を解除する役割を果たしていた。

もちろん、アルカイダに対して暴力を加えることは十分な正当性を認めることができる。同時多発テロが再び起こることを阻止しなければならないという目的には根拠があり、アルカイダの示す脅威は明確かつ現在の脅威だったということもできるだろう。しかし、そのような暴力の行使に対する法的・制度的な手続きが欠けていることも見逃すことができない。アメリカ政府が国際刑事裁判所の設立に反対していることにも明確に表れているように、地球大の法執行に関わるエイジェントは、同時に、その行動に対する法的な制約をできる限り免れようとしているということも無視できない。

国際的な法執行によって安全を提供されることを期待できる人々からみれば、法的・制度的拘束の不在は安全を実現するという目的からみればごくわずかな代償としかみえないだろう。しかし、法執行に伴う「コラテラル・ダメージ」の犠牲になることを恐れなければいけない立場におかれた人々からみれば、この「国際社会」による「法執行」とは粗暴な力の独占を覆い隠すレトリックに過ぎない。地球大の安全保障の追求が、同時に、帝国の台頭への恐怖を呼び起こすという二重性を持ってしまうのである(3)。

それでは、このような警察行動と軍事行動の収斂はなぜ起こったのだろうか。これまで多くの研究者は、それは世界にみられる脅威の形が変わったからだと考え、脅威の変化からこの現象を説明してきた。国内の社会集団がもたらす暴力の脅威が好戦的国家の脅威と横並びになるような現象が現れたという議論である。その背後には、領土や資源の争奪という古典的な国際紛争から、民族や宗教の違いに起因する戦争への質的な転換があり、その結果として大規模なテロと戦闘行為、あるいは内戦と戦争との区別が相対化されてしまったと論じられることになる(4)。

確かに、国境を越える移民、労働力の移動や国境を越える情報の増大がグローバルなレベルにおけるテロの脅威を高めたことは否定できないだろう。しかし、それだけが問題ではない。この文章で、私は国際関係における軍事力の配分の変化は脅威のグローバル化と並んで、軍と警察の収斂を考えるうえで欠かせない要素であるということを指摘しようと思う。警察が国内の治安を保ち、軍隊が国際的な安全保障を実現するという伝統的な見方は、国内政治における力の独占と国際関係における力の分散という現実に基づいていた。

この状況は、冷戦終結とともに変わってしまったのである。

二　軍隊と警察はどう違うのか

警察と軍の分業は少しも当たり前なことではなく、歴史的な現象に過ぎない。もともと武力を行使する主体として、警察と軍の間に大きな違いがあったとは必ずしもいえない。警察が市民生活を守る存在であるとすれば、軍も国外の脅威から国内社会を守る存在だということができた。また、警察が政府の手先として国内社会を弾圧し統制する主体であるとすれば、軍隊もまさしく同じような役割を果たすことが珍しくはなかった。ローマ帝国の歴史を少しでも振り返れば、国内治安のエージェントと国際的安全保障のエージェントとの間に区別がないことがすぐわかるだろう。というのも、帝国の中の脅威に対抗することも帝国の外の脅威に対抗することも、ともに、軍の仕事とされていたからである(5)。

近代に入っても、発展途上国における軍部の役割をみれば、警察と軍の役割の収斂をみることができるし、それどころか国外からの安全保障よりは、むしろ国内治安に専業することのほうが多かったといっても過言ではない。例えば、フィリピンの国軍はマルコス体制の下では、国内の抑圧と対外的安全保障を同時に遂行しており、しかも国軍の中の最大の組織が警察軍(Philippine Constabulary)であったことからもわかるように、どちらかといえば国内治安の方が主要な役割であった。(6) 結局のところ、政治的目的を達成する手段として力を用いるという意味では、警察も軍隊も似通った役割を果たしているのである。

警察と軍隊の違いはその規模によるものだ、警察は軍隊よりも強制力において劣っているのが特徴だ、という議論があるかも知れない。ジェット戦闘機や巡航ミサイルを持つ警察などは存在しないからである。だがこれも、本質的な相違というよりは制裁の対象として想定される相手方の武装水準によるものというべきだろう。国内社会において国家が暴力を独占するという状況が生まれていれば、国家は国内の政治抵抗を恐れる必要はなく、それだけに警察の必要とする武装も低水準にとどまることになる。だが逆にいえば、暴力の独占が不完全であり、破壊力の大きな武器を社会集団が保持するとき、国内における法の執行においても強大な強制力が必要となってしまう。

つまり、警察力の規模を相対的に抑えてきたのは国内社会における武器の入手可能性であり、テロ組織や反体制組織の武装水準なのであり、いずれも本質的特徴に由来する制約ではなく、時の状況によって左右される要因に過ぎない。冷戦期をとっても、南ベトナムをはじめとする各国国内で展開されたゲリラ戦は、領域こそ国内社会であっても、大規模な軍事活動であった。(7) 迫撃砲、高射砲、場合によっては装甲車などの装備をゲリラの側が保持するとき、通常の警察力では対応できないことは自明であろう。多くの場合、ゲリラに立ち向かうのは警察ではなく軍隊であったが、その軍の活動内容は本来なら警察の担当すべき領域に属していたといってよい。国内における政治的反抗の高度な軍事化によって、警察の域を越えた軍事的な対抗が必要となったわけである。

そして、二〇〇一年の同時多発テロ事件は、テロ活動における暴力の高度化を思い知らせることになった。ここでは破壊力の拡大に加え、兵器やテロ技術における国際的連携という側面が加えられた。テロ組織が国内からの兵力の調達や国外における訓練を求めることは決して不自然ではない。国境を越えた資本と人の移動の拡大が、同時に大規模犯罪の越境活動を招くことになった。ここでは国際的な刑事警察と、各国による軍事協力との違いは薄れてしまい、そのためにいっそう国際紛争と国内治安の境界線は曖昧になってしまった。

ここまでは制裁の相手方が持つ条件によって警察と軍の違いを論じてきた。これに加えて、その武力行使の態様によって両者の違いを考える必要もあるだろう。警察が犯罪者より弱い状態は普通ではないし、犯罪者の武装を圧倒的に凌駕する力を背後に制裁を加えるのが通常の警察活動である。つまり、国内治安を担当する警察が軍事行動に携わる軍隊と決定的に違うのは、警察行動では一方的かつ圧倒的な優位に基づいて暴力を駆使する点にあると考えることができるだろう。

国際関係においては、そのような一方的攻撃が想定されることは少なかった。より厳密にいえば、圧倒的な兵力の非対称性に基づいた攻撃そのものは大国の地域介入など実在したものの、国際紛争の主要な関心は常に大国間の大規模戦争に置かれてきたといってよい。そして、軍事大国相互の戦闘では相手の反撃を恐れることなく大規模兵力を投入することは不可能であった。警察は一方的に攻撃できるが軍隊の場合には難しい、という対照がここに生まれる。

いうまでもなく、これは国内社会において暴力が独占され、国際関係においては暴力が拡散しているという観念を反映した現実認識である。逆にいえば、国際関係においても暴力の集中が生まれた場合、圧倒的な兵力を投入して戦争を戦う合理性が生まれ、警察と軍隊の役割はここでも重なってしまう。国際関係においても大規模な武力行為に対して一方的な制裁を行うという可能性が生まれるからだ。

このように、兵力の規模をみてもその行使の態様をみても、警察と軍の間の違いはわれわれが通常考えるよりも限られたものに過ぎないことがわかるだろう。それでも、最後に一点、大きな相違が残される。武力行使がどのように法によって統制されるか、という違いである。

警察も軍も、それぞれの国内法によって規制される存在であるが、特に警察の場合にはその警察力の行使としてどのような手段が許されるのか、事細かに法律によって定められることがむしろ一般的であり、それが「おい、こら」の警察ではない民主主義国の警察としての信用を支えてきた。他方、軍については対外行動においてどのような軍事戦略を展開し、どのような兵器を用いるのかは基本的には状況的な判断であり、さまざまな国際法上の制限が加えられてきたとはいえ、国内法の管轄に関する限りでは法的な規制を免れるのが一般である。

これを逆にいえば、刑事警察と軍がともに法による拘束から脱却して乗り越えて行動するとき、また逆に、刑事警察も軍もともに法による拘束に従う場合、つまり暴力が制度化されない場合と制度化される場合のその両方の極端において、軍と警察の機能は重なってしまう。力の分布と集中と並んで、法的制約の有無が、軍と警察の機能分化を左右する指標であると考えることができるだろう。

より一般化していえば、警察と軍の機能を分けることができるのは、以下の二つの条件が満たされた場合に限られる。第一に、国際関係のレベルにおける力の分散のためにそれぞれが国内において相対的な力の独占をもつ個別の主権国家が成立し、それが国際関係を構成するという条件、第二には、警察力の公使は国内における法の支配によって規制される一方、国際関係のレベルにおける力の行使については法的な拘束が全くないか、あっても決して強いものではない、という条件である。

つまり、警察と軍の分業とは国際関係における無政府状態と国内政治における統制の生み出した結果にほかならない。国際関係では各国の競合と無政府状態が続く一方で、国内においては正当な統治の下の安静が実現するわけである。国際関係において力の集中が実現した場合、また国内社会において暴力の独占が壊れてしまった場合、この二つの極限的な状況においては、軍と警察を分ける基礎の一方は揺らぐことになる。そしていま、世界レベルでは米国への軍事力の集中が進み、地域レベルでは暴力独占を失った「破綻国家」が生まれたために、この分業が実際にも揺らぎ始めたと考えることができるだろう。

三　冷戦終結が生み出したもの

国内政治と国際政治の分離はあまりに長い間続いてきたために当たり前のことであると考えられがちである。国際関係におけるリアリストの立場では、法の支配とは基本的に国内政治の領域における出来事であり、国際関係における法治とはその領域と対象がごく限られたものに過ぎず、影響力も時間的な継続性も限定されたものとして捉えられていた。各国は法的な拘束を逃れ、各国独自の利益を優先して追求する。力の論理が支配する秩序観念である。

国際関係におけるリベラリストたちはこのような前提に挑戦を続けてきた。世界はより強い相互依存と普遍的な価値の共有に向かって歩みを続けてきたのである、という主張である。リベラルの立場は、そのような理念やデモクラシーが広いアピールを持ったという指摘において正当であるが、冷戦期の国際秩序に関する限り、価値や規範よりも力関係が国際政治の動態を左右するという単純な事実を否定すべくもなかった。冷戦とは力の均衡によって保たれた長い平和にほかならなかったからである。[8] アメリカとソ連の間の相互抑止が平和の枠組みを提供する限り、核兵器を保有するどちらがよりモラルにおいて高いか、そんな議論を繰り返す意味はほとんどない。

力関係が安定を支える世界では、それとは異なるモラルや価値規範を国際政治に持ち込んでも、国際関係に不安定をもたらすことにしかならない。平和主義者の主張する一方的軍縮とは、リアリストの視点から見れば国際的安定を脅かすものにほかならない。また、全体主義国のなかにおける人権抑圧を糾弾することは米ソ関係のバランスを壊し、ひどいときは核戦争を招くことになりかねない。つまり、平和主義者の主張も、あるいは、普遍的人権やデモクラシーの主張も、力の均衡によって保たれる平和を脅かすことはあれ、決してそれを安定させる効果をもつものとは考えられなかった。[9] 国際関係における力の分散は、力の行使を主張する側であれ、逆に力の廃棄を主張する側であれ、国際関係に対するリベラルな観念の適用を阻むものであったということができるだろう。

冷戦期の力関係はもとより平和の実現を目的としたものではない。だが、結果的には大国の力の行使を規制する役割を担ったことも否定できないだろう。朝鮮戦争においてもベトナム戦争においても軍事的介入のエスカレーションが大国の安全をかえって阻害する危険があったからである。朝鮮戦争における軍事介入を拡大することはアメリカを中国ばかりかソ連との直接の戦闘にいざなう可能性があった。ベトナムにおける介入を強めれば中国との戦闘の再開という悪夢を呼び起こしてしまう。ソ連がアフガニスタンへの介入を強めればアメリカとの直接の対立を強めることになりかねない。つまり、双方が直接の対決を避けようと行動する限りにおいて、軍事介入の規模を拡大することは不利益をもたらす行動に過ぎなかった。力関係そのものが対外介入の領域を狭める役割を担ったのである。冷戦期における安定が力関係に頼った結果として、かえって力の行使の抑制という効果をもたらしたといえるだろう(10)。

冷戦の終結はアメリカの軍事力の行使に対するそのような制約を取り払った。湾岸戦争に動員された多国籍軍の規模は六〇万人に達しているが、これはベトナム戦争におけるピーク時の兵力に相当する規模にほかならない。地域紛争への関与が他の大国との戦闘にエスカレートするかも知れないという危険が遠のくことによって、少なくとも理論的には、アメリカはごく小規模な紛争に対しても大規模な介入を行うことが可能となった。行使の態様について、警察力と軍事力の境界が破れたのである。

冷戦終結がアメリカへの力の集中を招くのではないか。考えてみれば当たり前のような観測は、しかし、同時代の国際政治学者のものではなかった。ミアシャイマーやウォルツなどの研究者は、米ソ核抑止という枠の外れたヨーロッパは、第一次大戦前や第二次大戦前の混乱にもどるのではないかと予想した(11)。二極の後には一極ではなく多極が訪れ、それとともに二極体制のもとの安定が失われるという主張である。一極支配とか覇権とかマスメディアで取りざたされた時代においても、軍事安全保障の領域では力の集中が持続するはずはないと想定されていた。

だが、ソ連解体から一五年を経たいま、国際政治における力の軍事力の集中がそれまで以上に強まったことはほぼ疑いがない。まず、核兵器の集中がある。旧ソ連諸国における核の廃棄がアメリカの核軍縮よりも急速に進んだ結果としてアメリカの核保有はかつてない優位を獲得した。地域における核拡散が進んだとはいえ、それらの地域の核は基本的にその置かれた地域における抑止力としてのみ機能する存在であって、たとえば中国にとってアメリカ本土に直接攻撃を加えることはおよそ合理的ではない。アメリカのみが、反撃をおそれることなく核兵器を使用できる国家となった。

さらに、ＲＭＡと通称されるような電子誘導などの兵器の技術革新が、米軍の優位をいっそう高めることになった。電子制御の精密化は、先制攻撃によって敵の地上兵力に打撃を与え、地上戦による味方の犠牲を恐れる懸念の少ない戦略を可能にする。核兵器の集中と通常兵器における技術革新に支えられ、アメリカは反撃を恐れることなく戦争を戦うことのできる世界で唯一の国家となった。冷戦期の戦略秩序が米ソ両国の相互抑止に支えられてきたとすれば、冷戦終結後の戦略秩序の特徴は抑止されざる戦力の登場だったといえるだろう。

伝統的国際政治において軍事大国として台頭する国家が登場した場合にとるべき合理的な行動とは、その大国に対抗する同盟の形成であり、場合によってはその台頭を牽制するための戦争であった。だが、合従ばかりが合理的な権力算術ではない。広大な権力が生まれたなら、その権力と同盟を組み、その同盟関係を通して大国を宥和し、大国となれあい、あるいはおこぼれにあずかるという戦略も十分に合理的である。これが、伝統的バランス・オブ・パワーと対照して指摘されるバンドワゴンと呼ばれる現象である。

「力の均衡」ではなくバンドワゴンが発生した場合、国際関係における力の分布はそれまで以上に不均衡が増大する。そして冷戦後の世界各国が採用した戦略とは、アメリカに対抗する同盟ではなく、アメリカとのバンドワゴンであった。自国が米軍の攻撃にさらされる事態を回避し、さらに自国の安全のために米軍を使うためには対抗よりも協調の方が合理的選択だからである。イギリスや日本のような同盟国はもとより、中国やロシアのようにアメリカと直接の同盟を結んではいない諸国であっても、アメリカとの政治的対立は慎重に回避する政策に向かわざるを得ない。力の分布における不均衡が各国のバンドワゴン行動を促し、そのバンドワゴンが力の集中をいっそう高めてしまうというメカニズムをここに見ることができる。

四　普遍主義と法治への期待

力の分布が変わり、力の行使に対する拘束が弱まることによって、どのような場面で力の行使を行うべきか、その権力の態様に対する認識も変わることになった。冷戦期のような核抑止や力関係ではなく、普遍的な倫理や理念の領域として国際関係を捉え、国際関係における法の支配を議論することが可能になったからだ。

もともとアメリカ国内では冷戦期におけるアメリカの力関係に基づく外交は決して好意的に受け取られていたわけではない。たとえばニクソン大統領の下で米中関係が正常化に向かったときも、アメリカの国内世論は、そのような米中の接近は北京における独裁を正当化するものだとして忌避する動きがあった。相手がデモクラシーであろうと専制支配であろうと外交政策に影響を与えないのが伝統外交の世界であるが、そんなリアリズムは民主政治と人権保障を国是とするアメリカの世論には受け入れられなかった。

冷戦終結は、そのような外交の忌避を一転することになる。旧ソ連の崩壊は単なる政権交代ではなく、民主政治と人権保障の世界に旧ソ連と東欧諸国が加わるという、まさにアメリカの自画像にふさわしい変化として捉えられていた。これまでの歴史では安定した民主主義国がお互いに戦争をした例がないというマイケル・ドイルの指摘を根拠として、力の均衡によって支えられる平和ではなく、価値と政治体制を共有する諸国の間の平和、デモクラシーの平和を実現する機会が生まれたという主張も行われた。

アメリカだけではない。ヨーロッパ諸国にとって、民主主義国によって構成される平和とは、第二次世界大戦の後に約束されながら、ソ連による東欧地域への支配のために奪われてしまったものにほかならなかった。冷戦終結とは同時に旧ソ連・東欧圏の民主化であり、ヨーロッパ諸国にはもはや政治体制や経済体制の違いがなくなるという変化であった。欧州連合やNATOは、新規加盟国が参加する条件のひとつに人権保障を掲げている。冷戦が終わった後のヨーロッパでは、民主主義と法の支配の行われる諸国でなければ地域機構への参加する資格を認められなくなった。アメリカの主張するデモクラシーの平和が一般原則の主張であるとすれば、ヨーロッパの場合にはそれが具体的な制度の運用にまで投影されたことになる。

権力闘争に彩られてきた旧来の国際関係に代わるものを表現する概念として多用されるようになった言葉が「世界秩序」(world order)である。アン・マリー・スローターによれば、世界秩序とはグローバルな統治のシステムにほかならない。そこでは、国際協力が制度化され、紛争が封じ込められることによって、すべての国家とそこに住む人々がより大きな平和と繁栄を達成し、環境保全をはじめとする地球規模の課題に取り組み、そして最低限度の人間的尊厳が達成される。(12) まるでユネスコや国連の掲げるパンフレットのような記述だが、これは将来実現すべきユートピアではなく、すでに実現した秩序として語られているのである。

スローターにおける世界秩序とは、もちろん各国が独自に権力の拡大を試みる伝統的な国際関係ではないが、世界連邦のような一元的な統治でもなく、それぞれの政府がネットワークを作ることによって国際的な協力とその制度化を達成するところに特徴がある。これまでの国際関係論では、国家を越え、それぞれの国家を統制する権力を持った一元的主体をつくることができるかどうかが争点となり、そのような主体が存在しない限りでは無政府状態のもとの権力闘争を克服することはできないと主張されてきた。だが、仮に一元的主体が存在しない場合でも、国際関係を構成する各国それぞれが価値と体制を共有し、法の制定と適用に合意するのなら、単なる力の均衡ではなく法治によって支えられた秩序の形成も可能になるだろう。つまり、価値と体制の共有を通して、集権的権威の不在という国際政治の基本的条件の下でも世界秩序は実現可能だと考えるわけだ。

それでは、国際政治を常に脅かしてきた戦争の脅威はどのように変わるのか。この点について、戦争はすでに過去のものになった、と主張するのがジョン・ミュラーである。かつて決闘や奴隷制は当然の現実として受け入れられてきたが、現代の価値観では受け入れられないものとなり、現実にも行われなくなっている。この決闘や奴隷制と同じように、人間社会とともに存在するかに見える戦争も、実は時代の観念によって支えられる制度であって、現代では価値的にも受け入れられず、意味を失おうとしている、という把握である。(13)ミュラーの主張は、国際関係における戦争の違法化を不可逆的な過程として捉えており、その進展によって戦争の廃絶に限りなく近い世界が訪れたと考えている。

先進工業国の間、たとえばイギリスとフランスなどの間で戦争の可能性を顧慮する必要のない国際関係が実現したのは事実だろう。だが、各国が戦争を違法化するだけで、その違法な戦争を試みるような行動を排除できるとは考えられない。ミュラーは、先進工業国においてはすでに戦争の可能性を考える必要は薄れており、残された課題は発展途上国に発生した紛争に対する共同の軍事介入であると考えている。

ここでミュラーの議論にはほころびがみえてくる。ミュラーも、先進国による軍事介入によって秩序維持が図られると考えているわけではない。先進国はそれぞれの国益が重大な侵害を受けることがなければ多くの犠牲を伴う介入に踏み切る可能性が少ないからだ。発展途上地域における内戦や国内の災害はそこに存在する邪悪な体制の産物であるとしても、先進国の利益を脅かさない限り、介入しない可能性のほうが高い。その結果、戦争が陳腐化しつつあると考えるミュラーも、先進国の警察行動のような戦争(ポリシング・ウォー)によって紛争の解決が得られるとは考えていないのである。(14)

このようにみれば、冷戦後の世界に生まれた普遍主義と法治への期待は、結局のところ戦争などしそうもない各国の間に限っては戦争の違法化と秩序形成を果したというものにとどまり、その外の紛争に対してどのように取り組むのかという課題は残されたことがわかるだろう。そこでは、先進工業国の利益に関わらない紛争として無為に終始する危険と、逆に警察行動のように破綻国家や専制支配を排除する大規模な介入が行われる危険という、およそ両極端に分かれた対応が生まれてしまう。カンボジアとユーゴスラビアの事例を通して、この問題について考えてみたい。

五　平和維持から人道的介入へ

人道的災害という意味で、クメール・ルージュがカンボジアで行ったほど大規模な殺戮をみることは少ない。そして、アジア地域において発生したこの最大規模の暴力は、一九七八年を通じてその殺戮が展開していたさなかにも国際社会から基本的に無視された。さらに、七八年にベトナムがカンボジアを侵略し、七九年にプノンペンにカンプチア人民共和国を築いた際にも、国連、アメリカ、日本などの反応はクメール・ルージュの暴力ではなく、むしろベトナムによる侵略の方に向けられていたということができる。実際、アメリカ、日本、ASEAN諸国などはシアヌーク、ソン・サン派とポル・ポト派を併せた三派連合を支援するという形式をとっていたが、シアヌークとソン・サン派の力がごく限られているという現実を前にすれば、これはクメール・ルージュに対する間接的な支援か、あるいは、戦争に対する黙殺にほかならなかった。ベトナムのカンボジア侵略という国際的に正当性のない介入がカンボジアにおける人道的災害を停止する役割を果たしたことは、無視できない現実の一部である。

長らく国際社会の関与から放置されたかのようであったカンボジア紛争であるが、冷戦終結と前後して、この紛争の解決に向けた国際的な取り組みが生まれた。九一年一〇月、パリで和平協定が成立し、この下に九二年三月から国連カンボジア暫定統治機構UNTACが設立された。冷戦終結後に行われた平和維持活動として最初の、しかも最大規模の活動である(15)。

UNTACは伝統的平和維持と冷戦後の平和執行のいわば間に立つ活動だった。一方では、統治能力を失った政府に代わって暫定的領域管理を行い、仲裁の主体ではなく統治の主体として国連が介入している。他方、平和維持における当事者合意の原則や中立性原則が強く保たれ、そのためにプノンペン人民党政権に対しても、また、クメール・ルージュに対しても、実効的な介入を強行することはできなかった。その結果、文民行政機関を直接に管理することはできず、人民党の独裁が事実上継続し、現在に至るまで人民党が勝つ選挙に限って公正な選挙が行われるという状況が続いていることは無視できない。

カンボジア・モデルが紛争当事者の間に入って活動するという伝統的な平和維持活動の特徴を残していたとすれば、スロベニアとクロアチアの独立に端を発したユーゴスラヴィア紛争への介入は、それとは全く異なる介入となった。(16) クロアチアの独立に対して一九九一年六月にユーゴ連邦が連邦軍を派遣すると、国連によるセルビアへの経済制裁とアメリカの武器禁輸が行われたものの、兵力派遣には至らなかった。連邦軍がサラエボに侵攻して危機が拡大すると、CSCE（全欧州安全保障協力会議）による紛争解決の制度化に向かっていたECはボスニア問題に関する調停を試みるが失敗に終わり、九三年に入って国連保護軍（UNPROFOR）が展開されたものの、これも成果を上げることはできなかった。

ことに、九五年七月に発生したスレブレニッツァでの虐殺事件は、国連による平和維持活動の限界を見せつけることになる。セルビア人によって大規模な虐殺が展開するなかで、その付近に展開していた国連保護軍は何の措置をとることもできなかったからだ。この過程で、介入の主体は国連からNATOに移った。NATO軍による空爆とクロアチア軍のセルビア侵攻によって状況は一転し、九五年の一一月にはデイトンで和平合意が結ばれることになる。

冷戦後世界におけるユーゴ紛争は、第二次大戦開戦前におけるスペイン内戦に比すべき意義を持つ紛争である。ヨーロッパではマーストリヒト条約が結ばれ、ECがEUになろうとするとき、ECは紛争解決において成果を収めることはできなかった。ブトロス・ガリ事務総長が平和執行活動を呼びかけた国連も、ユーゴにおいてはスレブレニッツァで無為を露呈してしまう。サラエボで続く虐殺を放置してよいのかという呼びかけが欧米諸国に広がり、その呼びかけが人道的災害に対しては人道的介入が必要だという、際だって理念の先走った、伝統的リアリズムとは異なる介入への要請に結びついていった。

その典型ともいうべき論者がメアリー・カルドーだろう。冷戦のさなかに反核運動の先頭に立ってきたこの国際政治学者は、紛争当事者の間をとるような平和維持活動に対して厳しい批判を加え、市民社会と人間の尊厳を保つためにはセルビア系勢力とミロシェビッチ政権を排除するような実効的武力介入が必要であると論じた。(17) 戦争が違法化された時代の好戦行動に対して先進国はどうすべきかというミュラーの問題に対して、人権保障のためには大規模な武力行使が必要だという判断をカルドーは下したのである。

ここで想定されている武力行使は、警察の役割に極めて近い。ユーゴ紛争がドイツやフランスなどの安全を脅かしたわけではなく、国防や国益擁護を目的として兵力を投入する意味はなかった。また、当事者の合意に基づいた中立的な勢力による平和維持という方策では、セルビア系民兵やユーゴ連邦軍による破壊行為を阻止することはできなかった。NATOによる空爆はまさに戦争行為にほかならないが、そこで武力が用いられた根拠は大規模な人権侵害の阻止であって、組織犯罪に対する警察力の行使と類似した特徴を持っている。そして、このような戦争行為を、市民社会の安全と尊厳を保つための武力行使として、かつて戦争の非人道性を非難し続けてきたカルドーが積極的に擁護する点に、冷戦期と冷戦後における「力」の認識の変化が現れている。

六　結び――警察化の限界

世界各国がそれぞれ戦争を準備し、それが合理的な政策遂行として認められる世界が過去のものになるのは歓迎すべき変化だろう。侵略戦争や人権抑圧に従事する政府が打倒されれば、侵略にさらされかねない人々や人権を奪われた人々は、その打倒が大規模な武力行使を伴うものであったとしても、そのような介入を歓迎するかも知れない。この視点から見れば、平和維持活動の方式がカンボジア・モデルからユーゴ・モデルに変わることは、国際関係における法の支配の拡大であり、進歩だ、ということになるだろう。

だが、冷戦後における法治への期待と軍の警察化には、少なくとも三つの課題が残されている。第一に、武力を誰が行使するのか、権力執行の主体という問題がある。国内政治で警察力を行使するのはその国の政府であるが、国際関係においては集権的権威は存在しない。国際機構には求心力も実効的支配権力も乏しいため、国際機構を通じて介入を行った場合には、そのとることのできる行動範囲が限定され、スレブレニツァにおける無為に象徴的に示されるように、大規模な破壊行為に対して実効的な制約を加えることができない可能性がある。他方、アメリカをはじめとする大国が武力行使の主体となるときには、国連などとは異なる大規模な実力行使も可能となるが、その介入の対象を選択するにあたっては大国の判断に左右され、国益を離れた公共性に基づく判断を期待できない。権力行使の主体を巡る問題は、介入の合法性にも反映される。国内政治であれば警察力の行使は国内法の範囲でのみ認められ、その法的拘束があればこそ警察が暴力を用いたところで市民社会の安全が脅かされるとは考えられない。だが国際政治においては、国連安全保障理事会の決議などに基づいた介入であれば合法的ではあっても実効性は弱く、大国による介入であればその国の法による拘束はあっても国際法などによる拘束の効果は期待できない。つまり、どれほど人権規範が共有される世界に向かっても、正義と力の分裂という国際社会の基本的なジレンマは残されてしまうのである。ある人々にとっては正当な介入とみえるものがほかの人々にとっては無法な暴力に過ぎないことになる。

さらに、どのような紛争が介入の対象となるのか、その対象の選択についても限界がある。特定の殺人だけを捜査する警察は異様な存在であるが、国際関係においてはすべての暴力や紛争に軍事介入が行われる状況は考えにくい。人命と経済的資源の両面において武力行使のコストは極めて高いために、直接の利害関係が乏しい紛争に対して諸国が兵力を提供することは期待できないからである。

厳しい言い方をすれば、ユーゴスラビアはヨーロッパに位置していたからこそ人道的災害として認められたのであり、同じ頃に展開したルワンダ内戦、それに引き続くコンゴ内戦と戦争に対しては、ＥＵもＮＡＴＯも、それでいえば国連も、介入に消極的であった。

9・11の同時多発テロ事件が起こったあとはアフガニスタンへの介入に賛成したアメリカも、ソ連軍撤退後のアフガンで展開された国連の平和維持活動に対してはほとんど関心を払うことはなく、それが失敗に終わり、タリバン政権が発足したあとも介入を準備することはなかった。

冷戦終結後の世界で、これまでにない力の集中が生まれたために、軍を警察のように用いて秩序を維持する可能性は生まれたが、国益から離れた公共性も、警察のような法的拘束に服する軍事介入も、当然には期待できない。そして国際的公共性を大国が代行するというねじれのなかで力の行使が大国の意志を強く反映するとき、平和維持活動に、強者による解放と啓蒙と改良という、植民地支配のようなイデオロギー性さえ生まれてしまうだろう。国際政治における権力の構成に立ち入らない限り、やはり軍事行動と警察力の行使との間には、大きな相違が残されている。

注

（1）この点を最も強く主張し、戦争を違法化する時代が訪れたと論じるのがJohn Mueller, *The Remnants of War*, Ithaca, N.Y.: Cornell University Press, 2004.

（2）たとえば、Anne-Marie Slaughter, *A New World Order*, Princeton, N.J.: Princeton University Press, 2004, 参照。コンストラクティヴィズムのなかでは、力の均衡がすでに過去の遺物と

なったという指摘も生まれている。Jeffrey W. Legro & Andrew Moravcsik, "Is Anybody Still a Realist?" *International Security* 24, no. 2 (Fall 1999): pp. 5-55, 参照。

（3）藤原帰一「アメリカの平和」、本書Ⅳ部収載、参照。

（4）世俗的権力の争奪を主眼とする国際紛争からアイデンティティーの相克の紛争へという紛争の性格の変化を論じた代表的な論客が、本文でも後述するメアリー・カルドーである。Mary Kaldor, *New and Old Wars: Organized Violence in a Global Era*, Stanford: Stanford University Press, 1999, 参照。

（5）ローマ帝国における兵士の役割については、新しいもので Antonio Santosuosso, *Storming the Heavens: Soldiers, Emperors, and Civilians in the Roman Empire*, Boulder, Colo.: Westview, 2001, がある。

（6）藤原帰一「民主化過程における軍部――A・ステパンの枠組とフィリピン国軍」日本政治学会編『年報政治学一九八九年　近代化過程における政軍関係』岩波書店、一九九〇年、一四一―一五八頁。

（7）ゲリラ戦と反ゲリラ戦略については、Douglas S. Blaufarb, *The Counterinsurgency Era: U.S. Doctrine and Performance, 1950 to the present*, New York: Free Press, 1977, ならびに Shafer, D. Michael, *Deadly Paradigms: The Failure of U.S. Counterinsurgency Policy*, Princeton, N.J.: Princeton University Press, 1988, 参照。

（8）Gaddis, John Lewis, "The Long Peace," in his, *The Long Peace: Inquiries into the History of the Cold War*, Oxford: Oxford University press, 1987.

（9）　核抑止による安定を強調する代表的論客がケネス・ウォルツである。Kenneth N. Waltz, "Nuclear Myths and Political Realities," *American Political Science Review* 84, no. 3(September 1990): pp. 731–45, 参照。冷戦終結後もウォルツの主張に変化はない。

（10）　介入・抑止・相互抑制のメカニズムについて、藤原帰一「アジア冷戦の国際政治構造――中心・前哨・周辺」東京大学社会科学研究所編『現代日本社会』第七巻、東京大学出版会、一九九二年、参照。

（11）　冷戦時代の安定が損なわれたなら、無政府状態の争乱が生まれると考えたのが、ミアシャイマー、また冷戦が終わっても国際関係では力の集中が発生する可能性が乏しいと論じたのがウォルツである。Mearsheimer, John, "Back to the Future: Instability in Europe After the Cold War," *International Security* vol. 15(Summer 1990): pp. 5–56, ならびにKenneth Waltz, "The Emerging Structure of International Politics," *International Security*, 18-2(Fall 1993): pp. 44–79, ならびにJohn Ikenberry, ed., *America Unrivaled*, Ithaca, N.Y.: Cornell University Press, 2002, pp. 29–67, 参照。

（12）　Anne-Marie Slaughter, *A New World Order*, p. 15. この議論は、国際関係を世俗的な利益や権力のような「実在」する条件ではなく、当事者の持つ観念によって構成されたものとして捉える構成主義(コンストラクティヴィズム)の視点をふまえたものといっていいだろう。国際政治の規範的構成としては、Martha Finnemore, "Norms, Culture, and World Politics: Insights from Sociology's Institutionalism," *International Organization* 50, no. 2(Spring 1996): pp. 325–58, ならびにMartha Finnemore, *National Interests in International Society*, Ithaca, N.Y.: Cornell University Press, 1996, さらに冷戦終結をこの視点から捉えたものとして Rey Koslowski and Friedrich V. Kratochwil, "Understanding Change in International Politics: the Soviet Empire's Demise and the International System," *International Organization* 48, no. 2(Spring 1994): pp. 215-47, 参照。

(13) John Mueller, *The Remnants of War*, p. 59.

(14) *Ibid.*, p. 160.

(15) カンボジアの平和維持活動については、Trevor Findlay, *Cambodia: The Legacy and Lessons of UNTAC*, Oxford: Oxford University Press, 1995; Ben Kiernan, *Genocide and Democracy in Cambodia: The Khmer Rouge, the United Nations, and the International Community*, New Haven, Conn.: Yale University Southeast Asia Studies, 1993; 池田維『カンボジア和平への道――証言日本外交試練の五年間』都市出版、一九九六年、参照。

(16) ユーゴ紛争については Susan L. Woodward, *Balkan Tragedy: Chaos and Dissolution after the Cold War*, Washington, D.C.: Brookings Institution, 1995; Misha Glenny, *The Fall of Yugoslavia*, London: Penguin, 1993; Ivo H. Daalder, *Getting to Dayton: The Making of America's Bosnia Policy*, Washington, D.C.: Brookings Institution, 2000, 参照。

(17) Mary Kaldor, *New and Old Wars: Organized Violence in a Global Era*, Stanford: Stanford University Press, 1999; Mary Kaldor, *Global Civil Society: An Answer to War*, Polity press, 2003, 参照。

（二〇〇五年八月脱稿）

帝国は国境を越える——国際政治における力の分布

はじめに

世界には大国と小国、強い国と弱い国がある。学問以前のあたりまえの観察にすぎないが、この観察を国際政治の分析に活かすことは案外難しい。国際政治の原像とは、大国が横並びになって展開する権力闘争のイメージだからである。

このイメージに楔《くさび》を打つのが帝国論、それも経済的優位の別称としての覇権ではなく、軍事的優位に支えられた帝国という概念を駆使する研究である。長らく過去の遺物として追いやられてきたこの観念は、9・11同時多発テロ事件の前後から、それもマスメディアで消費されるシンボルばかりでなく、国際政治を実証的に分析する概念の一つとしても、復活した。

日本に限っていえば、帝国概念は必ずしも打ち捨てられてきたわけではない。マルクス主義の影響が長らく強かったためもあり、レーニンによる帝国主義論をさまざまに再定義する試みが続けられた。新植民地主義論や従属理論などの学説も、日本では広く受け入れられてきた。国際関係論に限ってみても、英語では「王道」の語感に近い肯定的な意味の伴う「覇権(hegemony)」という概念が、日本ではまさに他を制する「覇道」の含意をこめて用いられてきた。安全保障と主要な市場をアメリカに頼ってきた日本から見れば、アメリカは帝国という言葉を当てはめても不思議のない存在であった。

だが、帝国概念を用いた業績の多くは、現代資本主義を解釈するための概念用具か、アメリカの対外政策を批判する際に、いわば比喩として用いられるものにとどまっており、国際関係論でこれまでに用いられてきた概念との結び付きは見られなかった。日本に限ったことではないとはいえ、帝国という言葉を用いる論者が、主権国家の構成する国際政治と帝国秩序とはどのように異なるのか、そもそも帝国は国際政治の概念として定義できるのか、そのような検討を行うことはごく乏しかったといわなければならない。

ここに、国際政治を考えるうえで帝国概念にはどのような有効性があるのかを考える意味がある。ただ、この議論には「帝国」をどのようなものとしてとらえるか、その概念を操作することによっていくらでも恣意的に展開できるという難点がある。ここでは、国際政治の権力関係において、他国よりも相対的に優位な国家が一つに絞られた状態を帝国状況と考え、その国家を帝国と考えることにしたい。

この定義は帝国ではなく覇権、ないし覇権国家に当てはまるものではないかという指摘が直ちにあるだろう。だが、後に述べるように、現在展開されている帝国論の多くは、それまでに用いられてきた覇権概念を読み替え、論理的に組み替えたものによって占められており、二つの概念が異なる対象を示すとはいえない。このとき、勢力圏を自国の公式の領土として支配しなければ帝国とは呼べないという立場をとるのでないかぎり、覇権を巡る議論と帝国を巡る議論との間には有意な違いは認められない。まして、争点領域を貿易や通貨のような経済的課題に限定するのではなく、軍事力における優越を含めて覇権概念を展開する場合には、両者の違いはなくなってしまう。

それでは、どちらの言葉を用いるべきなのか。私は、国際関係における力の分布に関する歴史の長い思惟と結び付けるためには、覇権ではなく帝国という概念を用いるほうが有益ではないかと考える(1)。もちろん、覇権と呼ぶか、帝国と呼ぶかという相違には、その言葉を用いるものの持つ価値判断が投影されており、覇権という言葉にはネガティブな意味が乏しく、逆に帝国が肯定的な意味で用いられることは少ないように見える。だが、その違いも時代によって異なるものにすぎない。一九世紀後半に至るまでのヨーロッパでは、帝国とは否定的な存在どころか、自国民に栄誉を、また周辺の住民には文明をもたらす存在であった。また、いま帝国が語られるとき、否定的な意味どころか、肯定的な意味づけが行われることも珍しくない。国家を越える権威が存在しない、また存在してもその持つ力のごく限られた世界において、覇権国家、あるいは帝国こそが世界に公共財を提供する存在であるという議論だ。

そこに、グローバリズムの進む状況のなかで帝国を取り上げる意味がある。どのように定義を下したところで、帝国が伝統的な国境を越える意思と力を併せ持つ主体であるという点に変わりはない。横並びになった諸国に比べて突出した力を持つだけに、帝国にとっての国境とは他国に対して自国を守る防衛線としての意味以上に、帝国の影響力の波及を阻む障害、邪魔者としての意味を持っている。もちろん帝国が国境を無視するということではない。力の優位を持った国家であっても主権国家の規範に従う行動をとることの方が原則ではあるだろう。だが、重大な国益の衝突が起こった場合、さらにその衝突をより普遍的な理念の実現と結び付けて語ることのできる状況においては、そのような規範に従わない、また従うべきではないという判断も生まれる。

この国境を越える権力行使には、リベラリズムと重なる側面があり、それが問題をいっそう難しくしてしまう。本来リベラリズムは、過度な権力の行使に対しては、その対象が国内であろうと国外であろうと慎重な態度を伴うことが多い。だが、その基礎となる価値の普遍性が信頼されているかぎり、価値の実現を国境の中にとどめるいわれはない。リベラリズムにおける国境を越える義務と主権国家体系としての国際政治の枠組みが正面から向かい合う、帝国と普遍主義の関わりについて考察する必要が、ここに生まれる。

一　帝国の再興

忘れられた帝国

第二次世界大戦の前の世界において、自分の国を帝国と、しかも肯定的な意味を込めて呼ぶことは珍しくなかった。だが大戦後の世界では自称としての帝国は影を潜め、用いられる場合でも否定的な意味合いが強まってゆく。大英帝国、ドイツ帝国、あるいは大日本帝国などという言葉遣いは、過去の形容に用いられるのでなければ、話し手のアナクロニズムを感じさせる懐古趣味に変わっていた。

国際政治学においても、帝国という概念は長らく打ち捨てられてきた。ローマ帝国やロマノフ朝ロシア、あるいは大英帝国に関する歴史研究であればともかく、専制君主の統治や植民地支配が過去のものとなり、国民国家と民主政治が将来の理念ではなく現実の存在となった時代において、帝国概念は実証的分析の用具にならないと考えられていた。第二次世界大戦後の国際秩序とは、リアリストにとっては冷戦下における米ソの核抑止に特徴づけられた均衡であり、リベラルにとっては市場経済の拡大を通した国境の相対化であり、そのどちらにおいても軍事帝国などという観念は現状から逸脱したものとしか映らなかった。

マルクス主義とネオマルキシズムを中心に展開された帝国主義論は、一見すればその例外にあたる。だがそこでも、軍事秩序としての帝国が議論されることは稀だった。レーニンの帝国主義論においては植民地獲得競争と世界分割という優れて軍事領域に属する状況も検討されていたが、すでに植民地支配が過去のものとなろうとする大戦後の世界においては、帝国主義論における地政学的要素は本質的なものとは思われなかったのである[2]。フランクやアミンをはじめとする帝国主義の従属理論においても軍事的覇権が議論されることは少なかった。イマニュエル・ウォーラステインの世界システム論の場合は、世界市場は一つでも政治権力は多元的に構成されるのが近代世界システムの特徴としてとらえられており、政治権力の集中は近代以前の時代に属する現象であると考えられていた[3]。それらの業績よりも後、すでに冷戦が終わって久しい時期に表されたアントニオ・ネグリらの『帝国』においては軍事領域を軽視する視点がさらに強く表れており、軍事力に頼る帝国は現代資本主義においては本質的ではない現象として過去の世界へと追いやられている。軍事・政治と経済が不可分の関係に立っていた伝統的帝国主義論と異なり、現代帝国主義論では軍事力の役割が奇妙に抜け落ちていた[4]。

一九八〇年代の末から東西冷戦が終結に向かい、旧ソ連が解体するとともに、世界各国に対するアメリカの優位が明らかとなった。状況から見れば帝国概念が復活する余地が生まれたように見える。だが、それでも国際政治を分析する人々の多くは、少なくとも軍事問題に関するかぎり、覇権とか一極集中を想定することに対して慎重な態度を崩さなかった。ネオリアリズムの始祖ともいうべきケネス・ウォルツは、冷戦終結期に発表した論文の中で、冷戦後の世界は二極体系の安定を失い、多くの諸国が影響力を競い合う不安定へと向かうだろうと予測していた。(5)これをさらに極端な形にまで展開したジョン・ミアシャイマーは、冷戦の崩壊が無政府状態と各国の権力闘争の再開を招くだろうと考えた。(6)ウォルツもミアシャイマーも、アメリカへの力の集中が継続し、新たな秩序を作るのではないかなどという可能性は排除していたといっていい。

例外はある。帝国主義論以外の領域において帝国概念を用いた早い事例としては、大戦後ヨーロッパがアメリカの力を受け入れる過程を「招かれた「帝国」」としてとらえたゲア・ルンデスタッドが挙げられるだろう。しかし、ルンデスタッドが帝国概念を用いるときには括弧を付しており、分析概念というよりは論争的な形容としてその言葉を用いていることを明示していた。(7)また、冷戦史家のジョン・ルイス・ギャディスも『長い平和』の中で、アメリカを帝国としてとらえる視点を示しているが、この記述はルンデスタッドの論旨にほぼ沿ったものであり、新たな概念定義は加えられていない。(8)ルンデスタッドとギャディスが帝国という形容を用いたことは重要ではあるが、それをもって帝国概念の復興として位置づけるのは行き過ぎだろう。

帝国概念の復活

およそ同時多発テロ事件が起こった二〇〇一年頃を境として、アメリカへの力の集中は長期化するのではないかという観測が強まり、その状況を帝国という概念から捉える試みも生まれた。その七年後の現在ではそのような流れはいっそう強まり、「帝国」概念はすでに学術研究のなかで広く用いられている。それまでにも用いられてきた「一極集中(unipolarity)」や「覇権(hegemony)」などの概念と並び、また時にはそれら以上に頻繁に、「帝国」を題名に含む著作や論文が広く見られるようになった。

そこでは、経済的動機にもっぱら注目してきた現代帝国主義論と異なって、軍事力の果たす役割が強調されている。その一例として、ニール・ファーガソンの著作を挙げることができるだろう。[9] ファーガソンは、帝国は主権国家の構成する国際政治よりも前から存在してきたし、アメリカは常に帝国であったと述べている。大英帝国は世界にリベラルな理念と秩序という便益をもたらした存在であると述べた前著をふまえ、ここでは帝国が無政府状態と対置して捉えられ、無政府状態ではなくアメリカが帝国であったからこそリベラルな秩序がつくられたと主張した。[10] ここでの帝国とは何よりも軍事力の集中を中核として成り立っており、その軍事力を行使する意思を持つことによってこそ帝国も世界も自由と繁栄を達成するというように議論が組み立てられている。ファーガソンはイギリスとアメリカのリベラリズムに注目し、リベラルだからロシアや中国などよりも世界にとって望ましいのだと論を進めており、自由の基礎となる力をアメリカが提供すると考えている。ファーガソンとおよそ正反対の立場をとりつつ、やはり軍事力を帝国概念の中心に捉えているのがチャーマーズ・ジョンソンである。その三部作において、ジョンソンはアメリカの中の軍産複合体がアメリカを単独行動に走る帝国へと向けようとしており、それを食い止めないかぎりアメリカ経済は凋落に向かい、またアメリカの国内政治では共和主義が後退すると主張した。(11)ローマ帝国が対外的には衰微へと向かい、また国内では共和政が皇帝の専制へと転換していった先例に沿って、アメリカもローマの運命をたどるのではないかというジョンソンの認識は、ローマ帝国、大英帝国、そしてアメリカが世界に繁栄と安定をもたらしたと説くファーガソンとはまるで正反対だといっていい。だが、帝国概念の中核に軍事的優越が置かれている点ではジョンソンとファーガソンとの間に違いはない。アメリカの覇権後退が議論された一九八〇年代において覇権概念の重点が経済領域におけるリソースの集中であったのと異なり、二一世紀に入って展開される帝国論では軍事力が議論の焦点になっている点で、二人の議論の前提は重なっているのである。

軍事力の強調と並ぶ第二の論点が、アメリカの単独行動に関する解釈である。他国がどのような政策選好を持つのかに関わりなく政策を決定し実施する力を現在のアメリカ政府が持つ点については、ほとんど異論が出されてない。そして、ラッセル・ミードの著作に典型的に見られるように、これまではリベラリストもリアリストも、アメリカの持つ力の優位は、国際関係の安定に、また市場経済の自由化と政治体制における民主化を進めるためには有利な条件であると考えてきた。[12] だがそこでは、アメリカ政府の掲げる目標に同意し、支持を与えるからこそ世界各国はアメリカと立場を共にするものと考えられており、アメリカの力を畏怖して屈従することが想定されていたわけではない。そこで問題となるのが、他国、特に同盟国に顧慮することなく政策を進めることの有効性である。

たとえばチャールズ・カプチャンは、力の優位のために帝国は他国との協力を軽視し、結果として国際的に孤立するばかりかその影響力も減退してしまうと主張している。[13] どれほど力の集中によって単独行動が可能になるとしても、各国の信頼に基づいてリーダーシップを行使するのではなくユニラテラリズムに走ってしまえば孤立と衰退しか招かない。ここでカプチャンは、アメリカの力の優位という事実ではなく、政策を評価する基準として「帝国」という概念を用いていると考えていいだろう。

同時多発テロ事件以後における帝国概念の復興は、軍事力を中核に据えて、その優位を背景とする政策遂行を捉える目的から展開した。ジョージ・W・ブッシュ政権の八年間と、その間に戦われた二つの戦争、ことにイラク戦争への否定的な評価がこの議論を促したことは間違いがないだろう。それでは、「帝国」論は特定の政権や政策への評価としてのみ意味があるのだろうか。時事評論を乗り越えた分析概念として「帝国」に意味があるのかどうか、それを考えるのが次の課題である。

二　何が帝国なのか

アメリカは帝国なのか

ここまでの文章では、「帝国」という言葉の内容を吟味することなく、それが忘れられ、また復興する過程だけを述べてきた。だが、帝国とはそもそも何を指す言葉なのだろうか。歴史的に、順を追って考えてみよう(14)。

現在のイギリスから中東地域に及ぶ広大な領土を支配し、帝国概念の原型を提供したのがローマ帝国であることはいうまでもない。そのローマ帝国が東西に分裂し、衰退した後は、ローマ帝国に匹敵する広大な版図を支配した国家がヨーロッパ世界に生まれることはなかった。三十年戦争の後に生まれた近代国際政治の体系は、国際関係における政治的多元性を前提として構築され、その後にヨーロッパ規模の勢力を求めたナポレオン帝国もナチス・ドイツも、大規模な戦争によって倒された。複数の国家によって構成され、それぞれの国家の存立を互いに保証する秩序としての国際政治の空間は、少なくともヨーロッパ世界に関するかぎり、三世紀以上にわたって保たれている。

帝国という呼称がなくなったわけではない。しかしそれは、ローマになぞらえられるような世界帝国ではなく、ロシア帝国やオーストリア＝ハンガリー帝国のように皇帝の下に多民族を支配する国家か、あるいはヨーロッパ世界の外に植民地を支配する植民地帝国の別称となっていた。多民族を支配する王朝も植民地帝国も衰退に向かうとともに、帝国という言葉を敢えて用いる必要のある現象はなくなったはずであった。

第二次世界大戦後の世界において圧倒的な力を保持してきた国家はいうまでもなくアメリカであり、覇権にしても帝国にしても、そのほとんどはアメリカと、その圧倒的な対外的影響力の形容として用いられてきた。だが、まさにここに問題がある。ローマのような軍事帝国、多民族を支配する王朝、あるいは植民地統治というどのカテゴリーを基準として考えても、アメリカを帝国と呼ぶことはできないからだ。それどころか、少なくとも以下の三つの点において、アメリカは帝国とは正反対の秩序を保持してきた。

第一に、植民地独立という起源に始まり、アメリカはヨーロッパにおける帝国の角逐の否定から生まれ、経済的にも海外領土の獲得を原則としては否定してきた。米西戦争の後にプエルトリコやフィリピンを併合したように、アメリカも植民地を獲得した経験を持ち、プエルトリコやサモアのような海外領土をいまでも保持している。だが、植民地支配への批判は植民地からばかりでなく本国からも生まれ、フィリピンの場合は特に独立運動が高揚したわけでもないのに自治を付与している。ここには、植民地支配を否定するばかりでなく、植民地のように国家によって囲い込まれ、保護された市場も排除しようとする自由貿易を原則とした世界秩序のイメージがある。

第二に、民主主義へのコミットメントがある。少なくともアメリカから見るかぎり、帝国とは国内にも国外にも相手の意思を顧慮することなく権力を行使し、政治的自由と経済的資産を奪う、専制支配の別称であった。アメリカはこれとは異なり、国内において少数意見も含めた言論の自由を保障し、政治的自由を制度化するとともに、対外的にも自由の拡大こそを目的として外交を進めてきた国家である。他国に領土的野心を向け、軍事力で恫喝してきた従来の帝国と異なり、世界各地の自由な社会の存立を保証し、その拡大を目指すことがアメリカの建国以来の使命とされていた。自由を広げるアメリカは、自由を奪う帝国と対極に立つことになる。

第三に、アメリカは国際組織の役割を重視する国家であった。他国との合意が不可欠となるだけに、本来なら国際組織とは軍事力において勝る国家にとって望ましい存在であるとは限らない。国際機構に頼るかぎり単独の主体の利益や理念を直接に反映させることはできないからだ。だが、国際連盟の創立に腐心したウィルソン大統領や国際連合を治世の最大の成果と考えたフランクリン・ローズベルト大統領に至るまで、国内社会において法の支配を国際関係においても実現するという国際主義の伝統がアメリカでは引き継がれていた。もちろん国際連盟を求めたアメリカがそれには加わらず、国際連合に対する批判や、ほとんど心情的な嫌悪が示されたことに見られるように、国際主義が常にアメリカ外交で保たれたとはとてもいえない。対外的優位を保持しながらその権力を他国との協議に委ねる主体を帝国とは呼べないだろう。

上記の、いわば理念と制度における相違ばかりでなく、冷戦期における軍事力の分布そのものが、アメリカが帝国となる契機を排除していた。軍事的にアメリカより劣っていたにもかかわらず、旧ソ連がアメリカ本土を十分に攻撃し破壊できる核戦力を保有していたからである。冷戦期における国際秩序の原型は米ソの核抑止であり、単独の一方的な支配は実現不可能であった。

単独の権力による制圧、植民地統治、あるいは専制支配など、どの側面を見ても現代世界に帝国は存在しないし、またアメリカを帝国と呼ぶことも適切とはいえない。この限りでは、帝国とは特定の政府やその政策に対する批判的な形容としてはともかく、現実の国際関係を分析する用具ではない。ところが問題は、そこから始まるのである。

非公式の帝国と国際政治

軍事力が世界各国に分散しており、どれほど国際関係における力の分布が偏り、特定の国家の持つ権力が他の国家のそれを凌駕するとしても、世界全体を勢力圏に収めた政治権力が存在しない以上、国際関係に代わる秩序として帝国を論じることには意味がない。だが、ほぼ平等な権力を擁する国家の競合する過程として国際関係をとらえることにも限界が残る。ここで問題となるのは、ローマ帝国や植民地支配のような領土的支配としての制圧に頼らず、しかも大国が小国に政治的影響力を行使する状況をどのようにとらえるべきか、という課題である。

まず、領土的支配は帝国に不可欠の条件なのだろうか。いうまでもなく、ある政府が特定の地域に対して影響力を行使することと、その地域を領土として併合することは直結しない。そもそも植民地として統治する場合でさえ、どこまで宗主国の権力が及んでいるのか実は疑わしい。スペインの海外統治を分析したヘンリー・カーメンは、スペインの主権に服し、宣教師も受け入れるという外見のもとで、インディオがその文化ばかりでなく統治の制度も長期間にわたって維持してきたと指摘し、「強力な植民地体制が住民を統制し支配するというおなじみの構図はもはや説得力を持たないし、そもそも実現できるようなものでもなかった」と述べている。(15) 逆に、公式の領土でなければ影響力が及ばないことにはならない。この点をとらえ、ロナルド・ロビンソンとジョン・ギャラハーが公式の領土として編入した「公式の帝国」だけに注目する帝国史は氷山の一角に目を向けるものに過ぎないと喝破して、大英帝国の研究を塗り替えたことはよく知られているだろう。(16)

公式の領土的支配に依存しない「非公式の帝国(informal empire)」を帝国に含めて考えることは、この概念がイギリスばかりでなくアメリカや日本の対外政策の分析に用いられていることにも見られるように、すでに帝国研究では広く受け入れられた考え方となっている。(17) マイケル・ドイルやアレキサンダー・モティール、さらに山本吉宣などが現在展開している、政治秩序として帝国をとらえる研究においても、領土的支配は帝国の要件から外されている。[18] 領土として併合することなく対外的な影響力を駆使することが国際関係におけるアメリカの特徴であるとすれば、非公式の帝国とはアメリカを帝国に含めて考える好個の概念用具ともいえるだろう。

だがこれだけでは答えにならない。国際関係と階層秩序との間には深刻な距離が開いているからだ。

国際政治をとらえる基本的な枠組みは、「権力政治(power politics)」であり、「現実主義(political realism)」である。国家よりも上位の政治的権威のない状況では、それぞれの国家はその存立を保証するための利益の最大化をはかるほかに選択はない。強制力を背景として各国の決定を拘束し、違反行為には制裁を加えることのできる権力は国際関係には存在しない、これがリアリストから見た国際関係の原イメージである。ここでは、国際関係はあくまで水平的な権力闘争であり、上下関係や階層秩序の入る余地はない。

領土として支配する場合だけでなく、政治的には独立した国家の相互関係においても帝国概念を適用できると仮定するならば、国際関係において大国と小国との間に階層的な秩序があるという前提が置かれていることになる。これは排他的な主権を主張する国家が互いに競合する状況を想定した古典的リアリズムの描く国際政治のイメージとは全く異なるイメージである。

ロビンソン＝ギャラハーをはじめとする帝国史では、植民地ではなかった勢力圏もやがて植民地に加えられ、非公式の帝国が公式の帝国に変貌する過程を想定していたから、国際政治に上下関係は存在するのかという点は大きな問題にならなかった。しかし、アメリカのように勢力圏のごく一部しか領土に加えない主体を対象として分析する場合、相手国との関係を上意下達として把握することができるのかという問いは無視できない。

それでは、力の格差があれば小国が大国に従うと想定してよいのだろうか。この問題は、小国はどのような条件の下で大国の影響力を受け入れるのかという問題に帰着する。国際政治学ではおなじみの、勢力均衡とバンドワゴンの選択という難問にほかならない。

三　なぜ大国に従うのか

勢力均衡とバンドワゴン

どの国をも組み敷くような力を備えた国家より上位の主体が存在しない状況において、国際関係が安定する条件とは何か。ロバート・ジャーヴィスの言葉を借りるなら、「国際政治には、力の正当な行使を独占し、拘束力のある合意を形成し、その執行を強制できるような、国家を越える中心的権威は存在しない。それではこの無政府状態の中で、国際関係はどのようにすれば抑制と安定を保つことができるのか(19)」。もちろん抑制や安定はありえないのだと決めつけることもできるが、それは現実から離れた観測に過ぎない。「この視点から国際政治を見るときに最も衝撃的なのは、何が起こったかではなく何が起こらなかったか(強調原文)である。すべての他国を征服した国家は一つとして存在しない。戦争が総力戦になることは稀であり、通常は交渉によって協定をつくることで終結した。負けた国が分割されることは稀であり、通常はシステムの中に再統合された」[20]。無政府状態であるにもかかわらず総力戦が稀にしか起こらないというこの矛盾を解き明かす概念が、勢力均衡である。

　力の拡大を目指す国家が生まれたなら、その国家は他国の存立を脅かす可能性が増える。他の諸国が自国の安全確保を第一として行動するかぎり、ここで合理的な行動は、各国が力をあわせて力を拡大する国家に対抗措置をとることである。各国が互いに相手の権力拡大を押さえ込もうと試み、そのために同盟を組んで対抗すれば、権力を拡大するリスクは高いものとなるだろう。国際政治が無政府状態であり、無政府状態のもとでは自助行動のみが各国に期待できるという前提のもとでは、バランス・オブ・パワー、勢力均衡は国際関係において唯一実現可能な秩序形態である。

　勢力均衡政策は、国際政治が主権国家を主体としており、しかも各国の力が相対的に分散した状況を想定している。もちろん、各国の力がすべて等しいなどと考えられていたわけではない。だが、ある国が他国を圧倒的に操作できるほどの力を保持しないかぎり、力の集中は考えにくい。国際関係における力の分散は、国際政治の前提であるとともに、その結果でもあった。国家を越える権力主体の不在という前提が変わりそうもないだけに、このモデルには説得力がある。ケネス・ウォルツは勢力均衡を国際政治におけるシステムの一つとして論じたモートン・カプランを痛烈に論破したが、確かに勢力均衡は国家間に多少の力の不均衡があり、あるいは主要な国家の数に増減があろうとも動揺することのない、国際政治の構造に根ざしたモデルであった[21]。

だが、そこには問題もはらまれていた。力を増大させる国家に対して各国がとる選択は対抗だけだろうか。台頭しつつある大国の権力を受け入れ、その大国と手を結ぶ可能性はないのか。もし対抗ではなく迎合を各国が選ぶとすれば、力は均衡ではなく不均衡の拡大へと向かい、勢力均衡は成り立たない。これがバンドワゴン(bandwagon)の問題である。

ウォルツはこの問題に気づいていたが、彼は、バンドワゴンの論理的可能性を指摘しながらも、そのような政策は自国の安全を大国に委ねるリスクを冒すため、各国はバンドワゴンではなく勢力均衡政策を採用する可能性が高いと考えていた。しかし、バンドワゴンは机上の空論ではない。一九世紀ヨーロッパの大陸部においてビスマルク宰相のもとのドイツが勢力を拡大しながらロシアやイギリスの支持を取り付けたように、バンドワゴン政策が採用された実例が存在することも無視できない。冷戦期には、ソ連に対抗する目的から、西ヨーロッパ諸国はソ連よりもはるかに国力で勝るアメリカとの同盟を組んだ。二極体制の反映だけに、これをバンドワゴンと呼ぶことには異論もあるだろう。だが、冷戦が終結し、アメリカが圧倒的な軍事的優位を確保したにもかかわらず西欧諸国はアメリカに対抗する同盟などを組むことなく、集団安全保障の機構としてもNATOが生き残った。バンドワゴンは、ただの論理的可能性ではなかったのである。(22)

たとえばウィリアム・ウォールフォースは、アメリカへの力の集中が進む一方でそれに対抗するバランシングが行われていないという指摘を受け入れたうえで、それはアメリカの力があまりにも強く、多くの領域にまたがり、しかも彼岸の彼方、オフショアに位置していることから説明できると指摘している。アメリカの力が、そして力の不均衡が大きいからこそバランシングが行われずにバンドワゴンに各国が向かうという議論である。ここでは、一極性の分岐点(threshold)を越えた力があれば対抗する行動は後退すると考えられている。(23)

別の説明もある。ジョン・オーウェンは、冷戦終結後もアメリカの優位が受け入れられているというウォールフォースの問題を共有しつつ、それを力の分布から説明するウォールフォースと異なり、政策決定者の選好に注目する。オーウェンによれば、西欧諸国と日本は政治的リベラリズムをアメリカと共有しており、その戦略的選好が一致するためにアメリカが自国に対する脅威であるとは考えていない。(24)アメリカが強いからではなく、考えが同じだから各国が従うという議論である。これを逆にすれば、その選好を必ずしも共有しない中国、あるいは急進イスラムのような勢力などについては、バンドワゴンではなくバランシングを選ぶのではないかという判断が生まれる。

以上の議論をまとめていえば、リアリストが指摘してきたように勢力均衡政策だけが対外政策における選択なのではなく、大国と手を結ぶバンドワゴン政策が生まれる可能性は存在する。その結果、国際政治において力の分布が集中に向かうこともありうることは示された。だが、なぜバンドワゴンが選ばれるのか、説明は分かれている。力の隔たりが大きいために大国の提供する拡大抑止に頼るのか、それとも理念を共有しているから協力するのか、同じバンドワゴンであるとしても、その動機の説明は一致していない。

国際主義と帝国の間

翻って考えるなら、バランシングとバンドワゴンという行動の類型に、かなりの単純化があった。公式の帝国支配ではないかぎり、どれほどの小国であろうとも、大国に対してとる政策にはいくつかの選択肢が残る。ルンデスタッドの指摘するように第二次世界大戦後の西欧諸国がアメリカを「帝国」として「招き入れた」のが事実であるとしても、その「招き入れた」背景にはアメリカが西欧諸国の安全を脅かす存在ではなく、また各国の政策決定を全面的に拘束するほどの権力を行使するわけではないという認識があった。それは自国の安全を大国に委ねるという意味においてはバンドワゴン政策であったが、アメリ力の統制のもとに屈従したわけではない。

換言すれば、バンドワゴンが帝国と直接に結び付くわけではない。ウォルツの指摘するようにバンドワゴンを組む各国はその大国に対して安全保障における自主性を失う可能性はあるが、政治的独立は保持しており、大国の統制に従うとは限らないからである。ここでの問題は、大国側の取る行動は指導なのか、統制なのか、そして大国に従う側が大国を信頼しているのか、それとも屈従しているのか、すなわち指導と統制、信頼と屈従という二つの軸のどこに各国の行動が位置づけられるのかという点である。そして、各国の政治的独立を完全に否定するのでないかぎり、統制と屈従という基軸だけでアメリカの影響力を論じることはできない。国際関係における力の集中と、単独の帝国の登場とは、概念の上で区別する必要があるだろう。

国際機構の力の限られた国際関係において、必要とされる公共的な役割が大国に求められることは珍しくない。内政干渉は伝統的な国際政治においては認められないが、国境を乗り越えてでも干渉しなければ大きな災いがもたらされることもあるからだ。デ・クエヤル国連事務総長がかつて述べたように、抑圧された人々を擁護するためには国境を越える必要があるという観念は世界各国に受け入れられつつあるといってよい[25]。さらに、アメリカの海外への干渉の中には、そのような各国の期待なしには説明できないものが含まれていることも否定できないだろう。ユーゴ紛争におけるＮＡＴＯの空爆、それでいえば朝鮮戦争における米軍を主体とした介入を、狭義のアメリカの国益や、同盟国への強制に押し込めて解釈することは、やはり適切とはいえない。

ここには二重性がある。国家主権が独裁者の隠れ蓑なのか、それとも帝国の横暴に対する防波堤なのか、その境界線はあいまいなものに過ぎない。確かに、人権保障を根拠とする介入の裏に帝国の利益の実現が隠されている可能性は無視できない。だが、大国が関与する行動をすべて統制と屈従から解釈することは、それがすべて国際的な正義の実現であると解釈することと同様に一方的な判断という謗《そし》りを免れないだろう。政治的リベラリズムによってアメリカと同盟国の協力がすべて説明できるかどうかには疑問が残るとしても、国際的な公共性という領域を否定することはできないからだ。

そして何よりも、覇権を持たない国家がとることのできる選択肢は、軍事的対抗措置と一方的屈従だけではない。ロバート・ペイプは、大国に対して戦争を挑むような同盟を組むわけではないが、大国の影響力をそのまま受け入れないという状況をとらえ、これをソフト・バランシングと呼んでいる。それは、「アメリカの軍事的な優越に対して直接に挑戦する行動は取らないけれども、非軍事的な手段を使ってアメリカの一方的な、そして攻撃的な軍事政策を遅らせ、妨げ、そして効果を押し下げてしまうような行動」にほかならない。(26)つまり、相手がどれほど強大な国家であろうとも、その指導、あるいは強制に従わないという選択肢は、その相手が公式の帝国でないかぎりは残されるのである。

だが、力の集中が顕著となったとき、その大国が他国にとって安全であり、しかも他国の期待や要請に応える存在にとどまるという保証はない。大国から見れば他国の利益や理念に配慮する行動は、その力を自制する契機を伴うのであり、力を十分に蓄えた大国がそのような配慮を度外視する行動に走る可能性は残される。

その可能性が現実となったのが、アメリカのイラク介入であった。世界各地に展開している紛争の中で、イラクが直ちに手を打つべき優先順位の高い危機であったとはいえないし、実際に安保理では軍事介入に否定的な議論が繰り返された。そのような議論を無視するかのようにブッシュ政権はイラクに対する戦争を優先したが、この優先順位の設定は国際関係全体からみれば倒錯したものにすぎない。そして特定の大国に軍事行動のイニシアティブを委託した場合、国際関係の安定よりも本国の内政によって、関与すべき紛争が決められてしまうことは避けられない。

おそらくここに、帝国概念がいま活発に展開される根拠がある。第二次世界大戦後のアメリカがどれほど対外的優位を占めたとしても、単独でその意思を実現する軍事力を手にしたわけではなく、同盟国の協力なしに冷戦体制を支えることは不可能であった。だが冷戦終結とともにアメリカの優位が明確となれば、同盟国の要請を度外視して行動する自由もそれだけ高まることになる。そして、アメリカが国際主義の拘束から離れて単独行動へと向かうことが、それをうべなう者からは肯定的な意味で、また懸念する者からは否定的な意味で、帝国への傾斜としてとらえられたのである。それは、世界帝国の出現ではなく、大国の単独行動への傾斜への憂慮をとらえた語法であった。

おわりに

現代の国際秩序は、主権国家が互いに脅し合う権力闘争でも、単独の帝国が支配する階層秩序でも、また各国がリベラルな理念を共有して営む法の支配でもない。現代世界では力の分配が平等ではないが一国に集中するわけでもなく、不均等な配分が継続しているのである。そこから生まれるのは、各国がそれぞれ脅し合う力を平等に持つわけではないが、また一国が帝国としての権力を保持する条件も持たない、「国際関係」と「帝国」の狭間に置かれたような状況である。

だが、権力が集中すれば、その権力を集めた国家が帝国として公然と行動する可能性は残される。冷戦終結から一〇年以上を経過したいま、国際関係はその方向に傾いているかに見える。帝国論の再興は、その状況をとらえた、いわば時代精神の表れであった。

さらに、国境を越えて強制することによってしか実現することのできない、しかも国際政治を公共的な空間として保つためには避けることのできない行動は、帝国のような大国によって採用されるだけではなく、世界各国によってその採用を期待されていたことも無視できない。帝国だからこそ普遍主義を世界に実現できるわけだ。

だが、帝国が国際秩序に代わることはないだろう。武力行使や直接統治の代償が大きく、権力の拡大そのものが権力の基礎を掘り崩してしまうという、かつてのローマ帝国や大英帝国を悩ませた帝国支配のジレンマはいまも残されている。政治権力の領域が多元化し、軍事秩序が国際関係の一部として相対化された現在では、軍事帝国のような行動は国際制度の機能不全しか招かない。そもそも、「帝国」を否定的な意味で用いるときには、力の優位を根拠とする一方的行動が多国間主義と国際機構を弱めてしまうという懸念が背後にあった。帝国だからこそ公共的役割が期待できるとしても、それが各国の意思から離れて行使されたのならば、国際関係における公共性と普遍主義は壊されてしまうからだ。

また、力の分布が政策選択を直接に決定するわけではない。単独行動に頼らず国際機構を形成し、国際社会における制度によって国益を図ってきたアメリカは、まさに公式の帝国とならないことによって自国の利益を実現し、国際関係の安定ももたらすことができた。そのような国際主義と権力集中の共存という選択は、おそらくまだ、残されている。

注

（1）帝国概念に関する体系的な著作として代表的な業績というべき『「帝国」の国際政治学』の中で、山本吉宣は覇権と帝国の区別がどのように行われているのかを、①公式の統治か非公式の統治か、②合意に基づく影響力か、強制か、③対外関係だけに限定した概念か、内政を含むのか、という三つの基軸から分類している。周到な議論であり、「非対称的な影響関係」を「インフォーマルな帝国」と解する山本自身の解釈も妥当であると考えるが、これで議論が尽くされたことにもならないだろう。相手の意思のいかんを問わない強制が権力の定義であるとしても、合意を排除した権力は稀だからである。山本吉宣『「帝国」の国際政治学――冷戦後の国際システムとアメリカ』東信堂、二〇〇六年、一四六―一五九頁。

（2）　帝国主義論のサーベイとしては、Wolfgang Mommsen, *Theories of Imperialism*, Trans. P. S. Falla, Chicago: University of Chicago Press, 1977, がマルクス主義に限らず、マックス・ウェーバーやヨーゼフ・シュンペーターなどの思想も対象に取り上げており、いまなお最も信頼できるといっていいだろう。その議論の経緯をふまえてみれば、当初は植民地支配の起源を解明するという目的を持っていた帝国主義論が次第に現代資本主義論一般へと展開、あるいは拡散する過程を見ることができる。Wolfgang Mommsen and Jurgen Osterhammel, eds., *Imperialism and After: Continuities and Discontinuities*, London: Allen and Unwin, 1986, も参照。

（3）　藤原帰一「『世界システム』論の展開――I・ウォーラーステインをこえて」『思想』第七三八号、一九八五年。

（4）　藤原帰一「帝国主義論と戦後世界」岩波講座『近代日本と植民地』第一巻、岩波書店、一九九二年、二四七―二七一頁。もっとも、例外はある。アメリカ帝国論の中で軍事的覇権の重要性を強調した異色の作品として、北米への植民から海外への勢力拡大に至るアメリカ史を帝国形成という視点からとらえたV. G. Kiernan, *America: The New Imperialism*, London and New

York: Verso, 2005(originally published in 1978), 参照。マルクス主義の立場をとりながら、軍事覇権の意義はW・A・ウィリアムズよりもさらにここでは強調されている。

(5) Kenneth N. Waltz, "The Emerging Structure of International Politics," *International Security* vol. 18-2(Fall 1993): pp. 44-79. ウォルツは同時多発テロ事件の直前になっても、この立場を崩しておらず、一極優位という状況は長期に支えられることがないと考えていた。Kenneth N. Waltz, "Structural Realism after the Cold War," *International Security* vol. 25, no. 1(Summer 2000): pp. 5-41.

(6) John Mearsheimer, "Back to the Future: Instability in Europe After the Cold War," *International Security* vol. 15(Summer 1990): pp. 5-56.

(7) Geir Lundestad, *"Empire" by Integration: The United States and European Integration 1945-1997*, Oxford: Oxford University Press, 1998.(河田潤一訳『ヨーロッパの統合とアメリカの戦略――統合による「帝国」への道』NTT出版、二〇〇五年)

(8) John Lewis Gaddis, "The Long Peace," *International Security* vol. 10-4(Spring 1986): pp. 99-142.

(9) Niall Ferguson, Colossus: The Price of America's Empire, New York: Penguin Press, 2004.

(10) ファーガソンが大英帝国を論じた前著は、Niall Ferguson, *Empire: The Rise and Demise of the British World Order and the Lessons for Global Power*, New York: Basic Books, 2004. なお、ファーガソンに近い論者として、渡邊啓貴は、ネオ・コンサーヴァティヴの一員とされるステファン・ローゼンが、歴史の大半は主権国民国家の体系ではなく帝国の支配として理解されると主張し、階層的な国際秩序を擁護したことを取り上げている。その紹介の後に渡邊が加えたコメント、「こうした考え方が公然と語られるところに現代のアメリカの危うさがある。しかもそれはかなりの部分現実でもある」という懸念には、帝国の正統性を説く議論がどれほど危うくとも現実の一端はとらえているという渡邊の苦悩が表れている。渡邊啓貴『ポスト帝国――二つの普遍主義の衝突』駿河台出版社、二〇〇六年、八〇―八一頁参照。

(11) Chalmers Johnson, *Blowback: The Costs and Consequences of American Empire*, New York: Henry Holt, 2000.（鈴木主税訳『アメリカ帝国への報復』集英社、二〇〇〇年）; Idem, *The Sorrows of Empire: Militarism, Secrecy, and the End of the Republic*, New York: Henry Holt, 2004.（村上和久訳『アメリカ帝国の悲劇』文藝春秋、二〇〇四年）; Idem, *Nemesis: The Last Days of the American Republic*, Henry Holt, 2008.

(12) Walter Russel Mead, *Special Providence: American Foreign Policy and How it Changed the World*, New York: Alfred Knopf, 2001.

(13) Charles A. Kupchan, *The Vulnerability of Empire*, Ithaca, N.Y.: Cornell University Press, 1994.（坪内淳訳『アメリカ時代の終わり』上・下巻、日本放送出版協会、二〇〇三年）。なお、より精緻に概念化したものとして、G. John Ikenberry and Charles Kupchan, "Socialization and Hegemonic Power", *International Organization* vol. 44, no. 3, 1990, pp. 283-315, 参照のこと。

(14) 以下の記述は、藤原帰一『デモクラシーの帝国――アメリカ・戦争・現代世界』岩波新書、二〇〇二年、七一―一九頁に基づいている。

(15) Henry Kamen, *Empire: How Spain became a World Power 1492-1763*, New York: Peren-

nial, 2004 (original edition published by Penguin Books, 2002).

(16) John Gallagher and Ronald Robinson, "The Imperialism of Free Trade," *The Economic History Review*, Second series, vol. VI, no. 1, 1953.

(17) Thomas J. McCormick, *China Market: America's Quest for Informal Empire, 1893–1901*, Chicago, IL: Ivan R Dee, 1990 ; Peter Duus, Ramon H. Myers and Mark R. Peattie, eds., *The Japanese Informal Empire in China, 1895–1937*, Princeton, NJ: Princeton University Press, 1989 ; Robert D. Aguirre, *Informal Empire: Mexico and Central America in Victorian Culture*, Minneapolis, MN: University of Minnesota Press, 2004.

(18) Michael W. Doyle, *Empires*, Ithaca, NY : Cornell University Press, 1986 ; Alexander Motyl, *Imperial Ends: The Decay, Collapse, and Revival of Empires*, New York, NY: Columbia University Press, 2001 ; 山本前掲書、一四六－一五九頁。

(19) Robert Jervis, "A Political Science Perspective on the Balance of Power and the Concert," *American Historical Review* (June 1992), p. 717.

(20) *Ibid.*, p. 717.

(21) Morton Kaplan, "Variants on Six Models of the International System," reprinted in James Rosenau, ed., *International Politics and Foreign Policy: A Reader in Research and Theory*, New York: Free Press, 1969, pp. 291–303; Kenneth Waltz, *Theory of International Politics*, Reading, Mass.: Addison-Wesley, 1979, pp. 18–59.

(22) ジャーヴィスが指摘するように、ウォルツの功績はバンドワゴンの可能性を示唆しつつ、各国はバンドワゴンではなく勢力均衡政策を選ぶ可能性が高いと指摘した二重性にあった。Robert Jervis, "The Contributions of President Kenneth N. Waltz," *PS* 20-4(Autumn 1987): pp. 856-861. なお、藤原帰一『国際政治』放送大学教育振興会、二〇〇七年、九二―九五頁、参照。

(23) William C. Wohlforth, "U.S. Strategy in a Unipolar World," in G. John Ikenberry, ed., *America Unrivaled: The Future of the Balance of Power*, Ithaca, N.Y.: Cornell University Press, 2002, pp. 103-105. 言葉を換えていえば、一極集中は国際政治の不安定を招くとは限らない。William C. Wohlforth, "The Stability of a Unipolar World," *International Security*, vol. 24, no. 1(Summer 1999): pp. 5-41, 参照。

(24) John M. Owen, IV, "Transnational Liberalism and American Primacy; or, Beneignity is in the Eye of the Beholder," in G. John Ikenberry, ed., *America Unrivaled: The Future of the Balance of Power*, pp. 239-259.

(25) David Rieff, "Liberal Imperialism," Andrew J. Bacevich, *The Imperial Tense: Prospects and Problems of American Empire*, Chicago: Ivan R. Dee, 2003, p. 11.

(26) Robert Pape, "Soft-balancing against the United States," *International Security* 30-1(Summer 2005): pp. 9-10.

（二〇〇八年九月脱稿）

V　外交とリアリズム

「理想主義」を超えよう

新年に現代世界を論じるのであれば、まずは理念、価値、理想を語るべきところだろう。だが私は正反対のことを試みたい。現在の国際関係を脅かしているのは理想の喪失ではなく、理想を高く掲げ、自分の抱く理念を疑おうとしない態度であると考えるからだ。

その一つが、中東から東南アジアにかけて影響力を広げるイスラム急進勢力である。イスラム社会とその価値観がアメリカとその手先によって脅かされているという彼らの世界観は、パレスチナからアフガニスタンに至るまで、イスラム社会が犠牲にされてきたという認識に裏付けられている。被害者意識は被害妄想を生みだし、加速する。自らの抱く恐怖を投影して、敵の姿が過大に拡大され、それが終末論的な闘争に根拠を与えるのである。

そこでは個々の紛争の詳細な検討はなおざりにされ、「われわれ」と「やつら」の二元的対立にすべてが解消されてしまう。かつてPLO(パレスチナ解放機構)が追い求めた左翼的急進主義と比べても極度に観念的なこの世界観の下で、軍人と一般市民の見境なく殺戮《さつりく》するような無残な暴力が正当化されてしまう。

もう一つが、現代アメリカに広がる保守主義だろう。「ネオコン」と通称される政策決定者の一群の背景には、アメリカ社会における民主主義の教条化と、急進的キリスト教徒の活動があった。民主主義とそれを否定する勢力、またキリスト教徒とその信仰を脅かす勢力との対決として世界をとらえる彼らの世界観は、イスラム急進勢力を鏡に映したように、観念的で不寛容な、友敵二元論に支配されている。そして、この観念に裏打ちされることで、テロリストを撲滅する作戦が一般市民を巻き添えにしても、必要悪として承認されることになる。

このようなイスラム教とキリスト教の把握は、本来の教えから見れば異端に過ぎない。また、民主主義と自由主義は多様な集団による共存を可能とする制度の思想であって、間違っても対外偏見を正当化するような粗暴な観念ではない。

だが、それが宗教であれ、世俗的な思想であれ、急進化し、教条化した理念は、絶対者と自己を一体化することを通して、自己の絶対化と他者性の否定に陥る危険をはらんでいる。国際共産主義運動のもたらした自己欺瞞《ぎまん》と粗暴な暴力から解放されたはずの世界は、再び教条化した観念が不寛容に向かい合う対立に支配されてしまった。

イスラム急進勢力や福音派キリスト教徒の抱く終末論的世界観を共有する人が多いとは思えない。だが、同時多発テロ事件以後の世界がこの二つの急進的な主張によって揺り動かされてきたことは否定できない。

イスラム社会でいえば、イスラム教徒の受難に共感するあまり、急進主義の粗暴な世界観を黙認する人が少なくない。先進工業国の場合、教条化した民主化構想には同意しなくても、アメリカ政府による過大な暴力行使を黙認する指導者は少なくなかった。アフガニスタンとイラクという二つの戦争を経験しながら、理念の先走った理想主義者の戦争には出口の見えない現状が続いている。

それでは、理想主義者の戦争を前にして、どのような選択があるのか。

まず、イスラム社会や第三世界への連帯、というものを私は信用しない。そこには、国際共産主義運動への連帯が独裁への黙認を伴っていたのと同じような自己欺瞞があるからだ。

また、世界的規模で民主主義を実現するためには必要な闘争だという主張も信用できない。本来は国内体制の選択である民主化を対外闘争の理念にすり替えることは、植民地支配が植民地に文明をもたらすと考えた帝国主義者たちと選ぶところのない、観念の詐術に過ぎないからだ。

さらにいえば、憲法九条と絶対平和主義が展望を開くとも考えない。一見すれば普遍主義的なこの主張は、日本の非武装化を世界平和の推進にすり替えた概念操作であって、核抑止の受益者であるという日本の現実と奇怪な共存を続けてきたものに過ぎなかった。他者の排除なしに平和があり得ないと信じ込む勢力を前に、戦力を放棄した世界を説いても意味はない。

むしろ、平和から理想の仮面を取り除くことが必要ではないか。世界平和といえばユートピアのように響くだろうが、本来の平和とは戦争のない状態に過ぎない。その平和を支えるのは、もちろん各国の武力による威嚇であるが、それに加えて、互いの交渉、取引、妥協がなければこの散文的な平和を支えることはできない。ユートピアでなく、現実としての平和を見直すことが理想主義から脱却する第一歩だろう。

理念の戦いは、妥協と共存を排除してしまう。だが理想主義者の目には汚く見える取引や談合も、他者の存在を前提としている点において、自己の絶対化に陥った理想主義者たちよりもはるかに現実世界の多様性にかなった行動であり、社会の対立が暴力行使に陥る事態を防ぐために無視できない役割を果たしている。

理念の対立を利益の対立にまで引き下ろし、妥協と取引の可能性を探ること。ごく散文的な出口には違いないが、終末論的な世界の対抗から実際的な国際関係を取り戻すためには避けられない作業だろう。

（二〇〇六年一月六日）

東アジアの平和構想

はじめに

東アジアを単位として平和構想を立てることは大変に難しくなってしまった。九月一一日の同時多発テロ事件から二年足らずの間に、テロに対する防衛を大義として、地域による枠や限定のない、きわめて大規模な防衛協力のネットワークがつくられていったからだ。そのために、政府間の協力ではなく、アメリカの兵力に頼ることで地域の安全が保たれるのではないかという期待が、実現可能性をはるかに越えて高まってしまった。

その背景には、アメリカが地域介入を強めるのではないかという判断がある。それはまた、過去一〇年間の国際関係を逆転する変化でもあった。

クリントン政権やごく初期のブッシュ政権の下では、地域紛争や地域の国際関係に対してどこまでアメリカが関わる必要があるのか、必要がなければ関わらない方がよいのではないか、という議論がアメリカ政府のなかにも根強かった。そしてその反面として、ヨーロッパでも東アジア・東南アジアでも、地域の実情に合わせた安全保障の構想が練られることもあった。NATOや日米安保のように、冷戦の下でアメリカと結ばれた軍事同盟も、その地域のイニシアティヴを活かす方向に新しい役割定義が可能となるのではないかという期待が生まれ、ヨーロッパにおける協調的安全保障論などが生まれるきっかけともなっていた。

9・11のテロ事件は、アメリカの安全を、世界の辺境の紛争と結びつける事件となった。突如として遠隔地の紛争への関心を高め、地域介入に積極的となった大国の下で、安全保障の体系は塗り替えられる。辺境の紛争もアメリカの国益から議論されるようになった。

変わったのはアメリカの政策ばかりではない。日本では、湾岸戦争で軍事貢献をしなかった「失敗」を繰り返すまいとする小泉政権が、「極東」から遠く離れた地域への派兵を可能とする立法に励むことになった。イスラム教徒のゲリラ組織との紛争を抱えてきたフィリピンでは、米軍による派兵を期待できるという状況の変化を受けて、アロヨ政権がイスラム・ゲリラへの対応を一挙に硬直させ、政治的妥協の模索から軍事的殲滅に政策の重心を移していった。冷戦期とは異なる状況の下でではあるが、米軍の役割に期待する安全保障への回帰が起こったといえるだろう。

もっとも、この状況の変化がアジアの国際関係を直接に変えたとはいえない。悪の枢軸というレトリックを駆使するブッシュ大統領でさえ、中国をその枢軸に加えることはできなかった。それどころか、東アジアの平和問題を議論する構図は、思いきってクラシックなものだ。北東アジアに関する限り、そこで議論されるのはアメリカ、中国、ロシア、そして日本の力の均衡であり、アメリカがどこまで軍事的にこの地域にコミットするのか、また中国の対外政策がどこまで攻撃的なのかなどという、過去数十年にわたって争われた論点が今なお論じられている。日本の場合でも、政策論議の基本には安保条約を優先するのか、日本国憲法を守るのかという選択があり、海外で起こる戦争も、この安保か憲法かという議論の枠のなかで、いわば国内政治向けに消費されることになった。

そうだとすれば、ここでは二つの問題に答えなければならない。第一の問題は、これまでに安保か憲法かなどといった枠組みで争われてきた、東アジアの平和と安全に関わるクラシックな問題である。そしてこの古くからの問題に加え、過去数カ月の状況の変化をどう評価するかという、より現代的な問題が残される。この文章では、両方とも考えてみたい。

一　日米安保の意味

東アジアの平和構想なんか要らない、という声があるかも知れない。これまでの東アジアでは制度や構想によって平和が保たれた前例はなく、存在したのは力の均衡、つまり脅しによって支えられる国際関係だった。そして、制度などの支えもないのに、大戦後の戦争は地域紛争に限られ、ベトナム戦争の後は長期にわたる国家間戦争も起こっていない。夢のような計画をあえて立てたりしなくても、抑止と均衡によって平和を支えることができるなら、新しい構想を立てるには及ばない。東アジアの国際関係は、制度的な裏付けは乏しいものの、それなりに現状が安定し、程度の違いはあっても各国がその現状を受け入れているからである。

また、新しい青写真が、各国の警戒を呼び起こす可能性もある。たとえば、日本で政権が交代し、その新政権が日米安全保障条約の廃棄を主張したと仮定しよう。新政権の意図は平和へのイニシアティヴにあったとしても、近隣諸国がそう受け取るとは限らない。むしろ、辛うじて安定を保っているアジアの国際関係の、その平地に波を立てる動きとして受け取られ、日本の利益のために各国を犠牲にする策謀ではないかと勘ぐられる可能性もある。とても安心できるような現状ではないが、相対的には安定しているだけに、各国が国際関係の改変に合意することは難しい。

それでは、今のままで東アジアの平和は保たれるのだろうか。そうではない、と私は考える。現状の「平和」とは、不安定の安定とも呼ぶべき流動的な状況に過ぎず、いつ不安定に陥るかも知れない危険を潜在的に抱えているからである。

憲法か安保かの選択をめぐる政策論争はすでに衰えたが、安保条約が現実に果たしている機能について、議論されることは案外少ない。日米安保条約は、そして安保条約の背景にある核抑止は、アジアの国際関係のなかでどんな役割を果たしているのか、まず考えてみよう。

1 「核の傘」論とその限界

日米安保条約とは、米軍の核抑止力を前提とした、東アジア防衛に関する役割分担の合意である。非核保有国の日本が、核保有国の戦略に協力することにより、核保有国の軍事的威嚇を背景として国外からの侵略を抑止する。このような、核保有国と非核保有国との同盟に基づく抑止戦略は、拡大抑止、一般には「核の傘」という言葉で知られている。

核保有国の間の通常抑止と同じように、紛争当事国が核戦争へのエスカレートを恐れる限り、拡大抑止が紛争を抑制することもあるだろう。しかし、拡大抑止は通常抑止よりも不安定を免れない。通常抑止では自国の防衛のために相手を威嚇するが、拡大抑止の場合には第三国を守るために相手を脅すことになる。キューバを守るためにアメリカと核戦争をする覚悟があるか、あるいは日本を守るために中国と核戦争をする覚悟があるか、そんなどぎつい選択は、拡大抑止では避けることができない。そして、抑止へのコミットメントに隙が残るだけに、攻め込む側にとっても合理性が芽生える。核戦争を覚悟して核保有国に戦争を仕掛けるのは正気ではないが、核保有国が介入しないことを期待して非核保有国を侵略することは不合理な戦略とはいえない。拡大抑止、いわゆる「核の傘」だけでは、紛争を回避する可能性はあっても、平和の保障にはほど遠いのである。

2　「瓶のふた」論とその限界

もっとも、日米安保の役割として唱えられるのは抑止だけではない。アメリカや中国でも、また日本の一部でも支持者のいる議論に、「瓶のふた」論というものがある。日本が単独で武装すれば、日中戦争や第二次大戦のような戦争をまた引き起こしかねない。日本の単独武装と軍国主義の復活を防ぐ、いわば「瓶のふた」として、アメリカとの同盟が機能しているのだ、と主張するのである。

だが、日米安全保障条約が、日本国内の保守的な運動や政治家の影響力を抑制してきたと考える根拠はあるだろうか。むしろ、冷戦戦略の必要性から、A級戦犯を含む政治家や官僚とアメリカが手を結ぶのが、日米安保の背景にある日米関係であった。そして、アメリカによる防衛協力要請の圧力を、世論、平和運動、社会党などを口実にして払いのけること、つまりハトを理由に対米防衛協力を抑える方が戦後の保守本流の政治だった。アメリカが軍国主義や軍備拡張を抑えたのではなく、アメリカの要求を棚上げにして経済優先の保守政治が実現したのである。

これまでの歴史を見る限り、日米安保が日本の右派を抑制したり、軍事支出の拡大を抑えたとはいえない。「瓶のふた」論は、現実政治の分析というよりは、日米安保の意味を事後的に正当化するための、希望的観測に過ぎない。

3 同盟が平和を支えたのか

安保の役割を説くはずの拡大抑止論も「瓶のふた」論も、平和を保障してはくれない。それでも、日米安保によってアジアの戦争が防がれてきたことは事実ではないか。第二次大戦後、戦争が起こっていないことは、日米安保が平和の礎《いしずえ》になったことを示しているではないか。

ここでは二つの議論、つまり朝鮮戦争とベトナム戦争の後に大規模な戦争が起こっていないという事実と、その戦争の不在は同盟と威嚇によって達成されたのではないかという解釈が混同されている。この二つは別の問題だ。戦争の不在が、同盟によってもたらされたのかどうか、その因果関係がはっきりしないからである。

かつてイギリスの軍事史学者マイケル・ハワードは、ＮＡＴＯがいかに脆い同盟に過ぎないか、当事者のほかには知られていないと述べた。実戦で試されていない同盟の持つ抑止効果は常に曖昧なのに、そのＮＡＴＯが平和の礎として過信されているというのである。ハワードは同盟への期待と、現実の同盟とその力量との間に開いた落差を冷静に見抜いていた。これに倣っていえば、日米安保をはじめとした、アメリカと各国の間に結ばれた相互防衛条約が、アジアにおける戦争を防いだといえるのかどうか、実は明らかではない。

しかし、日米安保をはじめとする防衛協力はすでにアジア地域の国際関係のなかで、既成事実の一角となり、各国とも、自国に有利となるようにこの現状を変えることよりも、他国によってこの安定を乱されることを恐れている。日米安保を支えているのは、軍事的合理性よりも、この現状改変への恐怖である。同盟を結んだ諸国は、いかに頼りない同盟でも、その同盟が弱まった場合の不安定が恐ろしい。同盟によって軍事行動を抑止される側も、現状がより不安定となることを恐れて仮想敵国の軍事同盟を受け入れる。「安保」が既成事実の一部となったからこそ、ソ連を牽制する手段としての意味が冷戦終結によって失われた後になっても、中国が日米安保を認め、北朝鮮が在韓米軍の駐留を認めようとしているのである。

逆にいえば、東アジアには、軍事的威嚇だけには頼らない国際関係が、すでに生まれている。国際関係の現状を破壊することだけを考える国家が存在し、あるいは存在すると疑われるなら、国際関係は緊張し、制度や秩序の形成は難しい。しかし、国際関係の現状を維持することに各国が(もちろん、限られた範囲で)合意できるのなら、制度形成の条件が一つ整ったことになる。すでに「安保」は、冷戦期の熾烈な対立の手段から、各国の承認する東アジア国際関係の一部に変化した。これをもう一歩進めるにはどうすればいいのか、次に提言に移っていこう。

二　二国間安全保障から地域安全保障機構へ

1　同盟を地域機構に組み替える

私は、現在の政策課題が日米安保条約の廃棄だとは考えない。いま必要なのは、安保条約の廃棄(や固持)ではなく、アジア地域の安定のために、安保条約を地域安全保障構想へ再編成することだからである。

これまでの安保論争では、日米関係が焦点とされていた。アメリカに抗して憲法を守り、日米安保に抗して平和を守るという主張の背後には、「対米屈従」ではない日本への模索があった。逆に、安保を支持する人々は、「アメリカとの関係がおかしくなる」ことを憂慮し、日米戦争のような悲劇を繰り返さないためにも日米関係の安定が必要だと考えていた。安保・反安保という選択は、アメリカの覇権に抵抗するのか協力を選ぶのかという、いわばナショナリズムの問題として争われてきた。

だが、日米関係に絞った安保条約の解釈は、いかにも狭いものに過ぎない。アメリカを排除した機構を構想すれば、たしかに対米関係の緊張を招くだろう。だが逆に米軍をアジアにつなぎ止めることだけが目的の政策では、地域の安定を支えることもできない。対米従属の克服を目的とした安保条約の廃棄も、また冷戦期のような米軍駐留を期待した安保条約の固持も、ともに地域秩序の構想を欠いた、視野の狭い提案に過ぎない。問題はアメリカを排除するかどうかではなく、アメリカとアジア各国の国際関係をどのように構想するか、という点にあるからだ。

日米安保の廃棄を求めないことは、冷戦期のように二国間の相互防衛条約に頼り続けようという意味ではない。ここで提言したいのは、二国間条約に頼るのではなく、それを(かつての仮想敵国も含む)地域安全保障機構に拡大・再編成してはどうか、という構想である。冷戦期の同盟を、冷戦後の地域秩序に脱皮させる構想である。

参考として、まずヨーロッパ諸国の事例を見ておこう。冷戦終結後のヨーロッパでは、地域機構の役割が、次の三点において変容した。

第一に、ブロック間の威嚇と均衡という目的が後退した。NATOは、もはや東西の軍事的均衡を図る組織ではない。ユーゴ内戦におけるNATOの関与に見られるように、現在の軍事的威嚇とは、ほぼ均衡した兵力を持つ主体の間での脅しではなく、圧倒的な軍事的優位を誇る側が、何らかの規範に反する行動に対して加える威嚇と制裁である。軍事的均衡から警察行動の手段へと威嚇の性格が変化している。

第二に、想定される軍事的脅威や紛争が多様化した。かつてのヨーロッパであれば両独国境を前哨とする東西対立と核戦争が、他の紛争と明らかに異なる、最大の脅威だった。現在ではそのような紛争の序列は失われ、少数民族紛争のような政治的・軍事的紛争と、武器商や麻薬商の犯罪行為との間の違いもかつてほど意識されていない。

このように、ブロック間の均衡を目的とした戦略から多種多様な紛争や犯罪への対抗が目的となったために、NATOから、排他的な軍事同盟としての性格が大きく失われた。かつてであれば、NATOに加盟することは、NATOに対抗する諸国に対して敵となることだった。だが現在のNATOでは、新たに加盟しても敵を増やすことにはならない。この、排他的同盟から地域機構への転換が、過去一〇年におけるNATOの第三の、そして最も重要な変化だろう。

2 アジアにおける地域機構の条件

ヨーロッパとアジアでは状況が違う。共産党に権力の集中した体制が残るアジアに、ヨーロッパの事例を適用することは意味がない。しかし、アジアでも、地域機構をつくる条件が芽生えてきた。

まず、地域各国による「力の均衡」外交によって安定を保つことが難しくなった。これまでは、アメリカを要とする三角形が、日米中三国の関係を支配してきた。日本は中国が地域の潜在的脅威だといい、中国は日本こそが軍国化する懸念があると指摘し、アメリカの対中政策は動揺を繰り返した。現状の安定を過信できないことは、一九九六年の台湾海峡ミサイル危機を見れば明らかだろう。

他方では、地域機構形成の前提となるような、現状維持の了解も生まれようとしている。現在の東アジアでは、北朝鮮を含めた各国が、東アジア国際関係の基本的現状維持に合意していると判断する根拠がある。もちろん、台湾問題をはじめとする係争地域や紛争は存在するが、それを打開するには本国同士が戦争に訴えるほかはないという認識は、どの国でも少数説になった。対米戦争は避けられないと中国が考えていた時代を考えれば、これだけでも大変な変化である。

二〇〇〇年以来の朝鮮半島における南北対話は、北朝鮮も国際関係の現状を基本的に受け入れており、外交交渉を試みることなしに戦争に突入する意思は乏しいことを明らかにした。軍事的制圧だけを考えているなら交渉の余地はないが、軍事力を自国の政治的影響力を強めるための手段として用いているのであれば、外交交渉の余地も残ることになる。

南北対話のイニシアティヴが主に韓国、そして時にはアメリカなどからとられ、北朝鮮政府は南北首脳会談に応じたとはいえ、主導権を握り自発的に外交政策を緩和することは決してなかった。だが、そのような硬さにもかかわらず、北朝鮮との共存を不可能と決めつけるのも妥当を欠いた判断だろう。軍事的・経済的に劣位にあるために新たな領土拡大や武力による「南北統一」を実現できるような状況にはない。いかに無法で好戦的行動を北朝鮮がとるように見えても、その基本的目標は現体制の保持にある。すなわち一九七〇年代前半とは異なり、現在の北朝鮮もまた現状維持を承認する勢力に属するのであり、軍事力だけで北朝鮮を牽制する政策は自滅しか招かない。緊張の最も強かった朝鮮半島でさえも、現状維持についての合意がつくられようとしている。

また、北東アジアでは「力の均衡」に頼る伝統外交が残されているのに反して、その南の東南アジア地域では、すでに地域協力が実を結んでいる。当初は非共産主義諸国の団結という側面の強かったASEANも、日本・オーストラリアなどと協力してカンボジア問題をめぐる国際協議を促進し、パリの和平合意を実現した。パリ合意と、その後のUNTAC(国連カンボジア暫定統治機構)展開の過程で政策協議を深めた各国は、ASEAN地域フォーラム(ARF)を設立し、ASEAN加盟国に限らない地域各国の協議の場を提供している。このほかにもASEANは、日中韓三国を加えたASEAN+3を実現するなど、ASEANを舞台とした各国協議を促進する、場所貸し外交を拡大している。

ASEANの拡大において決定的な転機となったのがベトナムとの関係の変化、そしてベトナムのASEAN加盟である。そしてこれは、実に長期にわたる、いわば東南アジア版の太陽政策の成果であった。すでに南北ベトナムが統一された一九七五年から、ASEANによるベトナムへのアプローチは始まっていた。ベトナムへの警戒の強いタイやシンガポールの意見を押し切って、日本の経済協力を軸としてベトナムを西側へと引き寄せる外交努力が行われ、ASEAN各国の賛同が求められたのである。それはまた、米軍撤退後の東南アジアにおける、自主的な地域協力の試みでもあった。

このときには、ベトナム政府の交渉態度がきわめて硬く、ＡＳＥＡＮ各国と国交樹立こそ実現したものの、地域の安定に向けた協力は実現しない。そして一九七八年末のカンボジア侵攻と翌年の中国によるベトナム侵攻のため、この地域協力のイニシアティヴは途絶えてしまった。しかし八五年以後のベトナムに対外政策の変化が兆し始めると、その機会を捉えてベトナムとの接触が再開される。結局ベトナムはプノンペンから兵力を引き揚げ、それが契機となってカンボジア和平が実現し、最終的にはベトナムを一員とするＡＳＥＡＮという大きな成果も生まれたのである。

ＡＳＥＡＮの事例は、アジアにおける多国間協力の原型を示すものとして重要である。それは、一つの大国が主導する単独行動ではなく、多数国の合意に支えられた多国間協調によって、単一の秩序原理や規範ではなく、多様な文化や価値基準の承認によって、そして武力による威嚇や圧倒ではなく政治的な合意形成によって、実現した地域協力だった。このような、多国間協調、多様な文化の承認、そして政治的合意形成というステップは、東アジアにおいても各国の合意を得やすいものだろう。

このように、アジアでも安全保障に関する地域協力を進める条件は、緩やかにつくられようとしている。軍事対立、相互不信、領土問題などはもちろん残されている。それでも、戦争の前に外交を模索する条件はほぼ整った。東南アジアでは多角的地域協力の原型もできた。次の課題は、これらの成果をもとに、かつての仮想敵国を含めた多国間協議をどう進めるか、である。

3　二つの出発点――朝鮮半島と中国

地域各国の多国間協力は、かつては二国間同盟を相対化し弱めかねない発想として、ワシントンから警戒されることが多かった。アメリカのアジアへのコミットメントが後退することを恐れる日本政府は、多角的協力の模索よりも日米安保の堅持を優先してきた。

しかし、誰も考えなかったわけではない。クリントン政権で国防長官を務めたウィリアム・ペリーは、ヨーロッパにおける安全保障協力の進展を受けて、東アジアにおいても多国間の安全保障協力を模索したが、各国の準備不足のために実現できなかった、と述べている。朝鮮半島問題を打開する前提として、地域各国の政策協議の制度化が必要だとペリーが考えた点は重要である。冷戦が終わったからといって、既存の同盟の強化だけが合理的な反応であるとは限らない。

それでは、多国間協力の模索は、どこから始めることができるだろうか。国際関係の制度改変は、特定の紛争を解決する過程がその原型となることが多い。ＡＲＦの原型は、カンボジア内戦を前にした各国協力だった。それでは、東アジアで多国間協力のきっかけとなるような具体的争点とは何だろうか。その第一が朝鮮半島の南北関係であり、第二が中国と地域各国の関係ではないか、と私は考える。

朝鮮半島では南北対話こそ始まったものの、その対話を支える地域の枠組みは十分とはいえない。南北朝鮮に中国とアメリカを加えた四国の枠組みがなんとか生まれつつあるものの、日本・ロシアを含めた六国間の枠組みはまだ着想段階にとどまり、地域秩序一般との関わりは明らかではない。東西ドイツの間の緊張を緩和した東方外交の例に倣っていえば、地域各国から援護が得られないならば、南北対話の将来は厳しいだろう。逆に、南北対話を支える国際的条件をつくれば、アジア各国の多国間協力を進める土台につながるかも知れない。

第二の争点は、中国と地域各国の関係である。一九六〇年代のような緊張は終わったとはいえ、体制の違いに由来する不信は中国と地域各国との間にまだ残されている。このような不信は、台湾海峡におけるミサイル危機のように、時には戦争の懸念さえ伴う危機として現れる。地域安全保障に関して中国を含む協議体をつくる目的は、「危機」が「戦争」にエスカレートするまでの時間をできるだけ引き延ばし、外交的手段によって軍事的緊張を打開する機会をつくることが第一の目的になるだろう。その協議によって相互信頼の形成に成功すれば、協議の制度化を進めることも可能となろう。

ここで付け加えておく必要のあるのが、ロシアとの関係である。橋本・小渕政権の時代に、北方四島の帰属をめぐる日ロ協議が打開される兆しが現れた。鈴木宗男氏をめぐる政争のためにすっかり評判を落としてしまった二島返還論は、実は一九五五・五六年の日ソ交渉の時代に遡る、日ソ・日ロ協議を打開するきっかけの一つともなる交渉の鍵であった。そしてそこには、日ロ関係の打開が、アジア地域における日本外交の影響力拡大にもつながるのではないかという判断があった。

日ロ関係を打開する機会は、日ロ両国の内政のためにいまは遠ざかってしまった。ただ、それ以上に問題なのは、ここで目指された日ロ交渉が、朝鮮半島、さらに中国との関係にどのように影響し、どんな展開が現れるのか、地域の国際政治へのインパクトをきちんと詰めていたとはいえないことだ。ロシアとの接触は、対中関係・対朝鮮半島関係との関わりを見なければ効果は少ないし、結果としてプーチン政権に外交政策のイニシアティヴを譲ることにもなりかねない。

ロシアと、そしてそれでいえばベトナムとの外交は、それら両国との二国間関係という「線」だけではなく、朝鮮半島、中国、ＡＳＥＡＮ諸国を含む、この地域全体における国際関係の安定への模索という、いわば「面」の構想と結びついたときに初めて生きてくるものだろう。そしてそれは、二国間関係ではともすれば受け手になりがちな日本外交の影響力を拡大する効果ももたらすことになる。

その「面」の構想とは、なによりも東アジアの国際関係における緩やかな制度化である。朝鮮半島と中国との関係の打開は、同盟をより高度の安全保障協力に組み替えてゆく機会を提供するだろう。また、この二つの領域における蹉跌を克服しない限り、ロシアやベトナムへの接近も長期的な効果は見込めないし、悪くすれば中国封じ込めと受け取られることで不必要に攻撃的な反応を中国から受ける可能性もある。それは中国にとっても日本にとっても、無意味な緊張に過ぎない。

たしかに、アジアではヨーロッパにおけるような政治体制や政治理念の共有はなく、協調的安全保障への道のりはほど遠い。だが、冷戦に代わるものとはいえないとしても、冷戦期の遺産としての軍事同盟を組み替え、その古典的な同盟としての性格を地域機構へと転換する条件も生まれようとしている。必要なのは冷戦時代の政策に固執することではなく、新たな秩序形成に向けた政策を考えることだろう。

三　日本外交への提言

小泉政権が発足してから二年、改革の呼び声にもかかわらず、アジアの安全と平和に関わる日本政府のイニシアティヴは大きく後退してしまった。まず、ロシアとの外交を打開するような政策は、鈴木宗男氏の問題が表面化するかなり前に途絶えてしまった。中国外交の展開に対しては、対中援助の継続に厳しい批判が自民党から浴びせられ、領事館への難民受け入れ問題が発生した後は、世論のかなりの部分も中国政府に厳しい方向へ向くことになった。そして、外務省という組織への批判的な報道それ自体が、外交政策から創意を奪ってしまった。
そしてもちろん、9・11事件が、アジアの多国間外交から日米同盟の強化に偏った方向へと、日本外交の軸を動かしてしまう。それは、過去三〇年間に生まれた新たな外交方針の凋落、ともいうべきものだった。

田中内閣が成立したころから、日本外交に、日米基軸・安保基軸・リアリズム基軸の外交とは異なった流れが、緩やかに生まれていった。日米関係の維持はもちろん前提としつつも、それに専念するばかりでなく、まず東南アジア、そして中国やソ連・ロシアを含む東アジアにおける多国間協力を試みる流れである。安全保障を基軸とする外交に対しては、経済協力や経済政策の相互調整を軸とした経済外交の場面も生まれていた。そして、軍事的対抗と均衡を旨とするリアリストの政策構想に対し、経済領域における市場統合と相互依存を旨とした地域構想も生まれようとしていた。

多国間協力、経済外交、地域構想という方向は、もちろん平和主義や理想主義の所産ではなく、経済大国となった日本が、まさに経済大国となったことでそれまでの対米関係にとどまることができなくなったことの現れだった。軍事的にはアメリカの兵力に頼るとしても、経済的にはアメリカ経済を主軸とした秩序では日本経済に不利となってしまう。東南アジアは軍事的には弱体でも、経済的には日本の大きな市場だった。そして、ワシントン主導の経済では不利益を被る諸国があればこそ、軍事的には日本との結びつきに懐疑的な諸国でも、経済的には独自の地域協力への賛成が集まった。

9・11事件は、こうした経済外交を軸とする多国間協力という仕掛けではなく、アメリカの軍事的優位に頼ることを第一とする日本という、よりクラシックな日本外交への回帰を示すものだった。世界最大の国内市場を抱えているとはいえ、経済政策に関しては、アメリカは単独行動を貫くことは結局できない。アメリカ経済自体が国外の市場に大きく頼っているからだ。しかし、軍事力に関する限り、アメリカは単独で世界各地に介入し、勝利を収めることのできる唯一のパワーである。米軍の指示に従ってできるだけ早く兵隊を派遣することが外交の最大の優先事項となるような時代が始まった。軍事力に関する限り、対米協力以外の選択肢はない、この認識が軍事問題のみならず他の国際関係にも波及する。ワシントンの指示に逆らうものと受け取られかねないイニシアティヴは、すべて拭い去られてしまった。

だが、それではアジアにおける国際関係の構築にはならない。ブッシュ政権のユニラテラリズム(単独主義)が、たとえば中東政策などでヨーロッパ諸国との溝を広げている今、必要なのは古典的な同盟への復帰ではなく、むしろ地域協力への回帰だろう。

地域協力は他国の利益のために国益を犠牲にするものだという声もあるが、賛成できない。というのも、日本外交の、より狭い「国益」から見ても、北東アジアの地域機構形成を進めることは有利に働くからだ。それはこれまでの東南アジア外交と北東アジア外交の成果を比べてみればはっきりするだろう。誤解を恐れずにいえば、札束ではたくような醜いイメージで語られがちな日本の東南アジア外交の方が、北東アジア外交よりもはるかに大きな成果を収めてきたからだ。地域協力の構想も、この東南アジアにおける成果をその北へと広げてゆく過程として考えることができる。

これまでの日本外交では、北東アジア外交と東南アジア外交が二つに分かれていた。そして北東アジアでは、中国への経済協力の実績にもかかわらず、アメリカ、中国、ロシアなどの大国の陰で、日本外交の影響力は、決して大きかったとはいえない。しかし、東南アジアでは、チームプレイヤーとしての信頼をＡＳＥＡＮ各国から得ることによって、日本は外交的影響力を拡大してきた。

そこには経済協力を基礎とした、カネで買った友好という面もある。だが、ＡＳＥＡＮとの関係は資金協力だけでは説明がつかない。そこでは、日本が単独行動に頼らず、どれもが小国に過ぎないＡＳＥＡＮ各国の独自の政策判断を絶えず重視してきたこと、いわば「大国を我慢する」自制をとってきたことが各国から信頼を得るうえで大きな役割を果たしていた。

東南アジアと比べれば、北東アジアにおける政治的対立も、また日本への不信感も、比較にならないほど大きい。だが、日本外交を二国間ベースで北東アジアに広げるのではなく、東南アジア地域で展開した多国間協力と外交をアジアの北部へと拡大し、東南アジアの多国間協力に北東アジアを巻き込むことで、日本が単独では得られないような外交的影響力を、多国間協議の中で発揮することも可能となるだろう。実際に、日本のイニシアティヴによるアジア太平洋経済協力会議(APEC)へのASEAN、中国の参加、さらにASEAN＋3などの展開は、東南アジアの多国間協力の「北進」として捉えることもできる現象である。

また、日本外交の影響力は、安全保障問題よりは経済協力においてこれまで強く発揮されてきた。中国のWTO加盟問題をはじめ、APECにおける各国協議など、経済外交を安全保障協議とリンクさせる場として、多角的・制度的な地域機構は日本外交にとって有利である。軍事的にはアメリカが単独で優位をとったとしても、こと経済場面では多国間協力という仕組みを望む声が大きい。その需要を捕まえることは、相対的に見て日本外交の影響力の拡大をもたらすことにもなる。

このように、北東アジアにおける機構形成は、決して不可能ではないし、また国益に逆行する利他的な行為でもない。そうだとすれば、冷戦期のような「安保」の固定を模索するのではなく、その「安保」を地域機構に育てる意味は大きい。しかし、そのような制度形成に逆行する動きもある。その動きとして、二つの問題点に触れておきたい。

第一が、ミサイル防衛計画である。この計画は中国・北朝鮮に対象を限定しない計画ではあるが、米中・日中関係を硬直させる可能性が大きい。予算からいえば、冷戦終結後、最大のプロジェクトだけに、アメリカ国内でこれを求める企業などがあることは容易に理解できる。しかし、このNMD(米本土ミサイル防衛)とTMD(戦域弾道ミサイル防衛)の配備について、アメリカに対する明確な姿勢を日本が打ち出さない限り、地域安全保障は制度化どころか冷戦期の緊張に逆戻りしてしまう。NMDによって中国の妥協や「屈服」を期待する政策は、愚かとしかいいようがない。

第二は、歴史問題への取り組みである。アジア地域では、すでに政府間の合意や協力はかなり進んでいるが、それぞれの社会の間の不信や反撥は残されている。なによりも日本が侵略者であった第二次大戦の記憶は、政府の間でいくら「合意」があろうとも、社会の中には着実に残り、それが日本外交に対する現在の批判にもつながっている。そして日本国内では、過去を美化することで「国民の誇り」を回復するかのような主張が、排外的なナショナリズムと結びついて展開されている。

過去の美化が続き、中国侵略や東南アジア侵略の正当化が続く限り、アジアに住む人々との理解や協力はありえない。しかし、日本国民がすべて戦争を美化しているわけではない。細川政権の行った侵略行為への謝罪には、国民の広い支持があった。

そもそも、日本国内で過去を飾る議論が拡大した背景には、現在の政治への絶望と断念がある。現在の日本国民に信頼される政府ができて初めて、過去の侵略を客観的に見ることも可能となるのだろう。過去の侵略から目を背け、冷戦期の同盟戦略にしがみつく日本政府ではなく、軍国日本と異なるデモクラシーを樹立した自信を支えとして、過去には正面から取り組み、現在のアジア地域の目指す方向を提案する、そんな日本政府をつくることができるのか。東アジアの地域構想を考える最後の、そして最大の課題がここにある。

（二〇〇三年一月）

多角的核兵力削減交渉「広島プロセス」を提言する

北朝鮮政府は寧辺《ヨンビョン》における核施設の稼働停止と封印、さらに国際原子力機関(IAEA)査察責任者の受け入れに基本的に同意した。ヒル国務次官補による訪朝は、これまで北朝鮮との直接協議に応じようとしなかったアメリカ政府の態度の変化を示している。六カ国協議において北朝鮮に求められた初期段階の履行がようやく始まった。

だが、北朝鮮の非核化にはまだ多くの関門が残されている。何よりも、すでに開発を終えた核兵器の廃棄についてはまだ着手されていない。初期段階の履行次第によって、非核化の第一歩ではなく、核を保持する北朝鮮に対して経済制裁を解除し、重油も提供したという結果に終わる可能性は無視できない。

この過程で、日本政府はほとんど影響力を行使することができなかった。北朝鮮非核化と拉致被害者への誠意ある対応を求めながら、北朝鮮へのアプローチについてはアメリカに頼るばかりだったからだ。核保有国でない日本が非核化にあたって影響力を行使できるはずはない、という判断がそこにはあった。

それでは非核保有国は、非核化の実現には無力なのだろうか。私はそう考えない。むしろ、非核保有国のイニシアティヴによって核削減のプロセスを進めない限り、今回進もうとしている六カ国協議初期段階の履行も、一九九四年における米朝枠組合意と同じような停滞に終わる懸念があると考える。

この文章で、私は東アジア各国とアメリカを主体とする、自発的・非拘束的な多国間核削減交渉の開始を提案したい。そして、核削減が、アジア地域における紛争管理の手段として、つまり現実の外交政策として、有効な方法の一つであることを示したい。理念や運動の目標としてではなく、外交政策としての軍縮の意味を改めて検討し、実現できない夢から実現すべき現実の政策選択の場に軍縮を引き戻すこと、それがこの文章の目的である。

憫笑される核軍縮の構想

核軍縮は、夏になると思い出し、夏が終わると忘れてしまう課題になってしまった。毎年の七月ないし八月、日本の総合雑誌は「ヒロシマ」に関連した文章を掲載し、現在の核保有と核拡散の現状を伝え、広島・長崎の被爆体験を思い起こし、こんなことが二度と繰り返されないように訴え、核廃絶の願いを確かめてきた。願いを確かめた後、多くの人は次の年まで忘れてしまう。軍縮など、いくら主張としては正しくても実現するはずはないと、心の底では信じているからだ。

実際、核軍縮が実現する可能性は冷戦時代以上に遠のいてしまった。日本、アメリカ、あるいは中国などの実務家の間では、核軍縮の構想など、憫笑《びんしょう》で迎えられるものに過ぎない。

憫笑で迎えられる理由は、核保有国が核兵器を手放すことはありえないと、誰もが確信しているからである。日本政府は、一九九四年一〇月以来、一〇年以上にわたって、すべての国が核兵器を廃絶することを求める決議案を国連総会に提出してきた。この決議案は毎回可決されているが、アメリカは一貫して反対しており、二〇〇六年一二月の本会議決議では、アメリカ、インド、パキスタンに加えて、これまで棄権してきた北朝鮮も反対に回っている(パキスタンは後に棄権のつもりだったと表明。なお、中国、イスラエル、イランなどは棄権した。また、この文章を発表してからおよそ二年後、オバマ新政権の下のアメリカは初めてこの決議に賛成票を投じた)。

これの核保有国による反対と棄権がある限り、採択されたところで決議の意味はない。核保有国に核を削減する意思がなければ、核廃絶とは原則としては正しくとも実現する可能性のない目標に過ぎないからだ。

米ソ冷戦の末期には、冷戦終結とともに核を廃絶しようという構想が、政府当局の中でも真剣に議論されていた。その背景には、米ソ両国の政治指導者が核戦力の削減と廃絶が必要だと考えていたという事情がある。ゴルバチョフ書記長による一九八六年一月の核廃絶構想は一連の米ソ軍縮交渉の引き金となったが、そのゴルバチョフの相方にあたるレーガンもアメリカの大統領としては例外的に核軍縮に強い関心を持ち、すべての核兵器の廃絶を訴えたこともある人だった。

核拡散と六カ国協議の変容

だが、冷戦後の核管理は、核廃絶でなく、旧ソ連解体に伴う核拡散の防止に焦点が当てられ、戦略兵器削減条約(START)交渉に基づく米ロ(ソ)核戦力の相互削減を別にすれば成果を収めることはなかった。そして、米ロの核削減も、二〇〇二年のモスクワ条約を最後に終わってしまう。米ロの核削減は冷戦期に両国が過剰に集積した核戦力を対象としたものであり、そのオーバー・キル状態が解消に向かうなら、特に核を廃絶する必要もインセンティブも存在しないからである。

核戦力削減の停滞と並行して進んだのが、核不拡散体制の弱体化である。もともと各国の自発的協力なしには運営を考えることのできないこの体制は、九〇年代以後の北朝鮮による核開発と九八年のインド・パキスタン核実験によって決定的に弱められてしまった。

また、これまでのような「牙のない」不拡散体制ではなく、潜在的核保有国に対しては軍事的措置に訴えてでも拡散を阻止すべきだという拡散対抗政策も、効果を上げていない。拡散対抗を訴えるブッシュ政権が実際に戦争をしたのは核兵器を持たないイラクであって、核の生産を再開した北朝鮮ではなかった。各国の合意に立脚する核不拡散体制も、戦争で脅すことで核武装を未然に阻止しようとする拡散対抗政策も、展望がないといっていいだろう。

核保有国は核の削減に応じることがなく、不拡散体制にもかかわらず核拡散を防ぐことができないというこの現状のなかで、核保有を既成事実として認めようという態度が生まれることになる。六カ国協議初期段階の問題はここにある。北朝鮮を全面的に非核化する各国の意思は、決して強いとはいえないのである。

もともとロシアと韓国は、北朝鮮の核保有を排除する意思が強かったとはいえない。ロシアは非核化に原則として合意しながらも自国の核の保全を優先し、強硬措置には一貫して消極的であった。本来なら北朝鮮の脅威に最も敏感に反応するはずの韓国は、南北間の緊張緩和を優先し、非核化を実現するための制裁措置には厳しく反発してきた。

中国は安全保障の駒として北朝鮮を使ってきただけに、核保有を契機として北朝鮮が戦略的に自立することは脅威であったが、北朝鮮が中国の影響力を受け入れ、その外交的指導に従う限り、核武装そのものは重大問題ではない。核を持たず中国に敵対的な北朝鮮と、核を持ちながら中国との協力を保持する北朝鮮のどちらを選ぶかといえば、答えははっきりしているだろう。

またアメリカは、日本とともに北朝鮮の非核化を強く訴えてきたが、北朝鮮の核兵器はまだアメリカ本土に届く力を持たないため、北朝鮮から核兵器やミサイル技術が中東などへと移転しない限り、核保有そのものは重大な脅威ではない。

このように見れば、核施設を封印した後、さらに北朝鮮が、すでに開発を終えた核兵器の廃棄を進める可能性は乏しいことがわかる。初期段階の履行は前進だが、非核化の将来は楽観できない。

キッシンジャー・シュルツ提案

だが、新しい流れも生まれている。二〇〇七年一月四日、ウォールストリート・ジャーナル紙は、キッシンジャー元国務長官、シュルツ元国務長官、ペリー元国防長官、それにナン元上院軍事委員会委員長四名の連名で、核兵器への依存を地球規模で逆転し、核拡散の防止と将来の核廃絶を訴える文章を公表した。同紙はニューヨーク・タイムズとは対照的に保守的な論調で知られており、署名した四名もいずれもが現実主義的な対外政策を主張してきたアメリカ外交の重鎮であって、間違ってもノーム・チョムスキーのようにラディカルなアメリカ外交批判を続けてきた人々ではない。普通なら核削減や廃絶など訴えるはずがないと考えられるような外交エスタブリッシュメントから、核廃絶の構想が発表されたのである。

容易に想像できるように、この背景には中東における核拡散と、テロリスト集団への核拡散への懸念がある。すでにクリントン政権の時代から、欧米諸国に敵対的な中東諸国の政府や政府以外の急進的武装集団が核を入手することは、アメリカのみならず現代世界一般の安全を阻害する最悪事態として憂慮され、その憂慮は9・11事件によって過剰なほどの懸念に拡大した。イランの核開発は、シリア、エジプト、サウジアラビアの核開発に波及しかねず、また内政不安定の続くパキスタンから秘密裏にアルカイダをはじめとする武装組織へと核が横流しにされる危険も無視できない。

ブッシュ政権は、核不拡散体制のような国際制度に頼らず、もちろんアメリカの核戦力を削減することもなしに核拡散への対抗を試みたが、何の成果を生むこともできず、かえってイランによる核開発を加速させてしまう。この手詰まりのなかで発表されたキッシンジャー・シュルツ提案は、アメリカ政府が核保有国の指導者と協議して、核兵器のない世界の実現という目標の下に共同作業を展開することを求め、さらにその作業には核保有国による核戦力削減を含む戦力配置の変更を含むと明言している。

その目的が「核武装したイランと北朝鮮の登場を阻止する努力の強化」であるとされていることからもわかるように、この提案は、核保有国が自発的に核を削減しない限り、核拡散を防止することはできないという認識に基づいている。核削減なしには核不拡散が実現できないという主張は核不拡散体制の基礎を成すものであり、幾度となく公式文書にも盛り込まれてきたが、過去一五年にわたって形骸化してきた。これがかつて政権の中枢にいた人々によっていま主張されているのである。

不安定な安全保障のジレンマ

繰り返していえば、キッシンジャーたちの提案は平和運動の理念などとまるで異なる、現実の政策構想である。そして私は、核廃絶を、平和運動家の願望から、現実の政策選択に移すときが来たと考える。

私が東アジアにおける多角的核削減交渉を呼びかける根拠に、将来の核廃絶という夢があることは否定しない。しかし、より現実的な、あるいは緊急を要する根拠があるとすれば、それは現在の六カ国協議だけでは北朝鮮の非核化の展望が開かれないこと、また北朝鮮ばかりでなく中国の兵力削減を含む構想を準備しなければ、東アジアの地政学的緊張が急迫するという現状である。核戦力の削減がそれまでよりも安全な世界をつくり出すという具体的な根拠を政策提案として示さない限り、広島・長崎の被爆実態を核保有国に訴えるだけでは何の成果も生まれない。

さらにいえば、私は抑止戦略を否定しない。それどころか、日本は核の傘、アメリカの拡大抑止の受益者であり、また北朝鮮に対するアメリカの核抑止力は今なお必要であると考える。これまでの日本における核軍縮構想は、そのほとんどが核抑止の効用を否定することから始まっていた。確かに抑止は平和を保障するものではない。だが、米軍の軍事行動を想定することなしに旧ソ連や中国、あるいは北朝鮮が対日政策を構想することができなかったのは、良くも悪くもない、事実である。

問題は、この抑止に頼る平和を、さらに安定した状況に変えてゆくためにはどのような選択があるのか、という点にある。抑止を否定する平和論とは逆に、日本で流布するリアリズムにおいては、戦後アメリカの核抑止力の効果が過大評価されてきた。だが、抑止に頼る平和は、以下に述べるようなセキュリティー・ジレンマ、安全保障のジレンマを免れることができず、本質的に不安定を免れない。

二つの国、A国とB国があり、特に友好的でも敵対的でもない関係にあるとしよう。この場合、A国がB国に対してとるべき安全保障政策とは何だろうか。相手が友好的な態度をとると仮定して、戦争の準備をしない、武器を蓄えない、という選択はある。だがこの場合、もし相手が友好的でなかったなら、相手は戦争の準備ができているのに自国は戦争の備えがないことになり、不利な立場に立たされてしまう。そこで、A国にとって合理的な選択は、B国は敵対的だと仮定して戦争を準備することになる。

同じように、B国も、A国は敵対的だと仮定して政策を選択することが合理的選択になる。その結果、A国もB国も互いに相手が敵対的だと仮定して政策をとることになる。また、相手が敵対的だという仮定は、相手が現実的に敵対的な行動をとることによって、事後的に立証され、それがまた敵対行動を誘発することになるだろう。

こうして、当初は友好的でも敵対的でもなかったA国とB国は、互いに合理的な行動をとる限り、敵対関係に陥ってしまう。これが、国際政治の理論において、セキュリティー・ジレンマと呼ばれる現象である。セキュリティー・ジレンマは、冷戦期の米ソ関係の説明に特によく用いられた概念だが、いまでも有効性を失っていない。米中関係において安全保障のジレンマが生まれているからだ。

米中関係の安定と軍拡

現在の米中関係は、米中国交回復後、最も安定しているといわれる。鄧小平政権以後の中国は対米関係の悪化を慎重に避けてきたし、中東ではイラク介入という不要な戦争に訴えたブッシュ政権も、対中政策においては慎重なリアリズムを貫いてきた。北朝鮮を巡る六カ国協議において、米中両国が緊密に連絡を保ってきたことも無視できない。

だが、まさにこの安定した米中関係のもとで、アメリカは中国の反発にもかかわらずミサイル防衛計画を進め、中国は既存ミサイルの設備を更新して米軍空母を破壊する能力を備え、さらに巡航ミサイルや新世代原子力潜水艦の開発に着手したとまで伝えられている。

その背後には台湾問題があるが、中国が現在の相対的安定を犠牲にして台湾攻撃を準備しているという観測は少ない。もちろんアメリカを相手にしては勝ち目がないからであるが、その中国が現在の安定を犠牲にしかねない軍拡を進めているのである。まさにセキュリティー・ジレンマにほかならない。

セキュリティー・ジレンマを脱却する一つの方法は互いに相手の軍拡に承認を与えるという方法であり、実際、現在のアメリカはミサイル防衛の推進とひきかえに中国の空母建艦などの軍拡を認める方向に向かっている。日本で喧伝《けんでん》されるような中国脅威論は決してアメリカ政府では多数意見ではない。米軍の軍事的優位が十分に保たれている以上、中国がアメリカにとっての本質的脅威だとは認識されていないからだ。

このような相互の軍拡承認によるジレンマ脱却、すなわち拡大均衡を長期にわたって支えることは難しい。相手の兵力増強を受け入れない勢力から見れば、拡大均衡は敵に塩を送る政策そのものであり、批判が集中するからだ。冷戦時代、第二次戦略兵器制限交渉(SALT‐II)は、旧ソ連の軍拡を容認するという拡大均衡の性格を持っていたため、米国国内で強い批判を浴び、レーガン政権において米ソ対立が再燃する一因となった。

また、日本にとって、アメリカが中国の軍拡を受け入れることは決して有利ではない。軍事面におけるアメリカのような対中優位を持たない日本から見れば、アメリカの容認する中国の軍拡はまさに脅威の拡大そのものにほかならない。すでに中国によるガス田開発は日本政府との緊張を加速し、尖閣諸島領有権についても対立は厳しく、中国の海軍力増強はアメリカ以上に日本の対中警戒を強めている。

ここでアメリカが北朝鮮の限定的核保有ばかりか中国の軍拡までも容認することになれ

ば、日本国内では日米同盟に頼らない対中対抗を促す声が高まり、そしてそれが中国の対日戦略をさらに硬化させることになる。米中間における拡大均衡は日中関係の緊張を招くだろう。

ここで必要なのは拡大均衡ではなく縮小均衡、すなわち兵器の水準をともに引き下げることによってセキュリティー・ジレンマを解消するという方法である。ここでは軍縮とは核廃絶のような理念的目標ではなく、現在の潜在的緊張を管理する政策としての意味を持つことになる。また、全面的な軍縮どころか、わずかな兵力削減にとどまるものであっても、緊張管理の手段としては十分な有効性を持たせることもできる。

つまり、東アジアにおける地域核軍縮は、遠い将来における核廃絶の第一歩という以上に、現在のセキュリティー・ジレンマ、安定状況における軍拡の悪循環に歯止めをかけ、抑止にばかり頼る平和から、より安定した国際関係への転換を促すという具体的な意味を持っている。互いに兵力を認める拡大均衡よりは、兵力削減を手段とする緊張緩和、縮小均衡の方がセキュリティー・ジレンマを解消するためには実効性が高いからである。

「プロセスとしての核軍縮」へ

核拡散についても、いま進みつつある事態は拡大均衡である。六七年段階の核保有国に核保有を限定せよという当初の目的にもかかわらず、現実の核不拡散条約が生み出したものは核開発の既成事実化に過ぎなかった。九八年に核実験を実施したインドは核保有を既成事実としたばかりか、核開発について有利な協定をアメリカから引き出すことにも成功した。北朝鮮の核保有も認めてしまえば、いったん核を持てば誰にも止められないという先例がさらに加わってしまう。拡大均衡は核拡散を誘発するのである。

では、拡大均衡を縮小均衡に反転するにはどうすればよいのか。それは「原則としての核軍縮」を「プロセスとしての核軍縮」へと発展させることである。残された紙幅は少ないが、概略に触れておきたい。

まず、「将来の核廃絶」についての合意が必要であり、日本の提出してきた国連決議はその意味で評価することができる。だが、原則合意は現実の削減のプロセスによって支えられなければならない。

これは核抑止のもとで生まれた安定を損なうことのないよう、段階的に、周辺的な戦力から始めるほかにない。すでに相当の核戦力を保持する国家に対して、最初から大規模な削減を期待することはできないし、またあえていえば望ましくもない。大規模な核の削減は、抑止力の喪失を生み出し、それが新たなセキュリティー・ジレンマと不安をつくるからだ。そもそも、自国は減らしても相手が減らさないのなら自国の安全を損なってしまうから、戦争によって征服でもしない限り大規模な戦力削減を実現することはできない。

削減の前には、まず進行を止めなければならない。アジアの場合、焦点はアメリカのミサイル防衛と中国の戦力になる。弾道弾迎撃ミサイル（ＡＢＭ）の配備は米ソの緊張を強めたが、それが第一次戦略兵器制限交渉（ＳＡＬＴ－Ｉ）の引き金となった。もしミサイル防衛を阻止したいのであれば、それと引き換えに中距離ミサイルの設備更新をはじめとする軍拡を断念しなければならないことを明確に中国に伝え、ミサイル防衛とミサイル開発にモラトリアムを設け、それを新規兵器配備一般へのモラトリアムに広げること。これが第一段階の課題である。

モラトリアムを実施し、武力を増強しなくても自国の安全が阻害されないと当事者が認識した段階で、作業はモラトリアムから戦力削減に移る。これを中国から引き出すためには、中国を対象としなければ意味がない戦力に限ってアメリカ側も削減の意思があることを示さなければならない。最終的に核がすべて廃棄されることは望ましいが、必ずしも必要ではない。軍縮政策は、それ自体に緊張緩和と信頼醸成の手段という側面があるからだ。

そして、この核保有国も核削減に着手することと並行して、核戦力の監視、核燃料の監視、核ミサイル技術移転の監視など、これまでにも実施されてきた不拡散政策を強化しなければならない。核保有国も削減に応じることで、核不拡散を実現するための強制措置にも根拠を与えることができるだろう。核削減プロセスは不拡散体制に代わるものではなく、それだけでは力が弱く効果も乏しい不拡散体制を強化するための補完的プロセスとして位置づけることができる。

なお、出発点は東アジアだが、それに限定する必要はない。核軍縮はすべての地域で同時に開始する必要はなく、むしろ特定地域における軍縮の効果を他の地域に波及させる方が現実的である。東アジアにおける米中戦力の限定的削減を実現したうえで、インド・パキスタンなど、他の地域における削減プロセスの誘因とすることが考えられる。

最初の国際会議を広島で

それでは、誰がこのプロセスを開始するのか。そこに日本の役割がある。米ソ冷戦では、軍縮のイニシアティヴは常に核保有国の手に握られ、非核保有国の果たす役割はごく限られていた。だが、現在ではアメリカも中国も、それでいえばどの核保有国も、核軍縮に着手する気配はない。そこで、非核保有国のイニシアティヴによって、段階的軍縮プロセスへと核保有国を誘い込むことが必要になる。

一連の多角的交渉を開始する最初の国際会議を、核廃絶のためにシンボリックな意味を持つ広島で開催することを提案したい。最初の被爆という経験のために、広島という名前は核廃絶の願いと結びついたシンボルとして、現在でも国際的に認知されており、核削減プロセスの出発点にふさわしい。もちろん一回の会合で終わるわけではない。貿易自由化のための多角的交渉、東京ラウンドやドーハ・ラウンドのようなプロセスとも対比すべき、軍縮に向けた「広島プロセス」の開始である。この一連の会議は、核の削減だけでなく、削減を続けることで安全のために核に頼る必要を減らすことも目標となる。

これは狭い意味における日本の国益と外交的影響力にも有益である。六カ国協議でいえば、北朝鮮非核化が議題となるとき、日本の役割はごく乏しかった。他国が率先して訴えることを期待できない以上、日本が拉致問題を高く掲げることは当然であり、必要でもあったが、その結果として日本が六カ国の中で孤立するのでは意味がない。拉致問題とならび、北朝鮮非核化の主導権を握るためには、それなりのコミットメントを示す必要がある。

「広島プロセス」は、不拡散体制ばかりでなく、六カ国協議を強化するための補完的プロセスとしての意味もある。現在の北朝鮮に対しては依然として核抑止が必要であるが、ただ脅すだけでは効果が乏しい。核保有国が核削減にコミットし、非核保有国も核開発の断念を明確にすることで、核に頼る国防の意義を外部から奪う必要がある。

戦後日本は、唯一の被爆国として核廃絶を訴えながら、他方ではアメリカの核抑止力の受益者という立場を保持してきた。先にも述べたように、抑止のもとでも安定を実現することは可能だが、それは常に限られた、不安定なものでしかない。抑止への依存を続けるのであれば、核廃絶の願いは国内消費用にとどまり、対外的には意味のないものに終わってしまう。

かつて米国の経済学者ケネス・ボールディングは、核に頼る「不安定な平和」を、核に頼らない「安定した平和」に変える必要を主張した。もし日本が、抑止に頼る平和から、抑止への依存を減らす平和への道筋を開く役割を果たすことができれば、広島・長崎は、夏だけの記憶にとどまらず、日本外交の柱をつくる基礎になるだろう。

（二〇〇七年八月）

外交は世論に従うべきか——民主主義の成熟と対外政策

外交と世論の関係は、身勝手な議論に終わりやすい。ほとんどの議論は、「正しい世論」と「正しくない世論」の議論に帰着するからだ。

たとえば、選挙になれば自民党じゃない党に入れてきた、四〇代後半の男性、A氏。海外勤務の経験があり、そのときにいい思いをした記憶のために日本は遅れているというのが口癖になった。購読する新聞は朝日に日経、帰宅して見るのはTBSのニュース番組。政治への関心は高くないが、どちらかを選べといわれたら「リベラル」を選ぶ、という人。アメリカは好きだけどアメリカ政府は嫌い。

あるいは同じ四〇代後半のB氏。衣装のように政治的立場を身につけることではA氏と似ているが、立場は正反対。いや、立場や正論への嫌悪がB氏の発想の根本にあるという方が適当だろう。海外勤務の経験はあるが外国嫌い、「外国では」と口にされると寒気がする。購読する新聞は読売と日経だが、読売新聞は家において通勤電車では日経を読んでいる。アメリカは嫌いだけど、中国はもっと嫌い。

この二人の意見を聞いてみよう。まず、A氏。憲法改正にもイラクへの自衛隊派遣にも反対してきたこの人は、日本の外交はもっと世論に耳を傾けるべきだ、国民が役人や一握りの政治家たちが勝手に決めたことを唯々諾々と受け入れる限り、日本を民主主義国と呼ぶことはできないと考えている。ところが、拉致問題については、正反対。拉致被害者の家族の声ばかりが報道される日本のマスコミは「偏って」おり、日本の北朝鮮政策は「情緒に流れやすい」世論に左右されて「真の国益」を見失っている。世論に押し流されることなく、真の国益を冷静に見極めることが外交政策に必要だ、というのがA氏の意見だ。また、勤め先の会社が中国貿易で潤っているせいもあって、首相の靖国神社参拝には反対。

B氏は、憲法は改正すべきであり、イラクへの自衛隊派遣は日米同盟を守るために必要だと考える。日本の外交が「情緒的」で「非現実的」な世論に押し流されてきたというのがB氏の主張だ。しかし拉致問題については、外務省は、国内世論を無視して小泉首相の北朝鮮訪問を強行した、民主主義国ではありえない暴挙だと憤っている。中国に対して政府が低姿勢を続けていると不満なB氏は、日本は同じ価値を共有する民主主義国との連携を深めるべきだという意見だ。会社は中国と取引はあるけれど、靖国神社参拝で中国政府にあれこれ言われる必要はないと考えている。

さて、A氏とB氏、どちらもあるときには外交が世論に従うべきだと考え、あるときには世論に振り回されるべきではないと考え、二人とも自分の意見が矛盾しているとは思っていない。政府が自分の意見に従わないときは「民主主義が踏みにじられている」が、気に入らない世論に政府が従うときには「ポピュリズム」であり、「多数の横暴」。両氏ともに、自分の意見と重なるときに限って世論を評価しているわけだ。

自分の考えに一致する世論は民主政治の表現だが、自分の考えと違うときの世論はポピュリズム。もちろん戯画に過ぎないけれど、どこかで聞いたことのあるパターンではないだろうか。これでは外交と世論の関係を議論することにならない。

それでは、論じるものの立場を越えて、世論と外交との関係を論じることは可能だろうか。およそ外交は世論に従うべきか、従わざるべきか、あるいはそんな一般論に意味はないのか。この文章では、そんな難問について考えてみたい。

「国際関係」という空間

外交政策が世論に従うべきだという主張は、少なくとも民主主義を政治体制とする諸国においてはごく当然のもののように思われるだろう。民主主義である以上、政府の政策が市民の合意に基づいていなければならないのであり、外交政策が例外であってよいはずはない。民主政治を前提とするとき、外交と世論の関係は自明ではないか、そんな議論もあるだろう。

だが、これは問題の始まりに過ぎない。たとえば高齢者医療制度のような国内政治の課題について国会や野党の意見を無視して政府が政策を強行することは、誰の目から見ても「横暴」であり、その政府は次の選挙で手痛い制裁を受けることになる。ところが外交については そうとは限らない。国内政治における手続きの合法性ばかりでなく、国際関係における合理性という別の尺度もあるからだ。

たとえば、他国とある条約が署名され、議会の承認を待っている状態を考えればよい。議会は、国内世論に照らして条約の必要性を判断することはできるが、ここで議会が署名を拒否すれば、条約は批准されず、効力が生まれない。政府は、そのような署名の拒否は、国際社会におけるその国の信用を落とす行為であると主張するかも知れない。議会が条約の承認を拒否するという、国内法から見ればごく当然の行動が、「国際社会」という旗印の下で「横暴」呼ばわりされることになる。

ここで、「国際関係における合理性」とか「国際社会」などという言葉には実体がないと主張することはできるし、現実にも政府が署名しながら議会の承認が得られなかったために批准されないままに終わった条約は少なくはない。だがここで重要なのは、国内政治の手続きとは区別された基準、あるいは価値の尺度が持ち出されていることである。国内世論の関与から独立した領域、あるいは政策空間が、ここでは措定されている。

歴史的に見れば、「国際関係」は国内世論などよりもはるかに古くから成立した領域である。近代国際政治の始まりにおいて、外交において世論の果たす役割は無視できるほど小さかったからだ。三十年戦争が終わった直後のヨーロッパでは外交とは君主の特権であって、貴族や諸都市の権力が奪われて絶対王政が確立しようという君主専制の時代では、国内の諸勢力が外交政策の遂行に嘴《くちばし》を挟む余地などなかった。古典外交の時代に世論の出番がないのは当たり前である。

もちろん君主が賢明な政策を進めるという保証はない。暗愚な王に向かい合うときの伝統的な対応は君主への謀反、ひどいときには王殺し（ティラニサイド）であったが、君主の権力が拡大すればするほど王殺しの可能性は遠ざかってしまう。そこで、君主も従うことが求められるような国家の「合理的」な利益と、「合理的」な判断力という観念が生み出された。国王の従うべき権威としての教会の役割が後退するとともに、国際関係において国家の追求すべき利益としての「国益」、あるいはその国益追求の基礎となるべき国家の判断力としての「国家理性」が新たに定義されたのである。

マキアヴェリに始まるとされる至高の国益という観念は、自国の政策の合理化として三十年戦争以後のヨーロッパで拡大するが、そこでの「国益」や「国家理性」とは単なる君主の恣意の正当化ではなく、君主も理性を持つのなら従わざるを得ない「国際関係における合理性」の措定にこそ基づいていた。もちろん「国家」が個人ではない以上、その理性とか利益などという観念は抽象に過ぎない。しかし、それぞれの国家が、互いに固有の利益を追求する合理的主体として行動するという観念は、いかに抽象に過ぎなくとも、各国がそれを支える限りでは擬制としての役割を果たすことはできる。

そして、このように擬人化された国家が、それぞれの利益を追求する空間としての国際関係における法規範として生まれたのが国際法であった。もちろん、それぞれの国家が主権を主張する限りにおいて、国内社会において国家が定め執行する実定法のような強制力を国際法が持つはずはなく、各国が国益を拡大するとき、その行動が法によって阻まれると期待することもできない。だが、まさに国家の間の紳士協定としての性格を免れないからこそ、それぞれの国家の事情によって国際法が左右されてはたまらない。三十年戦争の終わった一七世紀中葉に生まれ、ナポレオン戦争の終結とウィーン体制の成立によって完成を迎えた古典外交の世界、国際政治学者ヘドレー・ブルの表現を使えば「国家の社会」としての国際関係においては、まさに国際政治の世界が権力闘争によって彩られるからこそ、そのなかでの最低限の規範としての国際法が国内政治に優先することは、ごく当たり前とされていたのである。

外交は君主の特権ではない

だが、どれほど「国益」や「国家理性」を概念として構成したところで、君主の権力を外から左右できないという事情には違いがない。各国国内に住む君主以外の人々から見れば、これは自分の生命と財産が君主の恣意によって奪われかねないという状態にほかならない。君主の間でどれほどの信頼関係が生まれたとしても、国内の市民にとっては何の保障にもならないのである。

ここに、「国家の社会」ではなく、「市民の社会」として国際関係を捉える視点が生まれる。ヨーロッパ世界において君主の権力を制限すべきだとする思想、広義における自由主義の拡大した一八世紀には、国内社会における君主の権力行使ばかりでなく、他国に対する君主の権力行使、極限的には戦争についても、市民の合意によって制限を加えることができるという考えが生まれ、広がっていった。外交は君主の特権ではないとするこの自由主義思想こそが、外交と世論の関わりの議論の出発点にほかならない。

国内社会から国際関係を捉える視点を最も明確に示したのが、革命後のフランスがプロイセンとの間にバーゼル条約を結んだ直後に発表されたカント晩年の著作、『永遠平和のために』(一七九五年)である。ここでカントは戦争から正当性を剝奪するとともにさまざまな平和の条件を論じているが、そのなかでも重要なものが、共和制と王政によって、つまり政治体制のとる形によって戦争への態度が異なるという指摘であった。

共和的な体制は(中略)永遠平和という望ましい成果を実現する可能性をそなえた体制でもある。この体制では戦争をする場合には、「戦争するかどうか」について、国民の同意をえる必要がある。共和的な体制で、それ以外の方法で戦争を始めることはありえないのである。そして国民は戦争を始めた場合にみずからにふりかかってくる恐れのあるすべての事柄について、決断しなければならなくなる。みずから兵士として戦わなければならないし、戦争の経費を自分の資産から支払わなければならないし、戦争が残す惨禍をつぐなわねばならない。（中略）ところが臣民が国家の市民ではない体制、すなわち共和国的ではない体制では、戦争は世界の日常茶飯事の一つとなる。それは国家の元首が国家の一員であるのではなく、国家の所有者だからである。戦争を始めたところで、元首は食卓での楽しみも、狩猟のような娯楽も、離宮の建造や宮廷の祝典のようなぜいたくも、戦争のためにごくわずかでも損ねられることはないのである。だから元首は戦争を一種の娯楽のように考え、それほど重要ではない原因で開戦を決意するのである。（カント『永遠平和のために／啓蒙とは何か　他三編』中山元訳、光文社古典新訳文庫、一六八～一七〇頁）

共和制においては国民の同意が求められるために戦争に対して慎重な態度が生まれるが、王政では国王が国民に責任を負っていないため、そのような慎重さは期待できない。この議論の背後には、国民は自分の生命や財産を戦争によって失うが、国王はそのような懸念が少ないという判断がある。カントは共和主義が急進化する危険に盲目だったわけではなく、ここで共和国的な体制として論じられたものも実は立憲君主制であった。それでもなお、政治体制の自由化と国際平和を結ぶ初めてのロジックとして、カントの指摘は重要である。そして、自分が犠牲になるからこそ戦争に慎重な国民という観念は、その後のベンサムに引き継がれていった。

一九世紀は、「国家の社会」としての国際関係が相対的な安定を保つ一方で、「市民の社会」の側による国際関係への挑戦が先鋭となるという奇妙な二重性を持った世紀であった。ウィーン体制は、フランス革命を正面から否定する王政復古、内政の価値基準からすればまさに保守反動そのものに過ぎない。ところがそのウィーン体制のもとで長期間にわたって大規模な戦乱は回避された。国王の首を切られるよりは平和の方がまだましだという判断に寄りかかっていたとはいえ、政治指導者の相互信頼によって国際関係の安定を保ったという意味では、ウィーン体制の貢献は決して小さくなかったというべきだろう。さらに、王政復古としてのウィーン体制が一八四八年の諸革命によって倒されたあとも、戦争はお飼いならされたかに見えた。クリミア戦争や普仏戦争などが欧州を席巻する戦争に発展することはなく、二〇世紀に入ってからもバルカンの戦乱は地域に押しとどめられたからだ。

ところがこの同じ時代に、自由主義、さらに社会主義がヨーロッパ諸国に拡大し、古典外交の生みだす安定への懐疑が広がっていった。国民生活からかけ離れた贅沢を享受する国王、あるいは宰相や官僚の間の権謀術数、このようなものは政治から阻害された国民にとって、とても信頼できるものではない。ナポレオン戦争の終結から第一次大戦に至る一世紀の平和は、国民の目には望ましいものとは見えていなかったのである。普通選挙の拡大や社会革命によってこそ、エリートの談合よりも安定した平和が実現できるのではないか。国内政治の革新が国際関係の革新ももたらす、そんなユートピズムを信用する人は決して少なくはなく、むしろ第一次大戦の勃発によってその正当性が示されたかに思われた。

世論の外交への関与に懐疑

ハロルド・ニコルソンも、古典外交への疑いから出発したひとりである。外交官を父として一八八六年に生まれたニコルソンはオックスフォード大学を卒業すると外務省に入省し、イタリアをイギリス側に誘い込んだロンドン条約(一九一五年)を起草するなど第一次大戦中に頭角を現し、戦後はパリ講和会議(一九一九年)のイギリス代表団に加わった。これはヨーロッパ外交の伝統にアメリカのウッドロー・ウィルソン大統領が唱えるような理想主義を接合する機会になるのではないか。そんな期待を持って、ニコルソンは講和会議に臨む。

だが、パリ講和会議はニコルソンの期待したような新しいヨーロッパの構築ではなかった。会議前にはニコルソンが期待をかけたアメリカのウッドロー・ウィルソン大統領は、ヨーロッパ外交の基本すら知らないのにアメリカの国内世論や国内事情をどこでも持ち出して恥じない、いわば愚かな田舎者であった。講和会議における公開外交の推進は、各国間の外交交渉の基礎を壊す一方で、各国世論が講和会議にかけた期待も裏切る結果に終わってしまう。講和会議ではユーゴスラビアとチェコスロバキアの建国という難問に取り組むとともに対イタリア・対トルコ外交でも成果を上げたものの、ニコルソンは講和会議への希望を失い、後にはベルサイユの平和に対する痛烈な批判を刊行している。

旧外交への不信に始まりながら、新時代の外交にも期待できない。その隘路のなかでニコルソンの書いた著作が、有名な『外交』である。そしてこの著作『外交』が何よりも知られ、いまなお広く読まれる理由は、世論の外交への関与に対し、ニコルソンが深い疑いを投げかけているからである。たとえば、次の一節。

民主的外交に伴なう危険のもっとも強力な源が、主権者である国民の無責任さにあることは広く認められているところであろう。という意味は、今日では国民が対外政策を究極的に統制する主権者であるにもかかわらず、その結果伴なう責任には国民がほとんどまったく気づいていないということである。（『外交』斎藤眞・深谷満雄訳、東京大学出版会、八四頁）

このあとに、選挙民がどれほど「無知で怠惰で忘れっぽい」かへの非難が続くのだが(八七頁)、問題は無知だけではない。というのも、知識があっても性急な判断につなげてしまうからだ。

大衆の無知以上にさらに危険なものは、大衆のある種の知識である。職業外交官は、外国の心理や状態の研究にその生涯を費やしたのであるから、性急に観察された現象に基づいて一般的な結論をくだすには非常に慎重である。ところが選挙民はこのような躊躇を示さないものである。(同、八八頁)

このくだりを読むと、既視感に襲われないだろうか。敢えていうなら、ニコルソンの描くような、自分の持つ責任を自覚せず、無知で、しかも乏しい知識を性急な結論に結びつけてしまう「選挙民」の姿は、「一国平和主義に凝り固まっている」とか、「拉致だけが北朝鮮問題だと考えている」「日本の世論」に加えられてきた批判と、ほとんど瓜二つである。ニコルソンが『外交』を書いた一九三九年とはナチス・ドイツがポーランドを侵略して第二次大戦が始まった年であり、より広げていうならばオルテガの『大衆の反逆』(一九二九年)をはじめとして、大衆の合理性への疑いが広がり、大衆社会論の原型が作られていく時代であった。

カントやベンサムにとって一般国民が為政者よりも合理的な判断を下す主体であったとすれば、オルテガをはじめとする大衆社会論者にとっての大衆とはシンボルや政治宣伝に蠱惑《こわく》されて自らの自由も投げ出し、よろこんで独裁者の下僕となりかねない存在であった。トクヴィルやジェームズ・ミルを見ればわかるように、権利を手にした民衆が独裁をつくりだすという恐怖は、もとより自由主義の根幹に位置していたといってよい。そして、民衆が実際に権利を獲得する大衆民主主義の時代を迎え、さらにロシア革命とナチス革命という二つの動乱を経験することによって、大衆の政治参加が惨禍をもたらす可能性が現実のものとして受け取られるようになったのである。

民主化と結びつく対外的偏見

いま私たちが外交と世論の関係を考えるとき、その議論の基礎を提供するのは、カントの理想主義と、ニコルソンの懐疑の二つである。

まず、カントの唱えた共和制の平和は、後には社会主義と平和主義の結合、さらに民主主義と平和の結合として、今なお語られている。そのなかでもよく知られているものが、マイケル・ドイルからブルース・ラセットに至る一連の民主的平和論、すなわちこれまでの世界では安定したデモクラシーの間で起こった戦争はひとつもないという議論だろう。現実主義の立場をとるならば、その政府が民主主義であろうと全体主義であろうと国際関係において追求すべき政策に違いはないが、ラセットたちは、安定した民主主義国の間での戦争の不在という「事実」を根拠としてこのリアリストの前提を覆し、民主化が進み、安定を達成するなら、相互の戦争は起こらない、だから民主化こそが平和の条件であると大胆な仮説を展開したのである。

共和制と民主政治を同一視することはできないが、ドイルやラセットの説は、共和制の拡大による平和というカントの構想がすでに実現しつつあると考える点で、カントの議論の現代版として捉えることができるだろう。そしてこれは、学説上の主張だけではない。クリントン大統領とブッシュ(子)大統領という政党の異なるふたりの大統領が、ともに演説のなかで民主主義国相互の戦争は起こったことがないと述べたことに見られるように、民主化推進を平和構築と直接に結びつける政策として、民主平和論は現実の対外政策にも影響を与えている。

だが、民主化が進み、世論が外交に与える影響が強まれば外交政策は果たして合理的なものとなるのか、疑う余地もあるだろう。ニコルソンの指摘を待つまでもなく、さまざまな政策領域のなかでも対外政策は国民の持つ情報が最も限られた領域であり、それだけに情報不足や対外偏見などに起因する極論や単純化が生まれやすいからだ。私は、民主政治をポピュリズムとして一蹴することはそれ自体が単純化であると考えるが、だからといって外交政策がポピュリズムに陥る危険がなくなるわけではない。

たとえば、憲法擁護と対外政策をどう考えるか。私は日本国憲法の改正が必要だとは考えないし、軍事行動において日本が慎重な姿勢をとることには何の問題もないと考える。だが同時に、日本国憲法の堅持が国際平和に貢献してきたという主張には反論せざるを得ない。日米安保条約によって拡大抑止、核の傘の受益者となりながら「堅持されてきた」憲法とはどのようなものであったのか。武力に訴えることなく国際紛争の解決を図ってきたというほどの国際紛争への関与があったということができるのか。日本国憲法という優れて日本国内の制度が日本国外の紛争にどのような効果を与えたというのか。ここでは、国内政治の原則があたかも対外関係に直接の影響を与えるかのように議論されている。

あるいは、拉致問題はどうだろうか。ここでも、私は拉致被害者の一日も早い帰国を求め、そのために必要な政策を採用することは、望ましいばかりでなく、日本政府のとるべき、あるいはもっと早くからとるべきであった政策であると考える。同時に、日本が北朝鮮に経済制裁を加え、あるいはアメリカが北朝鮮政府のテロ国家指定を続けるならば拉致問題の早期解決を図ることができるという議論には賛成できないし、北朝鮮の核武装問題を拉致問題よりも優先してはならないという主張に至ってはまったく理解できない。

六カ国協議に加わっている北朝鮮以外の諸国が何をしようと、北朝鮮が直ちに戦争に訴えようとしているという前提が成り立たない限り、北朝鮮から妥協を引き出す方法は北の攻撃に対する明確な抑止(もちろん、核抑止)と、北朝鮮との交渉の組み合わせ以外にはあり得ない。もとよりアメリカにおける北朝鮮問題の優先順位が決して高くないという現実を見据えて考えるなら、日米二国の強硬路線によって拉致問題が解決されるという期待がどれほど根拠のないものか、明らかだろう。

だが、憲法と安全保障、あるいは北朝鮮と拉致問題について広く行われる議論では、具体的な選択肢に基づいた外交政策の分析が行われることは少なく、さらに単純化された議論に支持を与え、あるいは煽り立てるような政治家も少なくはなかった。このような国内消費用の対外政策に実効性があるとは考えられない。

日本以外の各国を見るとき、さらに根深い問題を認めることができる。デモクラシーへの移行がまだ一部しか進んでいない諸国、あるいはデモクラシーに移行してまだ日の浅い諸国では、世論の拡大と対外的偏見の表現が結びつくことが多い、という事実である。

たとえば、金泳三大統領や盧武鉉大統領に典型として見られるように、韓国における歴史問題は、軍政が崩壊してから先鋭化した。私は政府による操作など一切なくても、韓国社会のなかに日本に対する根深い反発や批判があると考えるし、歴史問題を打開するイニシアティヴは日本政府の側がとるべきだと思う。しかしそれでも、盧武鉉大統領が、日本政府に対する国民の反発を政治的に利用してきたことは否定できないだろう。韓国の盧武鉉政権は、台湾の陳水扁総統と同様に、国内社会の対外的不信を政治基盤拡大のために利用してきた指導者であると私は考える。それはまた、盧大統領や陳総統に支持を与えるような世論が存在する、という意味でもある。

また、イスラム諸国に目を転じるならば、アルジェリア、トルコ、イラン、パレスチナ、そしてパキスタンなど、民主政治とはほど遠いとしても辛うじて選挙の行われたイスラム諸国では、ほとんど決まってイスラム勢力、それも非イスラム圏に対する厳しい政策を訴える政治勢力が勝利を収めていることに気づく。民主化を進めているはずのアメリカも、アルジェリアやトルコでは選挙結果を裏切って軍が権力を保持することを黙認し、実質は軍政に過ぎないパキスタンのムシャラフ政権も民主政治であると強弁を続けてきた。ここには、隠されたリアリズムがある――民主政治が望ましいといっても、アメリカの脅威となる政権ができるくらいなら軍政の方が望ましいのである。

まだフィリピン、タイ、さらに旧ソ連から分かれた諸国などいくつかの例を挙げることができるが、もうこれくらいにしよう。安定したデモクラシーはともかく、デモクラシーに移行して間もない諸国においては、対外偏見を標榜する指導者が選挙によって選ばれることは珍しくない。民主政治の拡大は、少なくとも短期的には、地域の国際関係を不安定に陥れる可能性があるということになるだろう。

ポピュリズム批判の多くには鼻持ちならないエリート意識が伴うように、国内世論は国際関係の知識が乏しく愚かだなどという指摘は、一握りの官僚や政治家の思い上がりの生みだした虚像という側面を免れない。それでも、世論の参画によって外交の誤りや不正がただされるという期待に冷水を浴びせるような事例に事欠かないことは事実だろう。『外交』が刊行されてから七〇年近くを経ながら、われわれはニコルソンの示した世論への懐疑から、そして大衆社会論の懐疑から、自由になることはできない。

出口を求めて

では、冷静な外交において、世論は邪魔なのだろうか。国民大衆は、外交政策の決定から排除すればよいのだろうか。私はそう考えない。それどころか、世論を外交政策から排除することほど危険な選択はないと思う。

一部で開放の始まった権威主義体制や誕生間もないデモクラシーにおいて、なぜ対外偏見が表明されやすいのか。その原因は、民衆の愚かさや知識の不足ではなく、単純化した観念に対して多くの人々が支持を与えてしまうような状況そのものの中にある。それは、政治制度への人々の信用が乏しく、「われわれ」と「やつら」などのような二項対立が簡単に人々に受け入れられてしまうような状況にほかならない。

厳しい対立と不信を前提としているために、二項対立に彩られた世界観は必ずしも多くの民衆が当然に受け入れる観念ではない。だが、政府が自分たちを顧みていない、自分たちは政治から疎外されているなどという感覚が容易に受け入れられるとき、政策の議論ではなく、政府を丸ごと否定するような言論が力を得ることは珍しくない。そして、政府を敵にすることよりも、異なる民族や外国政府を敵にすることはさらに容易だ。外部の「やつら」のために「われわれ」が惨めな暮らしを強いられているという主張、いわば犠牲者史観ともいうべき観念ほど、「われわれ」の団結を強めるものはない。

民主政治という制度は、民衆の偏見に迎合するような投機的で無責任な政治指導を生み出す可能性を常に秘めている。敢えていえば、民主主義がよい統治を生みだす保障はない。アテネの昔にさかのぼらなくても、理性や合理性ではなく偏見や欲望を煽り立てる政治家が権力を手にする可能性は、民主主義が常に覚悟しなければならないリスクにほかならない。

だが、ここで民主主義そのものを衆愚政治として非難することも当を得ていないというべきだろう。大衆社会論の警告にもかかわらず、大衆民主主義の拡大が世界各地にナチズムや全体主義を広げるという結果は起こっていない。むしろ、民主政治の実情は国民の無関心に支えられたプロの政治家と官僚を主体とする狭い空間である。デモクラシーは民衆の過剰な政治参加を招くという判断そのものが現実離れしたものに過ぎない。

政治制度が一定の信頼を勝ち取り、二項対立のような言説が支持を集めなくなったとき、政治の空間はイデオロギーや偏見の不寛容な対立ではなく、個別の政策の退屈で実際的な討議の場に変わる。その主体は、一部の政治家や官僚に限られているかも知れない。だが、彼らの行動や決定が国民に公開され、国民の参加によって変更される機会が保障され、その結果として政治制度の運用が国民の信頼を集めているのなら、その退屈で実際的な政策討議は決してデモクラシーを裏切るものとはならないのである。

ハロルド・ニコルソンは世論への警戒を緩めなかったが、世論を排除した秘密外交や専制君主の古典外交への回帰を呼びかけたわけではない。むしろ彼は、外交政策を国民に公開することを強く主張し、政策を公開することによって、それを実現する手続きとしての外交交渉における秘密性を保っても国民から信頼を得ることができると考えたのであった。彼の言葉を借りるなら、「ひとたび外交とその主権者との間に信頼関係が回復されるや、外交の専門職業的側面が強化され、その基礎が拡大されることが重要である」(九七頁)。ニコルソンは民主政治の排除ではなく、民主政治のもとで外交が公開され、信用されることによって、専門職業的な外交を実現できると考えたのである。

ここでの鍵は、「外交とその主権者」、すなわち外交を司る政治エリートと国民との間の信頼である。これを民主政治の成熟と形容してもよいかも知れない。逆にいえば、そのような信頼が存在しないところでは、国民の政府に対する不信や外国への不信のために、異様に性急で単純化された対外政策が熱狂的支持を集めることになりかねない。

いま私たちは、両方の可能性を目の前にしている。一方では、日中・日韓両国の間で不寛容な偏見をぶつけ合うような言説は依然として続けられている。だが、韓国で新大統領となる李明博は、歴史問題について新たな謝罪は求めない方針を打ち出し、台湾で新総統となる可能性の高い馬英九は中国への対決姿勢をとっていない。新たな民主主義国である韓国と台湾において、デモクラシーが成熟に向かう機会が生まれているかも知れない。

問題はむしろ日本にある。冒頭で戯画的に紹介したA氏とB氏の例に示したように、アジアで最も長い民主政治の伝統を誇りながら、政治の言説空間は左右両翼のような二項対立がいまなお尾を引いており、それが対外政策の領域にも投影されている。自分の国において、外交における政府と国民の信頼を構築すること。これが他の国の偏見をあげつらう前になすべきことではないかと、私は思う。

（二〇〇八年三月）

Ⅵ　新しい世界に向けて

二〇〇八年アメリカ大統領選挙——夢想と幻滅の狭間で

二〇〇八年のアメリカ大統領選挙にはどのような意味があるのだろうか。それはアメリカ政治の歴史のなかで歴史的転機をもたらしたのか。オバマ新政権は選挙戦のさなかに広がった新しい時代への夢を支えることができるのか、それともオバマ人気は束の間の幻影として終わるのだろうか。民主党予備選挙から大統領選挙に至る過程を振り返って、考えてみよう。

アメリカを救う人

例のない選挙だった。白人男性しか大統領になったことのないアメリカで、民主党の有力候補がアフリカ系アメリカ人か女性に絞られる状況が異例だった。資金量でも政治組織でも盤石の優位を誇ったヒラリー・クリントン候補が苦戦を強いられたことも異例なら、その対抗馬がまだ一期目の上院議員という点も異例だった。各州の予備選挙が集中する二月には決着がつくという大方の予想を裏切って、全米五〇州で予備選挙が行われるまで勝敗の定まらない長期戦も異例だった。

そればかりではない。初めて投票する若年層を中心として、オバマ候補はこれまでにないブームを巻き起こした。日本やイギリスなどと違い、アメリカではまず有権者として登録しなければ選挙で投票はできず、アフリカ系や若年層のなかには登録しない人が数多い。だが、私が〇八年三月にフィラデルフィアの街角で見た光景は正反対。若ければ若いほど有権者登録の呼びかけに応え、その場でボランティアに加わる人もいた。

アメリカの大統領は、行政府の最高責任者という務めばかりではなく、他の国であれば君主にも匹敵するような国民統合の象徴という役割を担っている。移民国家であり、多民族から構成され、各州によって暮らし向きも考え方も違うアメリカでは、国民統合を保つという課題は日本などよりもはるかに重要であり、その国民統合の中核に大統領があるからだ。そしてオバマ候補は、アメリカが新たな統合を達成する、そのシンボルとして担ぎ上げられていた。

その背後には、アメリカ社会の分断がある。ブッシュ(父)政権、クリントン政権の二期、さらにブッシュ(子)政権の二期という二〇年にわたって、アメリカは民主党を支持する青い州(ブルー・ステーツ)と共和党を支持する赤い州(レッド・ステーツ)が互いに不寛容に向かい合う構図が続いてきた。青い州は東北部のニューイングランドからワシントン首都圏にかけての大西洋沿岸、および太平洋沿岸のワシントン州からカリフォルニアに及ぶ一帯、そして五大湖沿岸のミシガンやイリノイなど、人口稠密《ちゅうみつ》な工業地域に集中し、逆に赤い州は中西部から南部にかけて広がる農村地帯が中心。移民や非白人の多い青い州と違って、赤い州には白人が多く、福音派をはじめとする宗教心の厚い人々も数多い。青い州と赤い州とでは政治的立場もライフスタイルもまるで違う。アメリカは二つに分裂し、選挙のたびに中傷も辞さない熾烈な戦いを繰り広げてきた。

オバマは、このような赤と青の戦いとは常に距離をとる政治家であった。注目を集めるきっかけとなった二〇〇四年民主党全国大会での演説では、青いアメリカも赤いアメリカもない、あるのはアメリカ合衆国だと訴え、熱狂的な支持を受けた。オバマの訴える変革、チェンジとは、なによりもアメリカ国民が統合を回復しなければならないというメッセージだった。

その背後には八年に及ぶブッシュ政権への幻滅がある。圧倒的な軍事的・経済的優位のもとで始まったブッシュ政権は、他国との協力を顧みない単独行動主義(ユニラテラリズム)に走り、その結果としてイラク・アフガニスタンの混乱、長期の海外派兵の継続、英独仏などヨーロッパ主要国との乖離、さらに二〇〇七年のサブプライム問題に端を発した未曾有の金融危機を招いてしまった。二〇〇六年の中間選挙で上下両院を民主党に奪われた後は、二年に及ぶレームダック状態に陥ってしまう。アメリカの力と栄光とともに始まった政権は、そのアメリカの力と信用を損なってしまったのである。

オバマは、ブッシュ大統領に代わる救世主としての期待を集めた。全米で人気を誇るテレビ司会者オプラ・ウィンフリーがオバマを「ザ・ワン」と呼んだことに示されているように、地に堕ちたアメリカを再生するという預言者のようなイメージがオバマに投影されていた。

大統領選挙というマラソン

ここで選挙制度について確認をしておこう。アメリカの大統領選挙は、建て増しを繰り返したあげく、迷路のように入り組んでしまった古いお屋敷に似ている。

まず、一年がかりの選挙が独特だ。年初のアイオワ州党員集会とニューハンプシャー州予備選挙に始まり、夏に共和党・民主党それぞれが全国大会を開催して正式の大統領・副大統領候補を選出、一一月になってやっと本選挙が行われる。公式の選挙戦に限っても、各候補者は一〇カ月を越えるマラソンを戦わなければいけない。

さらに、州と連邦の関係が大統領選挙の制度を複雑にしてきた。「合衆国(United States)」という名前にも見えるように、もともとアメリカは「州(State)」の構成する連合体であり、各州と中央政府の関係が争点になってきた。大統領を選ぶ過程において各州がどのように関わるのか、その選挙制度の設計はそれぞれの州の決定に委ねられているからだ。

それぞれの州から見れば、予備選挙を行う順番によってその州の影響力が左右されてしまう。アイオワ州が最初の党員集会、ニューハンプシャー州が最初の予備選挙を行うという各州が予備選挙を催す順序が変わらない限り、ほかの州で予備選挙が行われるときには大勢が決まってしまう。これまでの予備選挙は一月から三月を中心として散発的に行われてきたが、今回の大統領選挙では、各州それぞれが予備選挙の日程を繰り上げてしまった。共和党・民主党単独の予備選挙を含めれば、これまでも二月五日に予備選挙を行ってきた九州に加え、新たにニューヨーク、カリフォルニア、イリノイなど一五州が加わり、二月五日だけで二四州が選挙人を選ぶことになった。総計すれば二月上旬ですでに選挙人の四割が決定されることになる。

その結果、予備選挙の重心は一月から二月はじめのひと月ほどに集中し、その後に行われる予備選挙の比重は著しく下がってしまった。もちろんこれに反撥する州もあるわけで、たとえばミシガン州は予備選挙を一月一五日に繰り上げて行うことを決定した。だが、民主党全国委員会はこれに反撥し、ミシガン選出の選挙人すべてを認めないという決定を下している。民主党のなかにおける州と連邦の争いのために、ミシガン州の民主党支持者は発言の機会を事実上失ってしまったわけだ。

さらに面倒なのが、有権者登録制度である。一定の年齢に達した国民が、自分の意志にかかわらず「有権者」に数えられる日本などとは異なり、アメリカでは登録をしなければ

「有権者」になることはできない。また、有権者登録の際、自分は共和党を支持するのか、民主党か、あるいはどちらの党にも支持を与えない無党派(インディペンデント)なのか、申請する必要がある。

ここで問われるのが、党員集会や予備選挙に誰が参加できるのか、という問題だ。本来は共和党・民主党の候補を選ぶのだから、共和党や民主党に有権者登録をした人しか参加できないはずだ。だが、そのような方法をとれば無党派支持者は発言の機会がなくなってしまう。そこで、これも多くの州では、どの党に登録しているか(していないか)にかかわらず党員集会や予備選挙に参加できるという運用を行っている。

ここには抜け穴がある。アイオワ州予備選挙においてオバマ候補の勝利を支えたのは、民主党支持者に加え、大量の無党派支持者が加わったためであった。アイオワの後に予備選挙が行われるミシガン州では、予備選挙に投票する意味を奪われた民主党支持層の間で、共和党予備選挙でロムニー候補に投票しようという運動が展開した。民主党の選挙を左右できないのならば共和党の混乱が深まるよう、マケインの対抗馬に当たるロムニーに勝たせようというわけだ。

各候補は、選挙資金をどこに投入するか、戦略的決定を迫られる。すべての州で選挙を戦う資金はどの候補も持たないだけに、どの州でいつ集中的にテレビコマーシャルを打つか、集会を開くか、選択するのである。二〇〇八年最初の予備選挙では、民主党のオバマ候補と共和党のハッカビー候補はアイオワ州党員集会に、またクリントン候補とマケイン候補はニューハンプシャー州の予備選挙に全力を投入し、初戦の勝利で勢いをつけて他州を制するという戦術をとった。逆に、人口稠密地域で支持の多いジュリアーニ候補は初戦には加わらず、一月下旬のフロリダと二月五日のニューヨーク、カリフォルニアなどに力を注ぐ。小さな州の選挙人を犠牲にしても大きな州の選挙人をさらってしまおうという戦略だ。

そしてあえていえば、各候補の才覚や資格ではなく、予備選挙に臨む戦略によって、各候補の勝敗が決まってしまう。民主党では、アイオワで勝利を収めたオバマ候補とニューハンプシャーで勝ったヒラリー・クリントン候補がトップランナーの地位を固め、それ以外の数多くの候補はほとんど勝算を失った。共和党で見れば、マケインはもとから勝ち目のないアイオワを投げてニューハンプシャーに集中することで、資金不足にもかかわらず主要候補として生き延びることができたが、当初は共和党の最有力候補と目されたジュリアーニ候補は、アイオワとニューハンプシャーの予備選挙に加わらなかった失敗が響いて、いわば不戦敗となってしまった。

ややシニカルに響くのを恐れずにいえば、オバマ候補を支えたのは群を抜いた周到な選挙戦略だった。選挙結果の判明した今から見れば信じがたいことだが選挙戦の始まった二〇〇八年初めは、大統領選挙における民主党候補のなかでヒラリー・クリントン候補の優位が明白だったからだ。ファースト・レディとして二期八年間夫を支え、その後はニューヨーク選出上院議員として政治家としての基礎を固めたクリントンは、知名度も実力も並ぶものがなく、また夫の時代に選出された議員が数多いこともあって民主党議員の支持も資金力も盤石だった。だが、最初の予備選挙で勝利を収めることによって、クリントンで決まったというイメージをオバマ陣営は打ち砕いたのである。アメリカを救う人としてのオバマの裏には、選挙制度の実態と大衆民主主義の特徴を知悉した戦略家の顔を見ることができるだろう。

クリントン対オバマ

二〇〇八年大統領選挙では、本選挙に優に拮抗するほど、民主党における予備選挙が熾烈に戦われた。その一因として、クリントン候補を支持する有権者と、オバマ候補を支持する有権者との間に、教育、職業、所得、人種などにおいて大きな隔たりがあったことが挙げられるだろう。クリントン候補が支持を期待できるのは、何よりも女性、ヒスパニック、そして所得と教育水準の低い白人だった。他方、オバマ候補を応援したのは、高学歴層、高所得層、アフリカ系とアジア系が中心だった。赤いアメリカと青いアメリカの分裂ばかりでなく、青いアメリカのなかにも分裂が潜んでいたのである。

支持集団の違いは、出身階層によって候補に関する知識が異なることから説明することもできる。学歴と所得の高い階層に比べ、最終学歴が高校以下のグループや低所得層においては、政治情報に触れる機会が相対的に少なく、そのために大統領選挙が始まる前から知名度が高いクリントン候補の方が有利になる。いくらメディアが持ち上げたところで、一期目の上院議員に過ぎないオバマ候補と、一五年前からファースト・レディとして知名度を誇ってきたヒラリー・クリントン候補とでは認知度がまるで違うからだ。

第二に、アフリカ系市民への態度の違いがある。もともと、ヒスパニックや白人低所得層は高学歴高所得の白人よりもアフリカ系の台頭に厳しい立場をとることが多かった。もちろん公民権運動以後のアメリカではオバマ候補の皮膚の色を問題とすることは、少なくとも公式にはあり得ない。だが、たとえばオバマ候補が通った教会の牧師、ライト牧師による極端な発言を繰り返し選挙戦のなかで言及することによって、オバマ候補がアフリカ系であることを示すことはできる。クリントン陣営はオバマ候補の肌の色について直接の言及を避けながら、オバマの仲間には「怖い人たち」や「変な人たち」がいると指摘することによって、オバマ候補の人種を隠微なかたちで想起させるキャンペーンを展開した。

さらに、クリントン候補は労働者の味方という立場を訴えた。イェール大学で法律を学んだクリントン候補もハーバード・ロースクール出身のオバマ候補も、ともにエリートであってポピュリストとはほど遠い。だが、オハイオの予備選挙で北米自由貿易協定(NAFTA)反対の立場を強調し成果を上げてから、クリントン候補はポピュリスト路線を強め、オバマ候補を追撃した。その結果、白人低所得層におけるクリントン候補への支持は盤石となる。初期の予備選挙、たとえばニューハンプシャーやコロラドなどではオバマ候補もこのグループからかなりの票を集めていたが、オハイオ、ペンシルバニア、ケンタッキーと順を追って、クリントン候補に票を奪われていった。

では、なぜオバマはクリントンに勝ったのだろうか。医療保険制度の具体的内容などをはじめとして政策に違いはあるが、同じ党に属する以上は決定的な違いは少ない。サブプライム・ローンの破綻から続いてきた景気の低迷も、ともに現政権を追及する野党の候補だから争点にはなりにくい。やはりその最大の要因は政治資金の違いだろう。

インターネットで小口献金を広く薄く集めることに成功したオバマ候補は、ほぼ一貫して資金量でクリントンを圧倒し、しかも予備選挙で勝利を重ねるごとに資金を飛躍的に積み増していった。クリントン候補も資金集めでは強い候補であったが、オハイオとニューハンプシャーで他候補を突き放すという戦略が裏目に出た後、政治献金規制の上限いっぱいまで資金を集めてしまったクリントン陣営は新たな献金者を集めあぐね、資金不足に直面してしまう。だがオバマ候補の場合、予備選挙に勝つたびに新たな献金が雪だるまのように集まっていった。二〇〇八年一月にクリントン候補が集めたのは一九〇〇万ドル、だがオバマ候補は同じ期間に三六〇〇万ドルを超える資金を獲得している。

さらに、小口献金をする有権者は、同時に選挙ボランティアの予備軍でもあった。その違いはスーパー・テューズデイの後になって顕著に表れる。スーパー・テューズデイで大勢を決めることが目標とされたクリントン陣営は、それ以後に予備選挙の行われるメリーランド、ヴァージニア、ウィスコンシンでは選挙活動の拠点が脆弱であった。だが小口献金者をボランティアに抱え込んだオバマ陣営は、スーパー・テューズデイ以後も、それぞれの州における活動者を確保し、クリントン候補を圧倒していった。

いまから見れば、オバマ候補が予備選挙ではなく党員集会を行う州で優位を占めたのが当たり前にも見えるだろう。だが、本来なら、党組織を自分の陣営と同じように自在に駆使し、議員や知事の支援を当てにできるクリントン候補こそが、知名度で劣るオバマ候補を党員集会で圧倒するはずであった。しかし、インターネットによる献金と動員によっておびただしい数の活動家を手にしたオバマ候補は、どの党員集会でもクリントン候補を圧倒し続けた。党組織を確保したはずのクリントン候補も、草の根の選挙が相手では戦うことが難しい。特に、予備選挙ではなく党員集会で代議員を選ぶ州ではボランティアの果たす役割が大きいこともあって、ほとんどどこでもオバマ候補が圧勝している。二月末からクリントン陣営は選挙戦略を改め、オバマ候補と同じように、小口献金と草の根のボランティアによって支持を拡大する戦略に切り替えていった。その成果もあって三月以後はクリントン候補の勝つ予備選挙が増えていったが、流れを変えるには至らなかった。

女性か黒人かという表向きの標語の陰に隠れたこの民主党予備選挙の本質は、組織を軸に選挙を戦うクリントン候補とオバマ候補の草の根選挙の対決であった。インターネットを活用することによって、オバマ候補は文字通りの草の根民主主義を実現し、盤石とも見えたクリントン候補の地盤と資金力を切り崩してしまった。さらにいえば、その「草の根」とは必ずしも学歴や所得の低い階層ではなく、むしろインターネットに接する機会も多い高学歴・高所得の階層を中心としていたのである。

オバマ対マケイン

クリントン候補を振り切って八月末の民主党大会で大統領候補指名を確保したオバマ候補は、共和党の推薦するマケイン候補との対決に臨んだ。この二人の出自とキャリアはきわめて対照的である。もちろんオバマ候補にはアフリカ系の血が入っており、多民族の入り交じるハワイで、白人を母、ケニア人を父として生まれた。コロンビア大学とハーバード・ロースクールを卒業し、シカゴの貧困地区支援に従事した後にイリノイ州上院、次いでアメリカ上院の議員に当選した。とはいえ一期目の上院議員に過ぎず、全国政治のなかでは初心者マークのついた存在であった。

他方、マケイン候補は父も祖父も海軍提督という軍人の家庭に育ち、海軍士官学校に学んだ。ベトナム戦争では七年にもわたって捕虜とされ、拷問も経験したという。その後は政界に入り、下院議員の後、二〇年以上にわたって上院議員を務めてきた。オバマが初心者ならマケインはワシントンを知り尽くした古参議員であった。

だが、二人には重なる面もある。オバマ候補が全国的な名声を獲得したのは二〇〇四年大統領選挙の民主党大会で演説者に抜擢されてからのことであるが、このときに現れたのが、青いアメリカも赤いアメリカもない、あるのはアメリカ合衆国だというキャッチフレーズだった。党派の別を横断したアメリカの結束を呼びかける点において、オバマは伝統的な民主党の立場よりも中道に近い。またマケインも、群れや党派を嫌い、殊に共和党員でありながらブッシュ大統領にも迎合しなかった気骨が身上であった。民主党との対決に走りがちな共和党のなかにあって、やはり中道に近い政治家といっていいだろう。

マケインに有利な風が吹いた時期もあった。二〇〇八年三月から八月の民主党大会にかけて、オバマ候補は年初に見られたような熱狂的支持を失ったからだ。オバマ候補を支えたのは無党派層であるが、クリントン候補と民主党の伝統的な基盤を争う過程において、次第に民主党の伝統的な基盤に頼るようになり、普通の民主党候補に変わっていった。さらに、学歴が高卒以下の白人やヒスパニックなど、オバマ候補が票を期待しにくいグループも明確となり、オバマ候補の弱点が示された。

もともとオバマ候補は大人数を前にした演説によって支持を得た候補であって、少人数の有権者と打ち解けた話をするようなスタイルにはなじみがない。外交における経験不足という批判をかわす目的から行われた中東・ヨーロッパ訪問も、アメリカ国内では反響が乏しく、かえってオバマ候補が国民の生活から離れたところで活動しているような印象を強めてしまった。他方、マケイン候補は街の食料品店やスーパーマーケットのような、いかにもありふれた場所で有権者と語り合い、その姿をテレビ広告に活かしていく。国民の目線で語るのはマケインだ、というイメージづくりである。

以上の結果、オバマ候補は伸び悩み、マケイン候補は逆に支持を伸ばしていった。民主党大会では期待されたとおりの演出によって支持を伸ばしたものの、その伸びは決して大きなものとはならず、わずか一週間足らずのうちにマケイン候補に追い上げられてしまう。

そして、九月はじめ、マケインはついにオバマ候補を追い抜くに至る。その契機を作ったのが、アラスカ州知事ペイリンの副大統領候補指名であった。ペイリン指名は、オバマを潰すための巧みな戦術だった。オバマの清新さに対して経験で対応するしかなかったマケイン候補が、オバマ以上に新参者のペイリンを担ぎ出すことによって、オバマ候補の唯一のスローガンである「変革」を取り返すことができたからだ。

妊娠中絶を認めるために共和党保守層から反発を受けてきたマケインと違い、銃砲器の規制も妊娠中絶も無条件で否定するペイリン候補は共和党保守層にとって願ってもない候補であった。また、白人の女性であることが、ヒラリー・クリントン候補を副大統領としなかったオバマの弱点を突いていることも見逃せない。かつて自民党総裁選で小泉純一郎が田中真紀子の人気によって勝利を収めたように、マケインはペイリン人気を利用して選挙に臨んだのである。

この策略は功を奏したかに見えた。だが、このマケイン候補の逆転は、リーマン・ブラザーズの破綻に起因する金融危機によって、また覆されてしまう。

アメリカの大統領選挙では、経済の悪い年には与党から票が逃げるという経験則があり、この選挙も例外ではない。三月にベア・スターンズが解体してから経済情勢が小康状態を保ったからこそマケインが巻き返すことも可能となった。だが、経済危機が再燃したために、その巻き返しを支えることはできなくなってしまったのである。

さらに、金融危機は共和党のなかの分裂を拡大した。もとより東部財界の政党と、中西部・南部の貧しい白人の政党という二重の顔を持つ共和党において、中西部共和党は民主党以上にウォール街をはじめとする経済エスタブリッシュメントへの不信感が強い。金融危機は、この共和党のなかの亀裂を広げてしまった。

まして大統領選挙と同時に催される下院選挙を控えた下院議員にとって、ウォール街の金持ちのために七〇兆ドルを支出するなどという法案は支持しようもない。下院における救済法案の否決を見れば、反対票は民主党よりも現政権の与党共和党に多いことを見て取ることができる。ペイリン人気で支えられたマケインの巻き返しは、金融危機によって覆されてしまった。

金融危機が起こったあとは、マケイン候補は平均して六ポイントほど支持率を落とし、フロリダ、オハイオはもちろん、共和党支持が固いはずのノース・キャロライナさえ接戦に持ち込まれた。民主党に傾いた州のすべてでオバマはさらに支持を伸ばし、ミネソタ、ウィスコンシン、オレゴンなどを確保する一方でヴァージニア、オハイオ、フロリダ、さらにノース・キャロライナでもマケインの優位を覆した。

大統領候補の個人的な魅力やカリスマが選挙に与える効果は無視できない。だが、表面のシンボルに動かされることも多いとはいえ、有権者の行動を最終的に決めるのは経済情勢である。オバマ候補が優位を固めようとする大統領選挙の現状が教えるのは、この、ごくありふれた政治の原則であった。

政治地図は変わったのか

金融危機の打撃からマケインが立ち直ることはなく、オバマが次期大統領に当選した。オバマの唱えるチェンジの機会が生まれ、アメリカが新しい時代を迎えたかに見えた。だが、救世主にすがるようにアメリカ国民が求めた変革を、オバマはほんとうにもたらすことができるのか。それを占うためにも、選挙結果を改めて検討してみよう。

まず、今回の選挙の結果はアメリカの政治をどこまで変えたのか。アメリカの政治地図を塗り替える新たな連合形成はリアラインメントと呼ばれている。メイヒューの指摘するようにこの概念には乱用されてきたきらいがあるが(David Mayhew, *Electoral Realignment*)、それでも過去に二回、レーガン革命を加えるなら三回、リアラインメントが起こったことは事実だろう。

その一つは、南北戦争前後における政党再編である。リンカーン大統領の下で共和党が影響力を拡大し、南北戦争終結後の政治における主導権を掌握する。共和党は製造業の活発な東部を基盤とする勝ち組、民主党は農業が主体の南部を基盤とする負け組という構図が出来上がった。

次のリアラインメントは一九三〇年代のニューディールである。フーヴァー大統領に替わって政権を握った民主党のフランクリン・ルーズヴェルト大統領の下で、公共財政の拡大によって有効需要が創られる一方、労組・移民・南部を柱とする広汎な社会連合が民主党の支持基盤に組み込まれた。南部の保守政党であった民主党は国民連合を基礎とする優位政党に変容し、ルーズヴェルト大統領は四期におよぶ長期政権を実現、その後も大統領は共和党でも議会は民主党という民主党の黄金時代が続く。

南北戦争やニューディールほど明確な転換ではないが、次の画期がレーガン革命だった。カーター政権に代わって登場したレーガン大統領は規制緩和・減税・ドル高を結びつけて経済を再生する一方、対ソ強硬外交などを通して対外的影響力を強化した。強く豊かなアメリカを実現するレーガン大統領には党派を超えた支持が集まり、民主党として登録しているのにレーガン大統領に一票を投じる有権者、レーガン・デモクラッツが急増した。

レーガン大統領が退陣した後、共和党がやや優位な状態で二党がアメリカを分かつ政治地図がブッシュ(子)政権まで続いた。それでは二〇〇八年選挙は、そしてオバマは、新しい政治地図を生みだしたのだろうか。

五三%に近い票を集めたオバマは、カーター大統領以来初めて五〇%を超える票を得た民主党候補になった。だが、得票のパターンを見る限り、赤と青の向かい合う政治地図が変わったとはいえない。オバマ候補はオハイオやフロリダなどの激戦州に加え、ヴァージニアやインディアナなど共和党が優位であった州でも選挙人を獲得しており、これが勝利の原因となった。だが、サウス・キャロライナからテキサスに至る地域、特にジョージア、アラバマ、ミシシッピを主とする深南部は共和党が抑えており、ノース・ダコタやカンサスなどの中西部も共和党がとっている。

つまり、青いアメリカと赤いアメリカという二つの勢力が向かい合う構図そのものは変わっておらず、青い州と赤い州の分布が大きくは変わらないままで各地で民主党が票を積み重ね、そのために選挙結果が民主党に傾いたのである。これを地域の違いを超えて全米が民主党支持に、あるいは共和党支持に向かったニューディールやレーガン革命と比べるとき、二〇〇八年大統領選挙をアメリカの政治地図を塗り替えた事件、リアラインメントに数えることはできないというべきだろう。

それでは、人種の壁はどうだろうか。アフリカ系の候補が選出されたことから、アメリカが人種の分断を乗り越えたという声も上がった。確かに、選挙前に指摘されたブラッドレー効果、つまり世論調査では投票すると答えながら選挙ではアフリカ系の候補に投票しない現象は今回の選挙では現れていない。だが、ブラッドレー効果は有権者がアフリカ系に入れたくないという心情を世論調査のときには隠すのではないかという仮説であって、人種を越えた投票の有無を論じるものではない。出口調査を見れば、白人からオバマ候補が得た支持は四三％にとどまる一方でアフリカ系の有権者からは九五％の支持を集めており、人種の違いによる投票行動の違いは否定できない。オバマ候補は人種を越えた集票ではなく、アフリカ系に加えてヒスパニックの票を固めることで当選したというべきだろう。

出口調査で顕著に見られるのは、経済の影響である。アメリカ経済の状況について「きわめて憂慮している」と答えた有権者のうち六〇％はオバマ候補を支持しており、「やや憂慮している」グループの四六％、「あまり心配していない」グループの三〇％と際だった対照が見られる。二〇〇八年選挙の結果は、オバマ候補の唱える国民統合や人種融和への支持よりも、経済が悪いから与党から票が離れたという仮説によって説明できるだろう。

もちろん二〇〇八年選挙の意味を過小評価してよいわけではない。福音派がボランティアの主力となった過去の選挙と違い、数多くの州で民主党のボランティアが共和党のそれを圧倒した。インターネットを経由した小口献金をこまめに集めることによって、伝統的には資金力で民主党に勝るはずの共和党が、資金力で民主党に圧倒された。上下両院で多数を確保することによって、民主党は大統領ばかりか議会も抑え、クリントン時代にも見られないほど強力な政府をつくる機会を手にしている。民主党にとって、二〇〇八年選挙がクリントン時代にも経験したことのない勝利であることは疑いを入れない。

だが、政治地図そのものには変化が乏しく、投票行動の原因を経済状況によって説明できるとするならば、民主党の優位を長期間にわたって支えることはできるのか、疑いが残る。オバマ政権が、不況によって当選しながら一期で退陣せざるを得なかったカーター大統領の轍を踏む可能性も否定できない。新政権の抱える難問を検討してみよう。

金融危機を打開できるか

オバマ政権の運命を決するのはブッシュ政権の遺した負の遺産である。そのなかでも最大のものが、世界金融危機だろう。

今回の危機の規模については議論するまでもない。アメリカの有力投資銀行四行のうち二つが破綻した。イラクの戦費を上回る資金を金融機関に導入し、各国が協調して公定歩合を下げても、株価の下落は止まらない。石油危機以来三〇年以上、これほどの経済危機が世界を襲うことはなかった。

オバマに有利な材料は、ブッシュ政権よりも強力な指導力だろう。議会と大統領の与党が分かれていたブッシュ政権と異なり、民主党多数の議会に支えられたオバマ政権は議会の抵抗を恐れる必要が少ない。マケイン候補にかなりの差をつけて当選したために国民の委任、マンデートを主張することもできる。発足直後はマスメディアも共和党も新政権を貶めることは難しいので、ハネムーンとも呼ばれる最初の一〇〇日間に成果を上げたならば大恐慌におけるルーズヴェルト大統領のように、経済危機を長期政権の基盤をつくる機会として利用することもできるだろう。

だが、危機は広がる一方だ。現在の経済危機は金融部門に集中しているが、やがて製造業に波及し、失業の増大を招くだろう。雇用不安が起こらなくても、企業年金が金融危機の打撃を受けているため、一般国民の家計は直撃を受ける。雇用と家計が破壊されるまでに残された時間は少ない。

危機の打開に失敗すれば、オバマは二〇〇八年大統領選挙を上回る経済崩壊のなかで二〇一〇年の中間選挙を戦うことになる。中間選挙では政権党から票が逃げる傾向があるだけに、不況下では与党から票が離れるという経験則を加えて考えるなら、議会の多数派を失う可能性も大きい。議会を共和党に奪われ、経済も好転しないままで二〇一二年を迎えたなら、オバマが大統領として再選される可能性は、まず、ない。

どちらになるだろうか。今回の金融危機の影響が数年以上続くというエコノミストの予測が正しければ、中間選挙までにオバマ政権が金融危機を収束させる可能性は低い。国民世論の経済市況への反応が実体経済よりも遅れがちになるという要素も加味して考えるならば、金融危機を打開してオバマ政権が長期化する基礎を作るよりは、不況で当選したオバマが不況で政権を失う可能性の方が高いといわざるを得ない。

さらに、金融危機への対処のために公的支出を強いられるとき、他の政策に予算を割くことが難しい。オバマは教育と医療という二つの領域で社会政策の拡大を公約しており、社会支出の抑制を基調とする共和党政権とは異なっていた。だが、金融危機で財政が圧迫されるなかで教育や医療に関する政府支出を拡大する余地は少ないだろう。それでも公約を維持するためには増税を避けることができず、そして増税ほど共和党にとって有利な攻撃材料はない。仮に金融危機を打開できたとしても、それが教育と医療の荒廃の放置や増税を伴うものなら、やはりオバマ政権には逆風が吹いてしまう。石油危機を背後に生まれて石油危機によって倒れたカーター政権と同様に、金融危機で生まれたオバマ政権が金融危機で倒される可能性は無視できないのである。

イラク危機とアフガニスタン危機

経済に続くブッシュ政権の負の遺産が、イラク・アフガニスタンへの長期派兵である。オバマは当初からイラク戦争に反対した数少ない政治家であり、大統領選挙でもイラクからの早期撤兵を一貫して主張している。実際、イラクの政情がやや安定するとともに、すでにブッシュ政権のもとで兵力削減が開始されている。

だがオバマは同時にアフガニスタンの危機をかねてから指摘してきた。事実、イラクの安定化と反比例するかのようにアフガニスタンの混乱が深まっており、新政権はアフガニスタンへの派兵を強化せざるを得ないだろう。

イラクに派遣した兵隊を減らしても、アフガニスタンへの派兵は強化する。その結果として、両国に派遣した米軍兵力を加算すれば、在外派兵の規模が減らない可能性が強い。そしてその合計が一四万人を下回ることがない限り、アメリカの対外政策には深刻な影響が残ってしまう。

ここにはジレンマがある。アメリカが軍事的に最も優位となるのは特定の地域に派兵が集中していない状況である。ある地域に大規模な派兵を続けるとき、他の地域に割くことの可能な兵力はそれだけ減ってしまう。他の地域に対して軍事介入を行う可能性がそれだけ減ることになるから、イラク・アフガニスタン以外の地域では、アメリカの介入を恐れることなく政策を決定する余地が拡大する。すでにブッシュ政権のもとで、イランでも北朝鮮でも、アメリカの圧力に正面から抗する政策がとられてきた。介入の可能性の少ないアメリカの足元を見て瀬戸際政策を展開することが可能になるからだ。

イラク撤退を掲げるオバマも、このジレンマから逃れることはできない。兵力撤退を掲げながら在外兵力の削減が進まず、逆に削減を急げばアフガニスタンに加えてイラクまでもが不安定を強める可能性さえ無視できない。最終的には、弱腰の大統領のもとでアメリカの安全が損なわれたという、ちょうどカーター大統領に対してレーガンをはじめとする共和党が行ったのと同じような批判を誘発する結果になりかねない。金融危機と同様に、このイラク・アフガニスタン危機についても短期間に成果を上げなければ政権の屋台骨が揺るがされる可能性が残るのである。

強いられた国際主義から積極的な国際主義へ

ここまでは、オバマ次期大統領が直面する厳しい課題ばかりを並べてきた。どれほど国内で強い基盤を持っていても、金融危機と海外派兵の打開に失敗すれば、この政権は短命に終わるだろう。だが、悪い材料ばかりでもない。それはブッシュ政権と異なり、世界主要国、ことに西ヨーロッパ諸国が新政権との協力を強める可能性が高いからだ。

ブッシュ政権の単独行動主義を支えたのが政権発足時の軍事的・経済的優位であったとすれば、その優位はすでに政権第二期の始まりにおいて失われていた。イラク介入の結果として、相対的な軍事優位に陰りが差す一方でヨーロッパ諸国との距離が広がり、また莫大な戦費のために政府財政は再び赤字に転じてしまった。それでも二〇〇六年までは従来の対外政策が続けられたが、中間選挙の敗北を受けてブッシュ外交は転換する。かつて「悪の枢軸」と呼び捨てた北朝鮮やイラクに対して「外交」の必要ばかりを力説するブッシュには、かつての傲然とした自信が見られなかった。対外優位を失った大統領が、単独行動から国際協調への転身を強いられたのである。

だが欧州各国は対米協調への転換に慎重であった。二〇〇六年から二年間、ブッシュ大統領はすでにレームダックとなっており、この大統領と交渉するよりは次期政権と交渉する方がよほど現実的だったからだ。洞爺湖サミットにおける環境問題の討議はさほどの成果を生むことがなかったが、それはアメリカが邪魔したからというよりも、ブッシュ大統領の下のアメリカと交渉する意思を欧州各国が持たない結果であった。二〇〇八年一一月、G20サミットに次期大統領としてオバマを招待するという譲歩まで行いながら、オバマは出席を拒んだ。米欧外交の再開は新政権発足後に持ち越されたといっていい。

国際主義を強いられたブッシュ大統領と異なり、オバマ次期大統領は当初から国際主義を原則として掲げている。もとより単独行動はアメリカ一国の軍事的・経済的負担が過重な政策であって、他国の負担を求めるには国際主義の方が合理的なのである。欧州各国から見れば、各国の提案を真剣に取り上げるアメリカの大統領が八年ぶりに出現することになるから、仮に負担が増える場合でも交渉を活かす意味は大きい。冷戦終結と欧州経済統合の結果として米軍と米ドルに依存する時代が終わって以来、アメリカと欧州主要国との間には距離が広がっていたが、オバマ政権の発足は米欧関係の転機となるだろう。

イラク戦争と金融危機以後のアメリカは、単独で国際関係を左右する力を失った。だがこれを、アメリカの凋落として語ることは正確ではない。軍事的にも経済的にもアメリカの優位に頼り、それを期待して多くの諸国が行動してきた以上、アメリカの凋落は同時に他国の安全保障と経済を揺るがさざるを得ないからだ。グルジア危機におけるロシア政府の攻撃的行動が事実上見過ごされてしまったことに見られるように、安全保障における米欧の乖離は、冷戦後の後退を反転しようとするロシアに見事に利用されてしまった。金融危機の影響も米欧を横断して広がっている。世界の基軸通貨ドルとユーロが同時に弱まり、アメリカ経済とユーロ圏がともに不況に突入する状況は、アメリカの優位の失われるときに世界も混乱に陥る姿を示している。

だが、覇権の弱まりを国際協調によって補うこともできる。国際的な経済危機は、国際協議と制度化を進めるきっかけを提供することも無視できない。かつて石油危機に直面した欧米諸国は、発展途上国が優位に立った国連ではなく、より直接の政策調整の場として、主要国首脳会議(サミット)を開始した。いま国際金融危機を前にした世界各国は、サミットの枠をさらに広げ、ロシアや中国までを網羅するG20サミットの開催にこぎ着けた。主要国が協調行動に踏み切ってもマーケットの反応が鈍い以上、新しいブレトンウッズとまで呼ばれるこの協議体の成果を過大視できる段階ではない。しかし、ブッシュ政権の退陣を受けて、世界の先進工業国、特にアメリカと欧州主要国の関係が変わろうとしている。アメリカの単独優位に依存しない新しい国際秩序が求められるなかで、オバマ大統領の掲げる国際主義は欧州主要国から熱狂的に歓迎されるだろう。

東アジアと日本の課題

オバマ大統領はヨーロッパでは歓迎されたが、東アジアでは異なる状況が展開していた。一口にいえば、日中両国のエリート層において新政権が警戒されていたのである。

ブッシュ政権の八年間、アメリカは日本と中国の双方と安定した関係を保つことに成功した。共和党政権と緊密な協力を保つことで軍事的にも経済的にも権力を拡大した中国にとって、対米関係の安定は明らかに有利な条件であった。自国の安全保障をアメリカの核の傘、拡大抑止に依存する日本から見れば、強いアメリカこそが北朝鮮から、そして中国から安全を保つ不可欠の条件であった。こうして日本と中国は、共和党政権の継続を期待する世界でも珍しい国家となった。そして日中がともに対米関係の維持を求め、しかも日中間の政治的な反目が続く限り、アメリカは東アジア外交における主導権を手にすることになる。

ここにあるのはアメリカとともに世界を指導する意思ではなく、より単純な、強いアメリカへの期待である。アメリカが強いときは国際政治が安定し、アメリカが弱まると国際関係は不安定に向かうのではないか。レーガン大統領だから冷戦が終わったとか、アメリカのほかにイラクを倒せる政府があるのかなどという言葉には、国際関係の状況をアメリカの軍事的優位に置き換えて解釈する態度を認めることができる。この立場から見る限り、オバマ政権の誕生は共和党時代の安定が揺るがされる懸念を生むばかりだろう。対米貿易に依存しているために、民主党政権になれば保護主義が広がるのではないかという懸念を共有するところでも、日本と中国は共通している。ヨーロッパに広がる新政権への期待とはおよそ正反対に、東アジアでは奇妙に醒めた態度がオバマ次期大統領を迎えている。

だが、強いアメリカによって世界が安定すると判断する根拠は、実は乏しい。東アジアをほとんど唯一の例外として、ブッシュ政権の単独行動主義がもたらしたものは中東における混乱であり、米欧関係の亀裂であり、国際関係一般の不安定であった。いまオバマ新大統領の下でアメリカとヨーロッパの主導する国際関係の制度化が進もうとするとき、共和党政権の下で得た安定にしがみつくだけでは、日本も中国もともにその変化から取り残される結果に終わるだろう。

クリントン政権下における貿易紛争の緊張とブッシュ政権の下での日米関係の安定のために、現在の日本、特に官庁と政治家の間では、オバマ政権の誕生を危惧する声が高い。弱いアメリカが世界の混乱を招くとか、オバマ政権は短命に終わるだろうなどといった予測も広く行われている。確かにブッシュ政権の発足時に比べてアメリカの優位は失われたし、オバマ政権の基盤は決して強いものではない。しかし、アメリカが国際主義に戻ることがほんとうに日本にとって不利益になるといえるのだろうか。国内世論を抑えてでも日米関係を優先し、イラクに自衛隊を送ったところで、ワシントンが日本の要望に沿った北朝鮮政策をとることはなかった。貿易紛争の不在も、日本経済の競争力が失われた結果に過ぎない。

ここで求められるのは、親米と反米の選択という戦後日本を貫く外交論議の継続ではなく、現代世界の抱える課題に対してアメリカや欧州各国とともに問題解決に加わる政治的構想力とリーダーシップである。アフガニスタンへの自衛隊派遣の賛否を争うのではなく、アフガニスタンにおけるこれまでの国際的関与の失敗を改めて検討し、新たな平和構築の青写真を提起すること。金融危機において日本の傷が浅いことを喜ぶのではなく、世界規模の融資と信用供与を復活させるための政策構想を示すこと。イラクとアフガニスタンの影に隠れてしまったパレスチナ和平をどのように再構築できるのか、その新たなロードマップを描くこと。このような国際構想は、他国の意見に耳を傾けることのないブッシュ政権の下では夢想に過ぎなかった。だが、オバマ政権を迎える世界では、世界規模の問題解決をどのように提案できるのか、その構想力の大きさによって各国の外交的影響力も左右されることになるだろう。

〔付記〕

ここに掲げた文章は、オバマ大統領が当選して間もない時期に書いたものである。その後、内政では公的医療保険の導入をはじめとして苦しい政権運営が続き、外交では中東和平もアフガン紛争も北朝鮮危機も新たな展望が開けたとはとてもいえない状況にある。だが、核軍縮についてオバマ大統領の発表した政策は、やはり大きな意味があると考える。新政権の政策について網羅的な検討を行う準備はないが、オバマ政権における核兵器削減のイニシアティヴとその意味について、ここで付記しておきたい。

二〇〇九年春、ヨーロッパ歴訪の終わりに訪れたプラハでオバマ大統領は演説を行い、核兵器のない世界を実現する必要を訴えた。この提案は具体的にはモスクワ条約の後に停止していた米ロ核削減交渉を再開するという提案であって、間違ってもアメリカの核戦力を一方的に削減する意思の表明ではない。とはいえ、核不拡散と核削減がいくら望ましくても、実現する可能性はごく乏しいと考えるのが、これまでの常識だった。オバマ政権によって、この常識が大きく揺さぶられたのである。

アメリカの核兵器の削減は回避しつつ、新たな核保有国の出現は阻止すること、これがこれまでの核不拡散政策の骨子だった。アメリカが削減に応じないことを理由に他の核保有国も削減には応じず、核不拡散政策とはすでに核を保持する諸国の既得権を擁護する結果に終わってしまう。そして、一九六〇年代におけるフランス、中国、イスラエルと、新たな核保有国の台頭を防ぐことはできなかった。

その転機となるはずだったのが冷戦終結である。旧ソ連の体制転換によって、米ソ核抑止体制の必要はなくなった。米ソが過剰に蓄積した核兵器の削減を、他の核保有国の核削減につなげ、核軍縮と核不拡散を結びつける絶好の機会が訪れたのである。だが、アメリカはロシアの核削減には賛成でも、自国の核を減らすことには消極的であった。クリントン政権初期には核削減と核不拡散を結びつけた政策は挫折し、ブッシュ(子)政権に入ると核不拡散に対するワシントンの無関心が明確となった。そのさなかにインドとパキスタンは核実験に踏み切り、北朝鮮、さらにイランの核開発が進められていった。

オバマ政権のイニシアティヴは、いわば冷戦終結期に実現すべきだった宿題への対応と呼ぶことができるだろう。核軍縮なしには核不拡散は実現できないという、キッシンジャー元国務長官などの呼びかけに応えて、アメリカが率先して核軍縮のイニシアティヴを握ることによって世界的な核管理の強化を実現し、核不拡散を確実にしようという試みである。その期限を迎えようとするSTARTの改定を機会としてロシアと交渉を重ね、長期的な核削減という呼びかけのもとで現実にはロシアにおける核管理にアメリカが関与を深め、さらにイギリス、中国、イランまでも巻き込んでいこうという構想である。

この計画は、長期的には核兵器の廃棄に向けられているとしても、短期的にはむしろ核エネルギーに関する国際管理を強め、核拡散を防止することに主眼があると見るべきだろう。イラン、シリア、さらに中東のテロ組織が核兵器を手にすることを阻止するためには、核保有国も核削減を行うほかはないという判断である。

優れた計画には違いない。だが、この計画を進めても、イスラエル、パキスタン、北朝鮮の核削減を実現することは難しいだろう。そして、東アジアに関していえば、警戒と反発を生みだすことは避けられない。

まず中国はどうだろうか。五〇〇〇を超える核弾頭を有するアメリカやロシアの一割にも満たない核弾頭しか保持しないこともあって、米ロが核削減しない限り軍縮に応じる必要はないという立場を中国は堅持してきた。だが、米ロが核削減を進めるなら、その立場も怪しくなる。中国にとって、高価な次世代原子力潜水艦の開発などに資金を費やすよりは核削減に協力した方が合理的だと考えることはできるが、米ロが力を合わせて中国の力を削ごうとしているのではないかという疑惑も生まれるだろう。米ロ両国の核管理体制の中に中国を誘い込むことにはかなりの困難があると見なければならない。

それでは日本はどうか。冷戦終結後、日本の安全保障にとっての最大の課題は、極東におけるアメリカの軍事的コミットメントを確保することであった。この視点から見れば、オバマ政権の核政策とは、「核の傘」が揺らぐという事態にほかならない。北朝鮮の核が廃棄され、中国が核を削減する展望がない限り、アメリカの核が減ることによって日本の安全はむしろ脅かされてしまうのである。最悪の場合、アメリカの核廃棄と反比例するかのように、日本独自の核武装を求める声が高まる可能性も無視できない。

核削減のイニシアティヴがアメリカから生まれたことは歓迎すべきだろうが、それが米ロ核軍縮の再開を越えた具体的な政策としてどのように展開されるのか、まだ答えは出されていない。ロシア、イギリス、フランス以外の各国、特に中国、インド、パキスタンなどの諸国が核削減を顧慮するような情勢は全く見られない。まして、世界各国の懸念を無視して核開発を強行する諸国について、その非核化を実現するためには何をすべきなのか、一方的攻撃を強行してでも核開発を止めようとするのか、判断は下されていない。

第三の道へ――鳩山政権と日本外交

鳩山政権の発足は、日本政治の窓を開け放った。これまで「できない」とされたことが「できる」ことに変わった、その第一が政権交代である。自民党の下野によって一票の意味を再確認した人もいるだろう。政権交代が学者の夢物語に追いやられてきた時代は確実に終わった。

では外交はどうなるのだろうか。これは新たな政策だけでは済まない。国際関係における新政権の発足はそれまでに築かれた信頼関係を揺るがす危険があるからだ。民主党政権は、その懸念を解消しながら新たな政策を打ち出さなければならない。

どうすればよいのか。まず、これまでの日本外交を拘束してきた二つの道から脱却しなければならない。

第一の道は、伝統的な日米同盟論である。自民党政権の外交目標を一口でいえば、日米同盟の安定だった。確かに核武装に走らない限り、日本の安全はアメリカの核の傘に頼らざるを得ない。だが、政策目標を同盟維持に絞った結果、自分から外交政策の課題を考える創造性は衰えてしまった。インド洋やイラクへ兵力を派遣しながら、それでアフガニスタンやイラクの情勢がどう変わったのか、分析はなかった。日米同盟を保つためにインド洋の給油が必要だという不思議な議論もあった。もちろん日米同盟は不可欠だが、同盟を通して何を実現するのか、第一の道は答えを与えてくれない。

第二の道は、伝統的な平和主義である。かつて社会党や共産党の掲げた護憲平和は、日本が国際平和を破壊しない誓いとしては意義深かった。だが、日本国憲法が世界平和を求めているのに、海外の紛争に対して日本がどう関わるべきか、軍事手段を排除しろという主張のほかに議論は乏しかった。議論の焦点は米軍基地移転や自衛隊の装備など、日米関係の課題に絞られていた。非軍事的貢献が唱えられる時でも、アフガニスタン紛争の現状などの具体的な分析を伴う提案は少なかった。一国平和主義といえば厳しく響くが、従来の平和主義に国内消費用の側面があったことは否定できない。

鳩山政権が日米同盟の堅持のみに終始するならば、現代世界への貢献は乏しい。逆に伝統的な平和主義のもとで対米自立のみを求めるのなら、日米関係を揺るがすばかりか、現代世界への貢献も無視できるようなものに終わるだろう。日本外交は、単なる同盟維持でも国内向けの平和主義でもなく、各国と緊密に協力しつつ現代世界の抱える課題に積極的に取り組まなければならない。それは日米関係でいえば同盟を越えたグローバルパートナーシップであり、平和主義でいえば国内向けではない国際化した平和主義の試みである。

これを、日本外交の　第三の道と呼ぶことにしよう。

伝統的な日米関係

第三の道を探る前に、第一の道と第二の道に支配された過去を振り返ってみよう。なぜ日米関係は同盟堅持と対米自立の二つの軸に支配されてきたのだろうか？

第二次世界大戦後に日本占領下で行われた戦後改革は、どう考えても政権交代の不在や大戦の正当化を想定したものではない。まして、極東軍事法廷を勝者の裁きとして排する立場がアメリカ政府の判断と正反対であることは自明だろう。

だが、異質性を問題視できるような余裕を、戦後のアメリカは持たなかった。いうまでもなく冷戦のためである。当初は米ソ二国関係の亀裂、次にヨーロッパの東西分断という順を追って進んだ冷戦は、中華人民共和国の樹立と朝鮮戦争の勃発によって、アジア地域をも席巻する対立に発展した。中ソの脅威に対抗するためには、在日米軍基地と日本の工業力を欠くことはできない。軍国主義の清算と民主体制の樹立を目的としたはずの占領政策は冷戦戦略に飲み込まれていった。

アメリカとの協力を積極的に受け入れた保守勢力の多くは、戦争遂行を支えた勢力であった。議員、官僚、さらに財界人など、戦争に手を貸した人であればあるほど行政でも経済運営でも有能であるかのようだった。日米関係は、冷戦戦略という大きな実利のために、日本政治の異質性を脇に押しやるものだった。

共産勢力と対決するためには、民主主義を基準に同盟国を選ぶなどという贅沢は許されない。ギリシャ、トルコ、インドネシアなどにおいて軍事政権をアメリカが支えたように、日本においても戦前戦中の体制、まさにアメリカを侵略した体制にノスタルジーを抱く保守勢力とアメリカは手を結び続けた。親米保守、あるいは親米右翼の誕生だ。

理念の上でアメリカと重なる立場をとるようなリベラルな勢力が日本にいなかったわけではない。だが、こと日本に関する限り、リベラリズムは政治思想としても政治勢力としても独り立ちをすることはなく、つねに社会主義、さらに共産主義という、本来はリベラリズムと対極に立つはずの思想や勢力に飲み込まれていた。日本に関する限り、自由党は実は保守党であり、社会党は実は第二の共産党であった。

さらにいえば、この左翼勢力を支えていたのは革命への期待などではなく、アメリカに立ち向かうナショナリズムであった。在日米軍基地の削減、地位協定の改定、さらに日米安保条約の撤廃など、いずれもアメリカに代わってソ連や中国と結ぼうなどという選択よりは、大国アメリカの戦略によって日本国民が犠牲にされるのではないかという懸念に支えられた主張であった。連合国占領によって初めて生まれた日本国憲法をアメリカに対抗する武器であるかのように用いるという奇怪な行動も出現した。保守勢力が親米右翼に偏ったとすれば、革新勢力は反米左翼に偏ったのである。

親米保守と反米左翼の対照は政党政治にも反映した。左翼は反米を叫ぶが故に政権の担い手となり得ず、冷戦の投影は親米保守の長期政権を支える根拠を提供したのである。これは日本に限った現象ではない。イタリアでも、キリスト教民主党を中心とする連合が極度に腐敗した統治を続けながら、野党第一党が共産党であったがために保守統治を支える国際環境が生まれていた。日本における保革五五年体制は、優れて冷戦期における現象であった。

問題は、この構図がベルリンの壁崩壊から二〇年を経ようとする今でも日本の政治を支配してきたことである。イタリアにおけるキリスト教民主党の下野と解体と前後するかのように日本でも九三年に自民党が下野するが、一年のうちに村山社会党政権の下で政権に復帰し、橋本政権誕生によって名実ともに政治権力を掌握した。冷戦期における保革の競合と勢力の膠着が避けがたいものであったとしても、その後の一五年間に及ぶ自民党政権はいかにも余分な延長戦だった。失われた一五年である。

第三の道へ

民主党政権が生まれた後も、外交については古くさい議論が続いてきた。民主党は日米関係に緊密とともに対等を求め、自民党は民主党では日米関係と安全保障が危うくなると力説する。安保条約と日本国憲法、親米保守と反米左翼の対抗という信じがたいほど古くさい対決の構図が現在の日本の政治を揺るがしているのである。かつての社会党のように平和主義を訴え、普天間基地の移設や日米地位協定の見直しを求める声と、それでは日米関係がおかしくなる、同盟堅持こそが日本外交の柱だという声を聞くとき、半世紀前に行われた議論との違いを見つけることは難しい。

それでは、日米同盟の維持強化と、対米自立の模索という二つの選択肢しか日本外交に残されてはいないのか。わたしはそうは思わない。日米両国によって何をするのか、その作業目標こそが外交政策の実体だと考えるからだ。

たとえば、アフガニスタンをはじめとする破綻国家への取り組みは、別に日米両国に限らず世界各国が迫られる課題である。この点に関して、給油を止めれば日米関係が危ういとか、給油は各国に歓迎されているとか、さまざまな指摘があるが、インド洋における給油活動がアフガン情勢をどのように好転させたのか、議論があっただろうか？　あるいは、北朝鮮の核保有は、北朝鮮を通した世界的な核拡散の脅威とつながっているが、そのような議論はあっただろうか。

日米関係の強化か見直しかという外交課題の設定自体が、対米関係だけに焦点を置いた外交政策の限界を示している。しかも、日米が協力して携わる作業が示されない限り、同盟の維持も見直しも、意味が乏しい。新政権の発足によって新たな機会が生まれた今こそ、「アメリカに言ってやる」立場と「それではワシントンが許さない」という懸念の対抗を乗り越えた外交課題の設定が必要だろう。

確かに、内政と異なり、外交は政策刷新が難しい。他国との間に築かれた信頼関係を保つためには現状維持が求められるからだ。だが、内政の革新は外交における影響力を強める機会として使うこともできる。新政権の発足は、旧政権では実現できないと諦めていた政策協議を開始する機会ともなるからだ。ここで必要となるのは、新参者に対する懸念や恐怖を呼び起こすことなく、新政権への期待と希望を抱かせる、いわば信頼できる改革勢力という位置づけを相手に与えることである。

改革勢力というイメージに関する限り、民主党政権は恵まれた位置にある。自民党政権があまりに長期間続いたために、新政権の発足だけで改革への期待を集めることができるからだ。だが、まさに同じ理由から諸外国の懸念も高まってしまう。外交経験を持たない集団として政権を運用する手腕に疑問が持たれるだろう。内政に目が向かう結果、外交が不在になるという疑いも生まれるだろう。野党となった自民党は、新政権のアキレス腱として外交の不在を責め立て、民主党内部の対立と連動する可能性もある。

懸念を解消しつつ期待を集めるためには、個別の政策に入る前に外交政策の基本目標を明示する必要がある。個別の政策について混乱や軋轢が予想されるだけに、新政権が何を実現しようとするのか、大きな構図を示し、国内の支持と各国の賛同をともに求めることが必要となるからだ。

目標としては次の四つが挙げられる。第一は、日米中三国において日米関係と日中関係が同時に緊密となる関係の模索である。第二は、紛争地域における平和構築、特にアフガニスタンやソマリアのような破綻国家への取り組みである。第三は、核拡散の阻止と核軍縮であり、北朝鮮問題もこの視点から統一的に捉えなければならない。最後が世界的課題としての地球温暖化への取り組みである。この四つのうち、最後のものについては既に温室効果ガス二五％削減という方針が打ち出されているので、残る三つについて触れてみよう。

対米関係と対中関係

国際政治において最も不安定を招きやすい状況は力のバランスが変化する時期である。そして、中国が経済的にも軍事的にも飛躍的な成長を遂げる一方で、日本経済は停滞を続け、日中両国の力のバランスは大きく変化した。今後の日本外交を考えるうえで最大の課題が対中関係だろう。

田中首相から中曾根首相まで、日本はアメリカ以上に中国との関係を重視してきた。天安門事件以後の対中経済制裁についても、その撤回を実現する中心となったのが日本だった。だが小泉政権から日中関係は冷え込み、その間に中国の対外的影響力は飛躍的に拡大した。安倍政権以後は日中関係に改善の兆しが見えるが、価値観を共有しない国家として中国を名指しにするかのような行動が続いた。

さて、どうすべきか。まず、アメリカか中国かという二者択一には意味がないことを確認しておきたい。アメリカに守ってもらい中国で儲ける以上どちらかを選ぶことができないからであるが、そもそもアメリカ政府が日中両国との緊密な関係を必要としており、小泉政権以後の日中関係の緊張に悩まされてきた。日米関係の強化と日中関係の強化は矛盾しないのである。

ここでは首脳外交、大国の連携、多国間協議、そして地域機構を組み合わせた展開が必要だろう。日米か日中かという二者択一を排除するシンボリックな意味でも、中国政府がいま求める米中日三国首脳のサミットは実現すべきだろう。同時に、中国の警戒する五カ国協議(六カ国協議から北朝鮮を除いたもの)は、北朝鮮情勢が膠着する中で北東アジア安全保障対話を進めるために不可欠の枠組みである。日米中のサミットと五カ国協議のどちらかを選ぶのでなく、両方とも実施すればよい。

また、出発点として歴史問題に関する立場を明示することを提案したい。これまでの歴史問題は、日本側の事件が引き金となって中国・韓国などの反発を呼び、村山談話の確認を求められるという負のスパイラルが特徴であった。ここで村山談話を確認するとともに国立の戦没者慰霊碑設立を約束することによって、歴史問題についての悪循環を逆転し、中国から歴史カードを取り上げてしまうのである。私はこれが自虐的であるとはまったく思わない。歴史問題について明確な立場を示すことは戦前・戦中の日本と現在の日本を峻別し、軍国主義でも独裁でもない現在の日本を高く掲げることにほかならない。またそれによって初めて、中国国内の人権弾圧に対して日本が明確な姿勢をとることも可能になるだろう。

注意すべきは、対中関係の強化が日米関係の悪化を伴ってはならないということである。もともと中国が対米関係を重視する限り、アメリカに対抗して日中が連携するなどという選択には意味がない。これを一歩進めて、東アジアの国際関係の中心に日米中三国対話を置き、責任ある大国として中国も日本も平和構築や地球環境の保全などのグローバルな課題に対処するという目標設定を行うことができるだろう。

破綻国家と平和構築

自民党政権における日米同盟とは、米軍を事実上の傭兵として用いることで日本の国防負担を減らす、軽武装の選択と裏表の関係にあった。だが、冷戦終結から二〇年を経て、そのような安全保障の観念では立ち向かうことのできない状況も生まれている。アフガニスタンやソマリアにおける国家破綻と政治空白はその一例に過ぎない。

このような課題に対して自民党政権のとった選択は、対米関係を維持するために最小限度の派兵を行うというものであった。インド洋における給油活動はその一例である。それは破綻国家への対処ではなく、日米関係を保持するための活動だった。給油によって米軍の活動が助けられたとしても、それによってアフガニスタンの政情が好転したと結論できるものがあるだろうか。

ここでは視点を一転して、現代世界が取り組むべき共通の課題としての破綻国家を捉え、これに向けた日本の選択として政策を捉え直さなければならない。アフガニスタンでいえば、今必要なのは何よりも治安の回復であり、警察の訓練と強化だろう。アフガニスタンの警察訓練には既に日本政府から相当の財政資金が投入されているが、カンボジアにおける平和維持活動で文民警察官が亡くなられるといういたましい事件が起こったためもあって、日本の警官は派遣されていない。危険の大きい地域だけに容易な決断ではないが、アフガニスタンの治安を回復するために警察の派遣を考えるべき時期に来ているのではないかと私は考える。日本の援助が大きな成果を上げた南部地域における復興支援事業を再開するためにも、治安確保のための協力は欠かせないだろう。

核拡散問題としての北朝鮮

これまで日本で行われてきた北朝鮮危機に関する議論は、圧倒的に北朝鮮核保有の脅威と拉致問題に集中し、核拡散の問題として北朝鮮が捉えられることは少なかった。地理的な距離もあってイランの核開発に向けられる関心は乏しく、オバマ大統領がプラハで行った演説にしても現実から離れた核軍縮の呼びかけと見なすものが多かったように思う。

だが、この三つはすべて結びついた問題なのである。まず、核軍縮は既に実現の途上にある。米ソ両国が数万の核弾頭を保有した冷戦期と異なり、現在では米ロの保有する核弾頭は合わせても八〇〇〇を下回り、それを三~四〇〇〇にまで減らす努力が続けられている。そこまで大胆な削減ではないが英仏両国も核削減には着手しており、通常兵器における軍拡には積極的な中国でさえ、核軍拡には慎重な姿勢を保っている。

だが、核拡散には歯止めがかかっていない。一九九八年におけるインド・パキスタン核実験を皮切りとして、北朝鮮核実験、さらにイランにおけるウラン濃縮と、新たな核保有国が拡大する流れには歯止めがかかっていないからだ。

オバマ大統領のプラハ演説は、理想主義の表れというよりは、核拡散を阻止するための強い意志の表明であり、核不拡散を実現するために米ロの核軍縮を再開し、他の核保有国にも削減を呼びかける、至極現実的な政策であった。そして、安全保障理事会でオバマ大統領が自ら議長を務めるという前例のない行動に訴えたためもあり、いま、イラン新施設への核査察が実現しようとしている。

日本は核抑止の受益者として安全を享受しながら核廃絶を求めるという一見すれば矛盾した政策を続けており、六カ国協議においても核問題で主導権を握ることは少なかった。だが、核軍縮と核不拡散が実現すれば、核抑止に頼る度合いがそれだけ減るのだから、日本にとっても決して不利な状況ではない。

もちろん国際的な圧力を加えたところで北朝鮮が核を放棄する保証はどこにもない。だが、核燃料や関連技術の持ち込みを厳しく監視し、核実験への一致した非難、さらに軍事行動に訴えた場合の対抗措置を実現するためにも、核不拡散問題の一環として北朝鮮を捉える意味は大きい。なによりも、中国やロシアによって、北朝鮮の核武装が既成事実として受け入れられる状況を阻止するためにもこの方向は欠かせないということができるだろう。

同盟からパートナーシップへ

過去半世紀、日米同盟の堅持を求める自民党政権と、それに対抗して護憲平和を訴える野党勢力がお互いに向かい合うような構図が続いてきた。だが、日米同盟の堅持だけを訴える第一の道は、外交の主導権をアメリカに委ねているために外交政策の選択肢を著しく狭めてしまう。護憲平和を訴える第二の道には、高邁な理念にもかかわらず現実には国際紛争への関与から身をひく、孤立主義としての側面があったことは否めない。

第一の道が安全保障、第二の道が平和主義を求めていたとすれば、この文章で展開を試みた第三の道とは、平和主義と安全保障の結合を求めるものとして位置づけることができる。それは力の均衡から共通の安全保障への転換であり、核抑止への依存から緊張緩和としての軍備管理と軍縮への転換であり、かけ声倒れではない人間の安全保障への取り組みである。さらにいえば、既成事実の追認に過ぎない現実主義と、現状認識からかけ離れた理想主義とに引き裂かれてきた日本外交を巡る議論を、理想を実現するための現実の選択に転換する、その引き金となることも期待できるだろう。

このように考えるとき、新政権が日米同盟を現状のまま受け入れるのか拒絶するのかと、同盟をリトマス試験紙のように用いることは、適切とは考えられない。日本がアメリカとの同盟を通して安全保障を実現していることは事実であり、同盟の廃棄が日本の安全を高める結果になるとはとても考えられない。同時に、国防のために同盟の堅持を訴えるだけでは安全保障の対象を著しく矮小化しているというべきだろう。日本の国防に対象を限定すれば現代世界の抱えるさまざまな課題に答えることはできないし、傭兵のようにアメリカを用いることの当否も問われるだろう。

重要なのは、国防の手段としての同盟を否定することなく、同盟国の協力関係を拡大することである。先に述べた日米中三国の安定した国際関係の模索、アフガニスタンやソマリアをはじめとする破綻国家における平和構築、あるいはイランや北朝鮮における核拡散の危機は、伝統的な日米同盟の想定する冷戦期国際政治の現実とはおよそ隔たった課題であるといわなければならない。対象領域を安全保障に限定した場合でさえ、「同盟堅持」というシンボルでは網羅できないほど広大な政策領域における日米協力が求められているのである。同盟からパートナーシップへと私がいうとき、その意味は同盟の否定ではなく同盟の拡大である。

安全保障に協力を限定することが望ましいとも考えない。たとえば、世界金融危機のような市場経済の崩壊を前にして、資金の大量流出が発生した経済に対してどのように資金供給を行うのか。その「輸血」をどれほど事前に準備し、明確に予告することができるのか。これは一九九七、九八年のアジア通貨危機以後に残された宿題であるが、アジアばかりでなくG20を舞台とした制度構築でなければ実効性を期待できない。つまり、狭義の同盟だけではこのような課題に答えることはできないのである。あるいは地球温暖化への対応をとっても、日米同盟堅持という旗印だけではとるべき政策を答えることにはならないだろう。

二〇〇九年九月二四日の国連総会における演説で、鳩山首相は⑴世界的な経済危機への対処、⑵地球温暖化問題への取り組み、⑶核軍縮・不拡散、⑷平和構築・開発・貧困問題、⑸東アジア共同体の構築の五つを日本外交の目標として掲げた。この五つの目標は、この文章で議論した課題とほぼ重なっている。もしこれを国連に向けた作文に終わらせず、米中両国をはじめとする各国首脳との会談においても明確に打ち出したなら、日本は日米同盟か国内向けの平和主義かという選択だけに終始する国家ではなく、現代世界の課題に取り組む指導的な諸国の一員として新しい信用を獲得することもできるだろう。

普天間基地問題もインド洋給油の停止も、本来は日米関係を脅かすべき課題ではない。民主党が政権を取れば日本は孤立するなどという懸念に打ち勝つために、長期的で魅力的な課題を打ち出し、それに向けて各国の支持を集めてゆくことが必要なのである。この第三の道によって、戦争の美化や国内向けの平和主義とは異なった、開かれた大国としての誇りを日本国民は得ることも期待できるだろう。

あとがき

本書の旧版は、時事問題について書いた原稿をまとめて、二〇〇四年に刊行された。思わぬ評価を受け、翌年には第二六回石橋湛山賞をいただいたけれど、居心地が悪かった。良い本を書いた手応えがなかったからだ。

この新版は、岩波現代文庫に再録するのを機会に、古い原稿を削り、学術論文も含む新稿を加えたものである。題名は同じでも違う本になった。分量も増えた。

旧版への不満は、まとまりがないことだった。リアリズムを踏まえて平和の条件を探るという課題でいえば、どの文章でもそれに取り組んでいるとは思う。だが小文を集めてみると、その時々の事象に振り回され、事件と締め切りに小突き回されるように生焼けの文章を書き散らしてきたという悔いが残った。

この新版では、『朝日新聞』に連載した「論壇時評」を削り、各新聞に掲載した小文も四点に絞った。紙面では意味ありげに見えた文章も、単行書に再録すると何だか場違いで物足りない印象があったからだ。それでも全部削る勇気はないので、仕事の節目になったと自分では思っている文章を残した。他方では、少し引いた視点から問題の所在を示すために、学術書や学術誌に発表した文章を加えた。文章が硬く、註も数多いので読みにくいかも知れない。でも、これくらい書き込まないと問題を捉えたという手応えがない。

旧版では、それぞれの文章の成り立ちについてあとがきに書いたが、今回は割愛したい。ただ、謝辞は別だ。旧版に続いて新版でも、小田野耕明さんが編集を担当してくださった。『テロ後』、『デモクラシーの帝国』、旧版の『平和のリアリズム』に続いて四冊目になる。出版社・新聞社の皆様は文章の再録を快く認めてくださった。資料の整理は大塚美幸さんにお願いした。ありがとうございました。

献辞も別。旧版は坂本義和先生に捧げた。以下は旧版あとがきの末尾である。

時評なんか書くものか、と思っていた。象牙の塔から呼びかける声なんか、信用できるものか、とも思っていた。そのように依怙地になってきた理由のひとつには、大学の学部学生の頃から教えていただいてきた坂本義和先生への反撥があったのだろう。それは、先生の立論にことごとく反対してきたからだけではない。この、酷薄なほど冷静に国際政治を分析するリアリストが、マスメディアの世界のなかでは平和主義者というレッテルを貼られ、そのレッテルの方が本人の書く文章から離れて一人歩きをしていく過程を、悲しい思いで見てきたからだ。時事評論なんて、受け手の都合に合わせて読まれ、消費されるものだ、と思っていた。

だが、本書をまとめるのとほぼ同じ時期に著作集の編集に加わることとなり、先生の書かれた文章を改めて読み直すなかで、その時々の国際政治の出来事を前にして、どう捉えたらいいのか、判断に迷い苦慮する書き手の姿に、今頃になってようやく気がついた。本書を、恩師、坂本義和先生に捧げたい。

旧版から六年が経ったが、先生は今も活躍されている。うれしいことだ、と思う。

二〇一〇年三月六日

藤原帰一

初出一覧

いずれも加筆・修正を施した。＊を付したものが今回新たに収録した論文である

序――なぜ、平和のリアリズムか　書き下ろし

Ⅰ　戦争が終わった

長い世紀末――世界戦争・民主主義・国民国家　『神奈川大学評論』第一五号、一九九三年七月

冷戦の残務整理――湾岸戦争と国際政治　『読売新聞』一九九一年二月五日夕刊

冷戦の後の平和――国際政治と日本の選択　『平和経済』第三六〇号、一九九一年一一月

戦争は終わった　『ＵＰ』第三〇五号、一九九八年三月

冷戦後の核問題――インド・パキスタンの核実験をめぐって　『世界』一九九八年八月号

Ⅱ　戦争の記憶・国民の物語

ナショナリズム――三つの謎　『月刊百科』第三九七号、一九九五年一一月

戦争の記憶・国民の物語　『創文』第四〇八号、一九九九年四月

「国民の物語」の誘惑　『朝日新聞』二〇〇〇年二月一六日夕刊

抑止としての記憶――国際政治の倫理化とその逆説　『国際問題』第五〇一号、二〇〇一年一二月

Ⅲ　グローバル化の力学

グローバル化の二つの顔――相互依存と覇権秩序　＊　日本比較政治学会編『グローバル化の政治学』早稲田大学出版部、二〇〇〇年
アメリカから壊れる世界　＊　『週刊ダイヤモンド』二〇〇八年一〇月一一日号
忘れられた人々――テロ・カトリーナ・周縁　＊　日本国際政治学会編『国際政治』第一四九号、二〇〇七年一一月
どこが壊れるのか、どこまで壊れるのか　＊　藤原帰一・NHK「地球特派員」取材班編『グローバル資本主義の未来――危機の連鎖は断ち切れるか』日本放送出版協会、二〇〇九年

Ⅳ　9・11後――世界と帝国の間

「人道的な空爆」は幻想――米・英のアフガン攻撃　『朝日新聞』二〇〇一年一〇月一〇日夕刊
アメリカの平和――中心と周辺　藤原帰一編『テロ後　世界はどう変わったか』岩波新書、二〇〇二年
帝国の戦争は終わらない――世界政府としてのアメリカとその限界　寺島実郎・小杉泰・藤原帰一編『「イラク戦争」検証と展望』岩波書店、二〇〇三年

軍と警察――冷戦後世界における国内治安と安全保障　＊　山口厚・中谷和弘編『融ける境超える法　第二巻　安全保障と国際犯罪』東京大学出版会、二〇〇五年

帝国は国境を越える――国際政治における力の分布　＊　日本国際政治学会編『日本の国際政治学』第三巻、有斐閣、二〇〇九年

Ⅴ　外交とリアリズム

「理想主義」を超えよう　＊　『朝日新聞』二〇〇六年一月六日

東アジアの平和構想　金子勝・藤原帰一・山口二郎編『東アジアで生きよう！――経済構想・共生社会・歴史認識』岩波書店、二〇〇三年。第三章より藤原執筆分を抜き出して改稿した。

多角的核兵力削減交渉「広島プロセス」を提言する　＊　『論座』二〇〇七年八月号

外交は世論に従うべきか――民主主義の成熟と対外政策　＊　『論座』二〇〇八年三月号

Ⅵ　新しい世界に向けて

二〇〇八年アメリカ大統領選挙――夢想と幻滅の狭間で　＊　『現代』二〇〇九年一月号、『週刊東洋経済』二〇〇八年一月二六日号、三月八日号、六月七日号、一〇月一八日号、二〇〇九年五月三〇日号、『週刊ダイヤモンド』二〇〇八年一〇月二五日号をもとに構成

第三の道へ――鳩山政権と日本外交　＊　『週刊東洋経済』二〇〇九年一〇月三日号、一一月一四日号、『週刊ダイヤモンド』二〇〇九年一〇月一〇日号をもとに構成

本書は二〇〇四年八月に岩波書店より刊行された
単行本を全面的に再編集したものである。

新編 平和のリアリズム

2010年4月16日　第1刷発行
2022年9月5日　第3刷発行

著　者　藤原帰一《ふじわらきいち》

発行者　坂本政謙

発行所　株式会社 岩波書店
〒101-8002 東京都千代田区一ツ橋 2-5-5

案内 03-5210-4000　営業部 03-5210-4111
https://www.iwanami.co.jp/

印刷・精興社　製本・中永製本

ISBN 978-4-00-600236-7　Printed in Japan

岩波現代文庫創刊二〇年に際して

二一世紀が始まってからすでに二〇年が経とうとしています。この間のグローバル化の急激な進行は世界のあり方を大きく変えました。世界規模で経済や情報の結びつきが強まるとともに、国境を越えた人の移動は日常の光景となり、今やどこに住んでいても、私たちの暮らしは世界中の様々な出来事と無関係ではいられません。しかし、グローバル化の中で否応なくもたらされる「他者」との出会いや交流は、新たな文化や価値観だけではなく、摩擦や衝突、そしてしばしば憎悪までをも生み出しています。グローバル化にともなう副作用は、その恩恵を遥かにこえていると言わざるを得ません。

今私たちに求められているのは、国内、国外にかかわらず、異なる歴史や経験、文化を持つ「他者」と向き合い、よりよい関係を結び直してゆくための想像力、構想力ではないでしょうか。

新世紀の到来を目前にした二〇〇〇年一月に創刊された岩波現代文庫は、この二〇年を通して、哲学や歴史、経済、自然科学から、小説やエッセイ、ルポルタージュにいたるまで幅広いジャンルの書目を刊行してきました。一〇〇〇点を超える書目には、人類が直面してきた様々な課題と、試行錯誤の営みが刻まれています。読書を通した過去の「他者」との出会いから得られる知識や経験は、私たちがよりよい社会を作り上げてゆくために大きな示唆を与えてくれるはずです。

一冊の本が世界を変える大きな力を持つことを信じ、岩波現代文庫はこれからもさらなるラインナップの充実をめざしてゆきます。

(二〇二〇年一月)